古典文獻研究輯刊

十三編

潘美月・杜潔祥 主編

第 8 冊

龍坡書齋雜著
——圖書文獻學論文集（下）

潘美月 著

國家圖書館出版品預行編目資料

龍坡書齋雜著——圖書文獻學論文集（下）／潘美月 著－初
版－新北市：花木蘭文化出版社，2011〔民100〕
目 2+250 面：19×26 公分
（古典文獻研究輯刊 十三編：第 8 冊）
ISBN：978-986-254-629-1（精裝）
1. 圖書文獻學 2. 文集
011.08 100015555

ISBN-978-986-254-629-1

9 789862 546291

古典文獻研究輯刊
十三編 第 八 冊 ISBN：978-986-254-629-1

龍坡書齋雜著——圖書文獻學論文集（下）

作　　者　潘美月
主　　編　潘美月　杜潔祥
總 編 輯　杜潔祥
企劃出版　北京大學文化資源研究中心
出　　版　花木蘭文化出版社
發 行 所　花木蘭文化出版社
發 行 人　高小娟
聯絡地址　新北市永和區中正路五九五號七樓
　　　　　電話：02-2923-1455／傳真：02-2923-1452
網　　址　http://www.huamulan.tw 信箱 sut81518@gmail.com
印　　刷　普羅文化出版廣告事業
初　　版　2011 年 9 月
定　　價　十三編 20 冊（精裝）新台幣 31,000 元

龍坡書齋雜著
——圖書文獻學論文集（下）

潘美月　著

目次

清代私家刊本特色

　　私家刻書起於五代，兩宋時代日趨發達，至明清而極盛。清代私家刻書之興盛，當推周亮工爲先驅。周氏河南祥符人，世以刻書爲業，所收秘閣之書甚多，其子周在浚與晉江千頃堂黃氏仲子虞稷，據所藏善本，同編《徵刻唐宋秘本書目》，清代輯刻古籍之風，實由此目開其端。葉德輝〈重刻徵刻唐宋秘本書目序〉云：

> 虞稷僑寓金陵，遂籍上元貢生，舉康熙己未詞科，有《千頃堂書目》行世。雪客爲周櫟園先生亮工之子，祥符人，家世以刻書爲業，亮工通籍後，益好收藏。閩謝在杭先生肇淛，萬曆中抄書秘閣，中多稀本散出，盡歸亮工。此目所列大都兩家舊藏。當時納蘭成德刻《通志堂經解》，幾舉經部全刻之，其後《武英殿聚珍板叢書》、《知不足齋叢書》，又陸續刊行其史子各種。按目求之，所未刻者，僅雜史小帙，及宋元人集部數種已耳。然雜史一二種，藏書家多有抄本，集部亦多明人校刻，雖未刊行，而兩人之心，亦可慰矣。

由此可知，清代私家刻書，實受周、黃二氏《徵刻唐宋秘本書目》之影響。
張之洞《書目答問》勸刻書說云：

> 凡有力好事之人，若自揣德業學問不足過人，而欲求不朽者，莫若刊布古書之一法。但刻書必須不惜重費，延聘通人，甄擇秘籍，詳校精雕。其書終古不廢，則刻書之人終古不泯。如歙之鮑、吳之黃、南海之伍、金山之錢，可決其五百年中必不泯滅，豈不勝於自著書，自刻集乎？且刻書者，傳先哲之精蘊，啓後學之困蒙，亦利濟之先務，積善之雅談也。

積極提倡及獎勸刻書,乃是清代學者的一大特色,亦是清代私家刻書超軼前代的最大原因。

清代學風,由空疏而轉為樸實,故其刻書風氣亦隨之改變,大抵都能訪求善本,精校慎刻。尤其私家刻書,或慎摹舊本,或廣羅秘笈,往往彙為叢書,傳之士林。此私家刻書之極盛時代,清代之雕版書籍亦以私家刻本為最有價值。清代私家刻書可分為兩大類,一為零星散刻,一為彙刻叢書。分別說明於後:

一、零星散刻

清代三百年來,刻書之多,超乎前代,私家刻書,遍及經史子集四部。零星散刻,不勝枚舉,茲分別介紹具有特色者於後:

(一)寫刻本

清代私家刻書,往往聘請當代工楷書者書寫,然後雕版,這種書往往寫刻都很工致。清初寫刻本較著名的有倪鼉寫刻薛熙之《明文在》、林佶寫刻王士禎之《漁洋精華錄》(書影 1)、汪琬之《堯峰文鈔》、陳廷敬之《午亭文編》;黃儀寫刻王士禎之《漁洋詩續集》,均極書刻之妙。

清徐康《前塵夢影錄》云:

> 乾嘉之時,有許翰屏者,以書法擅名,當時刻書之家,均延其寫樣。如士禮居黃氏、享帚樓秦氏、平津館孫氏、藝芸書舍汪氏以及張古餘、吳山尊諸君,所刻影宋本秘籍,皆為翰屏手書。一技足以名世,洵然。

又云:

> 嘉慶中,胡果泉方伯議刻《文選》,校書者為彭甘亭、顧千里,影宋寫樣者為許翰屏,極一時之選。即近時所謂「胡刻文選」也。

許翰屏寫刻胡刻《文選》(書影 2),今尚傳世,惟不署翰屏姓名。此外尚有長洲李福寫刻士禮居明道本《國語》,吳縣陸損之寫刻士禮居汪本《隸釋刊誤》,黃丕烈寫刻《季滄葦書目》,余集寫刻周密《志雅堂雜抄》、元好問《續夷堅志》、孫承澤《庚子消夏記》,許槤寫刻李文仲《字鑑》(書影 3)、《六朝文絜》,顧蒓寫刻錢大昕《元史藝文志》。

又有手寫自己的著作,然後雕版,如鄭燮自寫刻《板橋集》(書影 4),金農自寫刻《冬心集》(書影 5),而尤以江聲自書篆字《尚書集注音疏》、《經師

系表》、《釋名疏證》（書影 6），張敦仁草書《通鑑補識誤》，爲版刻中別樹一
幟者。

（二）覆刻宋元版

清代藏書家大都喜好刻書，一些著名的藏書家往往覆刻所藏宋元舊本。
其中刊刻較精者有張敦仁刻宋撫州本《禮記鄭注》，和坤刻宋本《禮記注疏》
（書影 7），黃丕烈刻宋嚴州本《儀禮鄭注》，江士鐘刻宋景德本《儀禮》單疏
（書影 8）及元泰定本《孝經疏》，汪中刻宋余仁仲《春秋公羊經傳解詁》（書
影 9），孔繼涵重刻胡刻元本《資治通鑑》及宋本《孟子趙注》，顧抱沖刻宋本
《古列女傳》，全椒吳氏刻宋本《韓非子》。

二、彙刻叢書

刊刻叢書乃清代私家刻書之最大特色。清代學者除藏書、讀書外，特別
獎勵刻書，當時私家刻書，都能訪求善本，廣羅秘笈，故清代刊刻叢書之數
量，遠非前代所能相比。張之洞《書目答問》卷五著錄清代著名叢書，古今
人著述合刻叢書有五十九種，國朝一人自著叢書有四十九種，外復有算學叢
書十四種，共一百二十二種，不可謂不多。張氏所收尚有遺漏者，葉德輝《書
林清話》卷九所論叢書中，復有可補充者十四種。總之清代所刻叢書，其數
量之多，已無法統計，其中較著名者就有一兩百部之多。刊刻叢書對於保存
古代文獻，爲功甚鉅。對於學術的研究，提供了最方便的途徑。張之洞曾說：
「叢書最便學者，爲其一部之中，可該群籍，蒐殘存佚，爲功尤鉅，欲多讀
古書，非買叢書不可。」

由於清代私家刊刻叢書之種數過多，無法逐一詳介，今僅就叢書之性質
加以分類，並略述其中稍具特色者：

（一）古今著述合刻叢書

刊刻叢書以此類叢書最具價值，故刊刻數量亦最多。徐乾學所主持校刻
的《通志堂經解》（書影 10）是清初第一部大叢書，所刻書籍乃《徵刻唐宋秘
本書目》所列經部之書，彙刻宋元人經解一百三十八種，刊於康熙十九年
（1680），用當時流行的軟體字刊印的，版心下有「通志堂」三字，初印本已
不多見，清同治十二年（1873）粵東書局曾據菊坡精舍本重刊。此書在表彰
宋元人遺書，其功誠不可沒。然葉德輝以爲此書凡諸家經解，非程朱一派，
則削而不錄，門戶之見過深，且校勘過於草率（詳《書林清話》卷九）。又有

曹寅刻《小學五種》、《楝亭十二種》（書影 11），曹寅曾於康熙四十六年（1707）
爲內府刻《全唐詩》聞名，其所刻書世稱「揚州詩局刻本」，也是用軟體字刊
印的。而清初刊書最精妙者當推張士俊《澤存堂五種》（書影 12），摹仿宋刻，
極肖極精。

　　乾嘉以來，由於考證校勘之學興起，私家刊刻古籍之風更爲鼎盛。當時
刊刻叢書有以校勘精審著稱，有以覆刻宋元舊本著稱，有以刊刻罕見之本著
稱，有以廣羅舊籍著稱。分別說明於後：

1. 以校勘精審著稱者

　　清人治學，捨宋明理學，而返乎漢學，故重考證與校勘。刊刻古籍，流
傳後世，當以校讎爲首要之務。洪亮吉《北江詩話》卷三云：

> 藏書家有數等，得一書必推求本原，是正缺失，是謂考訂家，如錢
> 少詹大昕、戴吉士震諸人是也。次則辨其版本，注其錯譌，是謂校
> 讎家，如盧學士文弨、翁閣學方綱諸人是也。次則搜采異本，上則
> 補石室金匱之遺亡，下可備通人博士之瀏覽，是謂收藏家，如鄞縣
> 范氏天一閣、錢塘吳氏瓶花齋、崑山徐氏傳是樓諸家是也。次則第
> 求精本，獨嗜宋刻，作者之旨意縱未盡窺，而刻書之年月最所深
> 悉，是謂賞鑑家，如吳門黃主事丕烈、鄔鎭鮑處士廷博諸人是
> 也。……

故清代私家刻書以校讎爲主者，當首推盧文弨之刻《抱經堂叢書》。盧氏號抱
經，錢塘人，乾隆進士，官至侍讀，因得罪當朝，乞歸鄉里，校書二十餘年，
每校一書，必搜羅諸本，反覆鉤稽。乾隆間彙刊所校漢唐人著述及自著札記
文集，爲《抱經堂叢書》（書影 13）。

　　繼盧氏而起者，則有畢沅《經訓堂叢書》、顧廣圻《思適齋叢書》、盧見
曾《雅雨堂叢書》（書影 14）、秦恩復《石研齋四種》，孫星衍《平津館叢書》、
《岱南閣叢書》（書影 15）。以上各家所刻之書，底本優良，校勘精細，對讀
者最有益處。嘉慶道光間阮元所刻《文選樓叢書》（書影 16）更是這一類叢書
的代表。道光中則有李錫麟《惜陰軒叢書》（書影 17），咸豐間有胡珽《琳琅
秘室叢書》，皆精校愼刻，見重於學林。

2. 以覆刻宋元舊本著稱者

　　明清之際，許多藏書家皆極力覓求宋元版書，到了乾嘉年間，由於校勘
學興起，宋元舊本乃大受重視，有些藏書家以所藏宋元舊本爲校勘古籍之底

本，所刻之書，皆以校勘精審著稱於世，已詳於前。而當時覆刻宋元本書更成爲一種風氣，黃丕烈之士禮居，汪士鐘之藝芸精舍皆以仿刻善本著稱於世，即洪北江所謂賞鑑家也。汪氏刻有《儀禮》等書，已詳於前，惜未見彙刻爲叢書。丕烈字蕘圃，吳縣人，輯有《士禮居叢書》（書影 18），取其所得宋元善本次第刊行，由元和顧廣圻爲之校讎，用原書影刻公之於世。後人得其書者，幾可亂眞，亦可見當時刊刻之精美。其後，江都秦恩復石研齋、聊城楊氏海源閣、常熟瞿氏鐵琴銅劍樓影刻諸書，以及楊守敬之《古逸叢書》，皆受黃氏士禮居之影響。

3. 以刊刻罕見之本著稱者

清初黃虞稷、周在浚所編《徵刻唐宋秘本書目》，其經部諸書，已刻於《通志堂經解》中，其子史諸書，歙縣鮑廷博首爲刊行於世。廷博字以文，原籍歙縣，遷寓武林，性躭文史，築室儲書，爲乾隆時代之大藏書家，洪北江歸之爲賞鑑家。三十年來，搜輯彌篤，凡有異書，無不借鈔，刻《知不足齋叢書》（書影 19）。其〈凡例〉云：「先儒論著，凡有涉於經史諸子者，取其羽翼經傳，裨益見聞，供學者考鏡之助，方爲入集，以資實用。」可以看出鮑氏取捨之標準。〈凡例〉又云：「是編諸書有向來藏弆家僅有傳鈔，而無刻本者；有時賢先輩撰著脫藁，而未流傳行世者；有刻本行世久遠，舊板散亡者；有諸家叢書編刻而譌誤脫略，未經人勘正者，始爲擇取校正入集。若前人已刻，傳世甚廣，而卷帙更富，概未暇及。」可見鮑氏所刻之書，以罕見流傳者爲主；鮑氏之書，必校讎精審而後鏤板。《知不足齋叢書》共收三十集，鮑廷博刻至第二十七集而卒，其餘三集爲其子士恭所刻。自鮑氏之書行世以後，又有高承勛之《續知不足齋叢書》，鮑廷爵之《後知不足齋叢書》。嘉慶中，有顧修之《讀畫齋叢書》（書影 20）。修字菉崖，浙江石門人，家富藏書，是書所輯，皆《知不足齋叢書》所未收者，全書共八集一百三十種，全仿鮑氏之例，不以時代爲限，亦不分四部。道光中，則有蔣光煦之《別下齋叢書》（書影 21）、《涉聞梓舊》二書。光煦字生沐，海寧人。吳德旋序其書云：「生沐於古人之書，網羅放失，皆鮑氏之遺，而並世之人，有著述媲美於前賢而未及梓以行世者，亦采錄以公諸同好。」可見蔣氏亦以刊刻罕見之本爲主。同時又有伍崇曜之《粵雅堂叢書》（書影 22），共有三十集，是書亦仿鮑氏知不足齋之例，凡前人已經刊刻之書，皆不收錄。又有潘仕成之《海山仙館叢書》（書影 23），其序云：「但擇前賢遺編，足資心身學問，而坊肆無傳本者。」則亦

仿鮑氏之例，以刊刻罕見之本爲主。其後若李廷光之《榕園叢書》，方功惠之《碧琳琅館叢書》，亦均聞風而起者。

4.以廣羅舊籍著稱者

明末毛晉所刻之《津逮秘書》，清初曹溶之《學海類編》，雖廣羅舊籍，然抉擇不精，於是嘉慶中，有張海鵬所刻之《學津討原》（書影 24）。海鵬字若雲，號子瑜，江蘇常熟人。取毛晉汲古閣所輯《津逮秘書》而損益之，輯爲《學津討原》，是書所收皆四庫秘鈔，有裨經史實用者，共二十集，凡一百七十餘種，以匠體字刊板印行，版心下有「照曠閣」三字，校刊精審，每書之後，皆附《四庫提要》，其無提要者，並撰跋尾，詳述其書之始末原委，所收之書由上古以迄明代，所輯皆本原書，無一刪節。其後，張氏又廣搜古籍，博採群書，編刊《墨海金壺》，按其凡例，自稱悉本四庫所錄，宋刻舊鈔本佔十之二三，首取其原本久佚，輯自《永樂大典》者；次取其舊有傳本，版已久廢者，共收書一百一十五種，書必完帙，不取節錄，並加以精審校訂。張氏又輯刊《借月山房彙鈔》，凡十六集，一百三十五種。此書與《學津》、《墨海》收書範圍不同，專選明清兩朝著作，包括經學、諸子、小說、雜史、奏議、傳記、地理、科技、藝術等，範圍極廣。繼張氏之後，則有金山錢熙祚。熙祚字錫之，江蘇金山人，家富藏書，性喜校讎。張氏之《墨海金壺》、《借月山房彙鈔》殘版均歸錢氏。錢氏取《墨海金壺》增輯補刊，易名爲《守山閣叢書》，取《借月》殘書增爲二十集一百三十七種，易名《指海》。嘉慶中又有南匯吳省蘭所刻《藝海珠塵》（書影 25），分甲乙丙丁戊己庚辛八集，彙集古今著述，其板後亦歸金山錢氏，重輯壬癸兩集，體例一仍其舊。

同光以後，則有吳縣潘祖蔭《滂喜齋叢書》、《功順堂叢書》（書影 26），歸安姚覲元《咫進齋叢書》（書影 27），陸心源《十萬卷樓叢書》（書影 28），錢塘丁丙《嘉惠堂叢書》，章壽康《式訓堂叢書》（書影 29），皆精校慎刻，見重學林。黎庶昌之《古逸叢書》（書影 30），雖未能抉擇盡善，然影印宋元舊本，則上承黃氏士禮居。於晚清各家刊刻叢書之役爲力最多者，當推藝風老人繆荃孫。荃孫字筱珊，號藝風，江陰人，光緒丙午（三十二年，1906）進士，官翰林編修，收藏甚富，精於鑑別，博見異書，勤於纂輯，編有《雲自在龕叢書》（書影 31）、《藕香零拾》。貴池劉世珩刻《聚學軒叢書》及仿宋本書，南陵徐乃昌刻《積學軒叢書》，多由繆氏校定。

（二）輯佚叢書

乾嘉以後，輯佚古書，已成爲時代風尙。清代刊刻的輯佚叢書，最著名的有嚴可均輯的《全上古秦漢三國六朝文》（書影 32），黃奭輯的《漢學堂叢書》（書影 33），馬國翰輯的《玉函山房輯佚書》（書影 34），這些書爲我們搜集了散在很多書中的珍貴資料，對於研究古代文化有很大的幫助。

（三）郡邑叢書

清代刊刻郡邑叢書，據《書林清話》卷九，嘉慶間，有趙紹祖刻《涇川叢書》，宋世犖刻《台州叢書》，祝昌泰刻《浦城遺書》（書影 35），邵廷烈刻《婁東雜著》。道光朝有伍元薇刻《嶺南遺書》。同治朝有胡鳳丹刻《金華叢書》，孫衣言刻《永嘉叢書》。光緒朝此風尤盛，如孫福清刻《檇李遺書》，丁丙刻《武林掌故叢編》（書影 36）及《武林先哲遺書》，陸心源刻《湖州先哲遺書》，趙尙輔刻《湖北叢書》，王文灝刻《畿輔叢書》，盛宣懷刻《常州先哲遺書》（書影 37）。葉氏特別推崇《常州先哲遺書》，他說：「常州出自繆藝風老人手定，抉擇嚴謹，刻手亦工。」

（四）氏姓叢書

清代刊刻的氏姓叢書較常見的有嘉道間陳本禮刻的《陳氏叢書》（書影 38），道光咸豐間《賈氏叢書》，光緒間董金鑑刻的《董氏叢書》（書影 39），冒廣生刻的《冒氏叢書》，氏姓叢書大都爲本姓所編刻，亦有後人所編定者。

（五）獨撰叢書

清代刊刻的獨撰叢書，張之洞《書目問答》共著錄四十九種。今舉其常見者，如顧炎武的《亭林遺書》（書影 40），王夫之的《船山遺書》，戴震的《戴氏遺書》（書影 41），錢大昕的《潛研堂全書》（書影 42），段玉裁的《經韻樓叢書》（書影 43），崔述的《東壁遺書》（書影 44），俞樾的《春在堂全書》（書影 45），陸心源的《潛園總集》（書影 46）。

各式各樣叢書的出現是清代出版事業的特色之一，而這些叢書絕大部分是由私人刊刻的。清代私家刻書，不管是零星散刻或彙刻叢書，他們往往以宋元舊本爲底本，校勘精審，刻印俱佳，紙墨都是上乘的。三百年來，刻書之多，遠超過前代。但因時代較近，傳本易得，故不被收藏家所珍視。相信再過數百年後，清刻本的價值將遠超過明刻本。（本文原載《古籍鑑定與維護研習會專集》，臺北：中國圖書館學會，1985 年 6 月）

書影一之一：漁洋山人精華錄

漁洋山人精華錄卷三　門人侯官林佶編

古體詩

眉州謁三蘇公祠（祠即故宅今為萬卷山書院）

墓頤山色胝不枯玻瓈江水如醍醐　眉州城郭劫灰後
水滕漠漠成榛蕪郵亭下馬詢老卒蘇公故宅城西隅
旋來束帶薦蘋藻辰良何必煩神巫往者此地鐵腳亂（眉號鐵腳蠻）
（順治初有賊據）
高門大宅皆焚如此祠巋然誰所作維公大
節薦頑愚雙柏輪囷溜霜雨挺立冠劍古丈夫長公遺
像龍眠筆馬券剝落涪翁書（祠有石刻龍眠畫東坡像頗漫漶又涪翁谷有跋殘碑）
插笋尚林立荒藤碧蘚纏龜趺祠西一水最蕭瑟經霜
蔄蒥猶扶疏甘蕉十丈覆簷霤落花亂逆紅珊瑚當年

書影一之二：漁洋山人精華錄

煙雲供養窮三樂扁舟訪舊雲川来偶従繰素論丘壑
為添樵徑螺鬖旋遠峰一角空中落遠人無目樹無枝
妙解通靈失糟粕吳興富春幾百年此意天然殊斧鑿
山人癖如阮宣子蠟屐猶堪代芒屬惜無劉尹買山錢
苦向畫圖躭寂寞此中三日容坐卧便擬拂衣永棲託
明年借汝春畫開梅老無花竹生籜

漁洋山人精華錄卷一

門人監察御史崑山盛符升國子祭酒江陰曹禾同訂

康熙三十九年五月十五日門人林佶謹書

男啟涑恭閱

（清康熙三十九年林佶寫刻本）

書影二：文選

文選卷第一

梁昭明太子撰

文林郎守太子右內率府錄事參軍事崇賢館直學士臣李善注

賦甲 賦甲者舊題甲乙所以紀卷先後今卷既改故甲乙並除存其首題以明舊式

京都上

班孟堅兩都賦二首 京父老有怨班固恐帝去自光武至和帝都洛陽西

兩都賦序

班孟堅 年九歲能屬文長遂博貫載籍顯宗時洛陽故上此詞以諫和帝大悦也

范曄後漢書曰班固字孟堅北地人也除蘭臺令史遷爲郎乃上兩都賦大將軍竇憲出征匈奴以固爲中護軍憲敗

（清嘉慶十四年胡克家刻本）

書影三：字鑑

字鑑卷之一　平聲上

元李文仲原本　海昌許槤訂正
朱傳瑚參校

一東

叢　徂紅切說文聚也从丵取聲丵仕角切艸一生
貌上从四直畫兩長兩短俗作叢

豐　敷中切說文豆之一滿者从豆象形與豐字不
同豐音禮凡豐之類从一

隆　隆良中切說文豐大也从生降聲隸省作一俗作

恩　倉紅切說文多遽——也从心从囪囪古窻字
凡總偲蔥驄之類从一俗作恩怱

（清道光五年許槤刻本）

書影四：板橋集

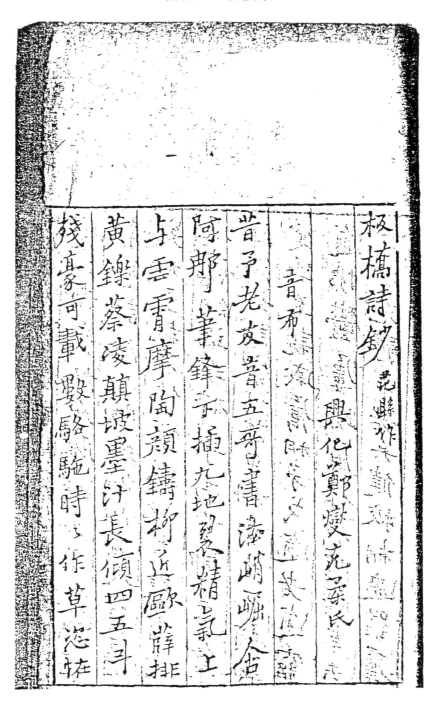

（清道光十一年清暉書屋重刊本）

書影五之一：冬心先生集

嘯歌娥臺

寄吳文乂 嘉

北郭依喬木青山屬隱君忘知白雲妙書愛眾

香墨草閣編遺集瀲湖采舊聞猶諗健如犢課

子事耕耘

楊知陳章見過冬心齋于出漢唐金石楊

本二百四十種共觀

空巷草根菩遭此秋雨屯離披一尺長那知中

有人守窮如守盟向璧獨平影書家得申韓二

子欣造請聖唐與神漢文字古所敦吉金貞石

書影五之二：冬心先生集

大吉督量邨夫子風俗耻貨殖

月夜叩瀟禪師講堂

去天只一握峯勢儼西峯巀闇雲脚香菴蒼茫

牀下二十五條衣吾師諦妙義住于忍界中不

囀琉璃地禪定窟鴿樓客心生幽怖破寺寒月

來永光千萬樹僵個念凤緣今宵侍瓶鉢惆聽

鄰鐘聲合掌亂山謁

雪中懷會稽陶十二幼雅

山雪白皚皚郊扉畫不開孏寫洛陽卧誰共霸

陵余窺䕃鳥聲合入林江影來遙思嚴長史清

（清雍正十一年刊本）

書影六之一：釋名疏證

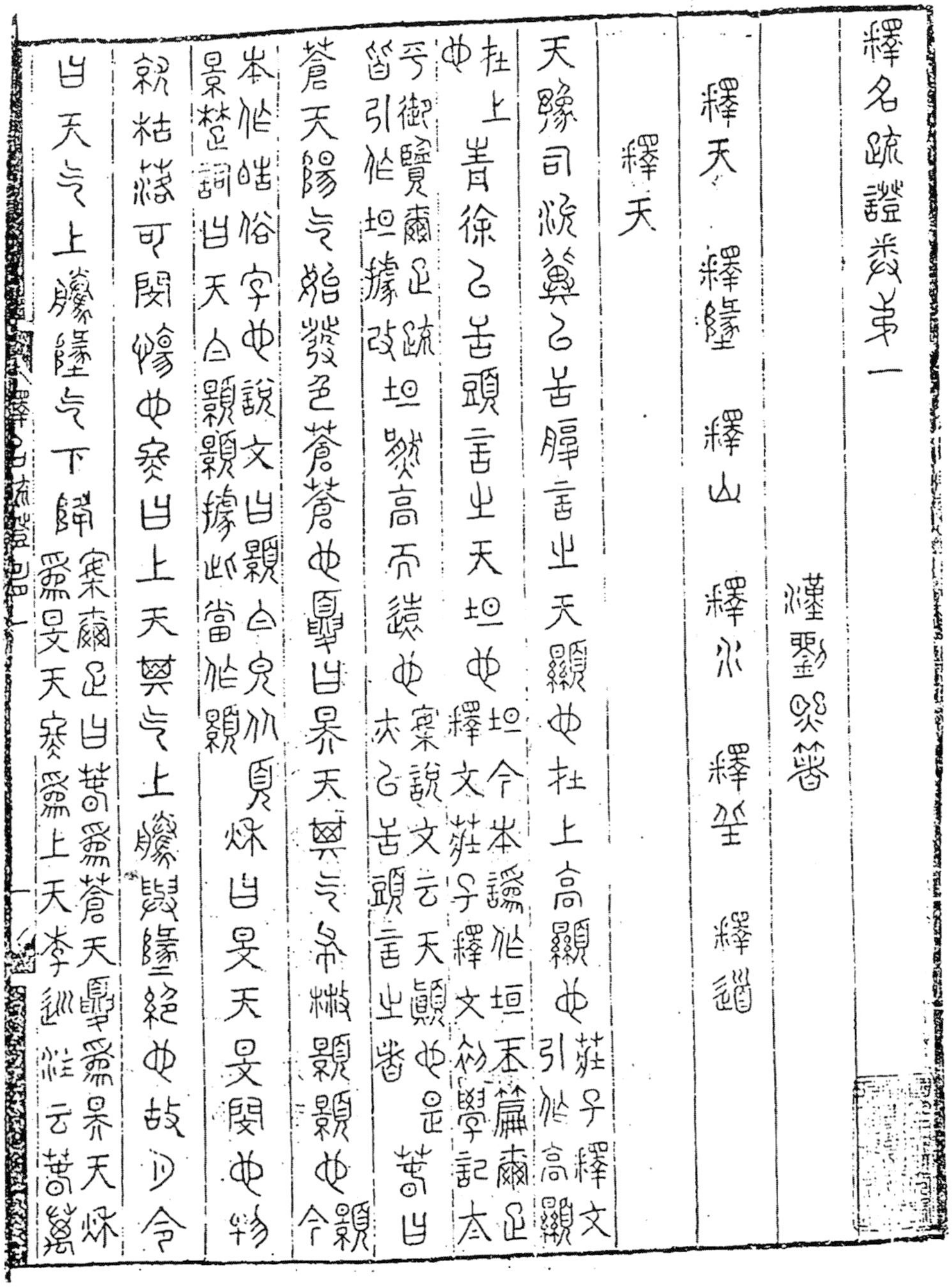
釋名疏證卷第一

漢劉熙著

釋天　釋地　釋山　釋水　釋丘　釋道

釋天

天豫司兗冀以舌腹言之天顯也在上高顯也莊子釋文引作高顯在上也青徐以舌頭言之天坦也坦今本譌作垣玉篇爾雅釋文莊子釋文初學記太平御覽爾雅疏皆引作坦據改坦然高而遠也案說文云天顛也是亦以舌頭言之者春曰蒼天陽气始發色蒼蒼也夏曰昊天其气布散顥顥也顥今本作晧俗字也說文曰顥白皃从頁景楚詞曰天白顥顥據此當作顥秋曰旻天旻閔也物就枯落可閔傷也冬曰上天其气上騰與地絕也故月令曰天气上騰地气下降案爾雅曰春為蒼天夏為昊天秋為旻天冬為上天李巡注云春萬

書影六之二：釋名疏證

釋名疏證目錄

釋首飾第十五　釋衣服第十六　釋宮室第十七

卷之六

釋牀帳第十八　釋書契第十九　釋典藝第二十

釋用器第廿一　釋樂器第廿二

卷之七

釋疾病第廿三　釋車第廿四　釋船第廿五

卷之八

釋喪制第廿六　釋彩帛第廿七

傳編

釋名補遺一卷　續釋名一卷

目錄終

（清乾隆五十五年刊本）

書影七：附釋音禮記註疏

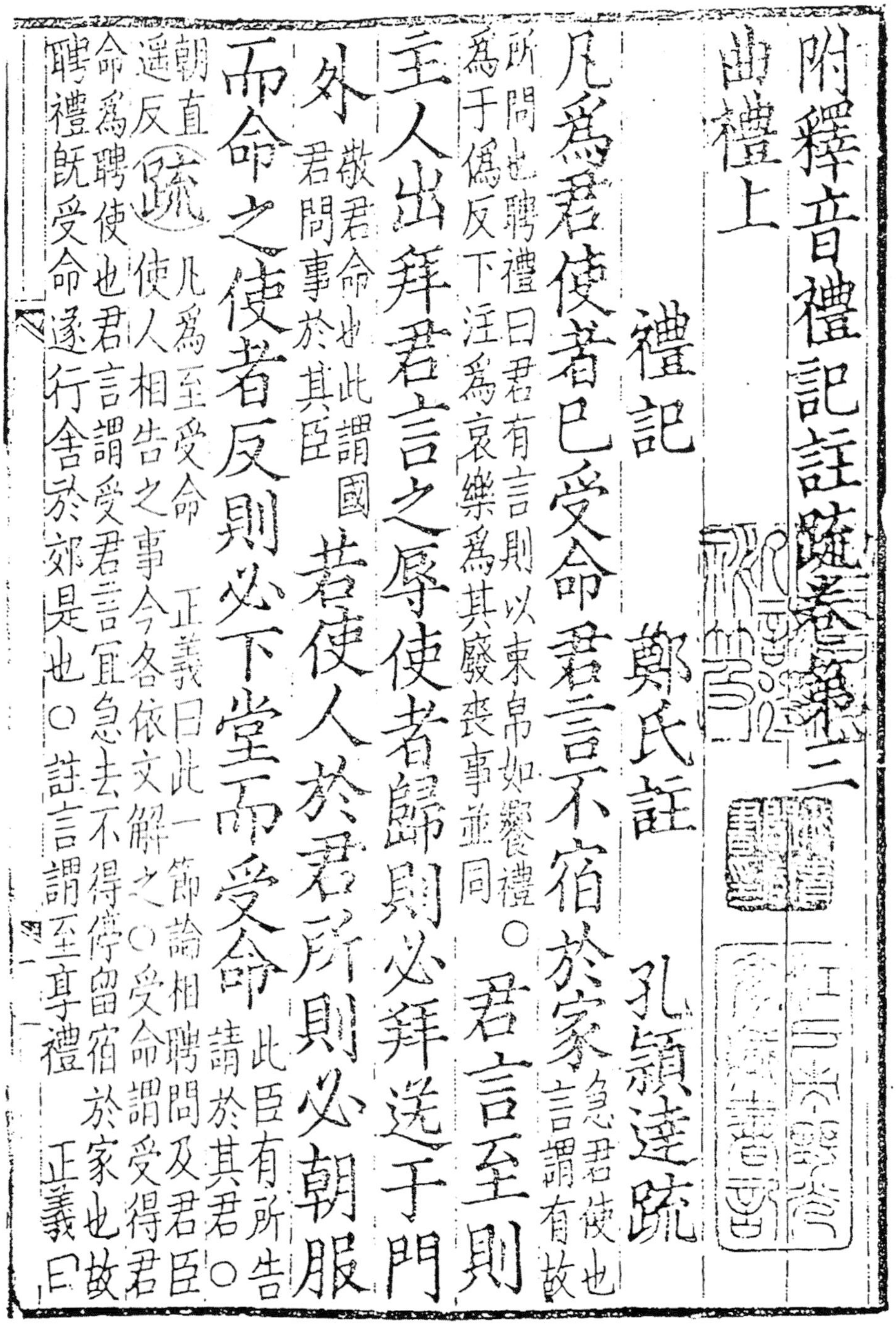
附釋音禮記註疏卷第二

曲禮上

禮記　鄭氏註　孔穎達疏

凡爲君使者已受命君言不宿於家急君使也言謂有故所問也聘禮曰君有言則以束帛如饗禮○爲于僞反下注爲哀樂爲其廢喪事並同　君言至則主人出拜君言之辱使者歸則必拜送于門外敬君命也此謂國君問事於其臣　若使人於君所則必朝服而命之使者反則必下堂而受命此臣有所告請於其君○朝直遥反（疏）凡爲至受命　正義曰此一節論相聘問及君臣使人相告之事今各依文解之○受命謂受得君命爲聘使也君言謂受君言宜急去不得停留宿於家也故聘禮既受命遂行舍於郊是也○註言謂至享禮　正義曰

（清乾隆六十年長白和坤覆宋建刊十行本）

書影八之一：儀禮疏

儀禮疏卷第一

唐朝散大夫行太學博士引文館學士臣賈 公彥 等撰

儀禮疏序

竊聞道本沖虛非言無以表其疏言有微妙非釋無能悟其理是知聖
人言曲事資注釋而成至於周禮儀禮發源是一理有終始分爲二部
並是周公攝政太平之書周禮爲末儀禮爲本本則難明末便易曉是
以周禮注者則有多門儀禮所注後鄭而已其爲章疏則有二家信都
黃慶者齊之盛德李孟悊者隋日碩儒慶則舉大略小經注疎漏猶登
山遠望而近不知悊則舉小略大經注稍周似入室近觀而遠不察二
家之疏互有脩短時之所尚李則爲先案士冠三加有緇布冠皮弁爵
弁旣冠又著玄冠見於君有此四種之冠故記人下陳緇布冠委貌周
弁以釋經之四種經之與記都無天子冠法而李云委貌與弁皆天子
始冠之冠李之謬也喪服一篇凶禮之要是以南北二家章疏甚多時
之所以皆資黃氏案鄭注喪服引禮記檀弓云經之言實也明孝子有
忠實之心故爲制此服焉則經之所作表心明矣而黃氏妄云襄以表

書影八之二：儀禮疏

正誤補脫去衍乙錯數千百處視通日諸家約

略是同究不若此次之行摹款倣尤傳景德之

真矣若夫撰定異同不特出入紛紜恐致詞費

抑復管窺專輒曷若關如悉心尋繹元文自見

云爾

道光十年歲次庚寅秋九月長洲汪士鐘序

（清道光十年長洲汪士鐘藝芸書舍覆宋刊本）

書影九：春秋公羊解詁

春秋公羊經傳解詁莊公第三　何休學

元年。春王正月。公何以不言即位。春秋君弒子不言即位。君弒則子何以不言即位。隱之也。孰隱隱子也。孫者何。孫猶孫也。念母也。夫人固在齊矣其言孫于齊何。夫人固在齊矣其言正月以存君。夫人何以不首事。稱姜氏與弒公奈何。夫人譖公於齊侯與弒公也其

（清道光四年揚州汪中翻刻宋建安余仁仲本）

書影十之一：通志堂經解

子夏易傳卷第一

周易

上經乾傳第一

乾元亨利貞彖曰大哉乾元萬物資始乃統天雲行

雨施品物流行大明終始六位時成時乘六龍以御

天乾道變化各正性命保合太和乃利貞首出庶物

萬國咸寧

乾始降氣者也始而通終而濟保其正也故統萬

物而無外夫天者乾也質也乾者人也精神也有

其人然後盡其位精神通明然後能統其質故能雲

書影十之二：通志堂經解

伯瑜之總說春秋陸淳之纂例辨疑微旨三數種若
長孫無忌之要義則約正義而爲之者其他未見也
然則是書雖近而不篤又豈一便無傳也哉弇富
試大理評事別有素履子三卷見道家
康熙丙辰仲春納蘭成德容若序

（清康熙十九年通志堂刊本）

書影十一之一：棟亭十二種

諸行

市肆謂之行杭音者因官府科索而得此名不以其物小
大但合充用者皆置為行雖醫卜亦有職醫赴擇之差
占則與市肆當行同也內亦有不當行而借名之者如
酒行食飯行是也又有名為團者如城南之花團泥路
之青果團江下之薑團後市街之柑子團是也其他工
伎之人或名為作如篦刃作腰帶作金銀鍍作鈒作是
也又有異名者如七寶謂之骨董行浴堂謂之香水行
是也大抵都下萬物所聚如官巷之花行所聚花朵冠
梳鈒環領抹極其工巧古所無也都下市肆名家馳譽
者如中瓦前皁兒水雜賣場前甘豆湯如戈家蜜棗兒

都城紀勝

書影十一之二：棟亭十二種

高廟與六宮等在中瓦相對今修內司染坊看位觀孝
宗皇帝孟亨迴就觀燈買市簾前排列內侍官帳行堆
燦見錢宣押市食歌叫支賜錢物或有得金銀錢者是
時尚有京師流寓經紀人市店遭遇者如李婆婆羹南
瓦子張家糰子若遇車駕行幸春秋社會等連簷並壁
幕次排列此外如執政府牆下空地 諸色路岐人
在此作場尤為騈闐又皇城司馬道亦然候潮門外殿
司教場夏月亦有絕伎作場其他街市如此空隙地段
多有作場之人如大瓦肉市炭橋藥市橋園亭書房城
東菜市城北米市其餘如五間樓福客糖果所聚之類
未易縷舉

書影十二：澤存堂五種

虫部第四百

（清康熙間吳郡張士俊刊本）

書影十三：抱經堂叢書

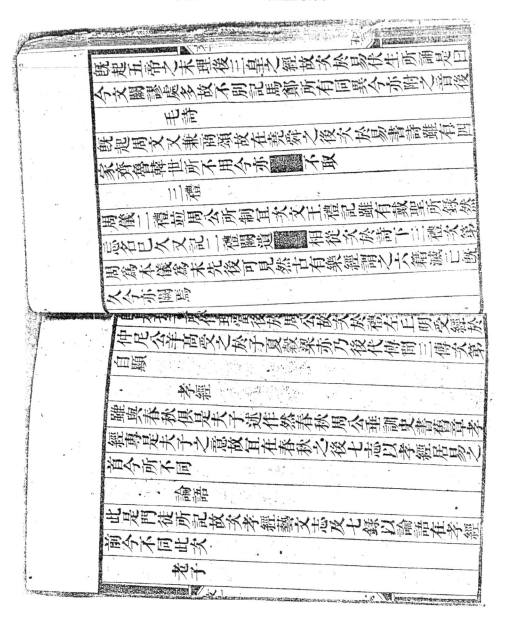

（民國十二年北京直隸書局據清乾隆間盧文弨抱經堂刊本影印）

書影十四：雅雨堂叢書

易傳卷第一

臺北帝國大學圖書

乾下乾上乾元亨利貞

唐　資州　李鼎祚　集解

菜說卦乾健也言天之體以健爲用運行不息應化

无窮故聖人則之欲使父法天之用不法天之體故

名乾不名天也○子夏傳曰元始也亨通也利和也

貞正也言乾裹純陽之性故能首出庶物各得元始

開通和諧貞固不失其宜是以君子法乾而行四德

故曰元亨利貞矣

初九潛龍勿用

書影十五：岱南閣叢書

古文尚書卷一

馬氏鄭氏注　王應麟輯集　孫星衍補集

堯典第一　虞夏書一　唐書一

曰若稽古帝堯○馬曰順考古道　魏志尚書正義引作稽同古　翼善傳聖堯諡也

曰堯　釋文鄭曰稽古同天言堯同于天也　義引作稽同古

天言能順天而

行與之同功

安安○馬曰威儀表備謂之欽照臨四方謂之明經緯天地謂之文道德純備謂之思　釋文鄭曰敬事節用謂之　日放勳○馬曰放勳堯名　文釋欽明文思

欽照臨四方謂之明經緯天地謂之文慮深通敏謂之

天地謂之文道德純備謂之思

（清乾隆嘉慶間蘭陵孫星衍問字堂刊本）

書影十六之一：文選樓叢書

釋易象音

周易象之爲音今俗皆讀團之去聲與古音有異古

音當讀若弛音近于才亦與龜字音近故繇辭曰

象者材也此乃古音訓相兼是象音必與才音同部

材字之才與象字皆在段氏古音弟一部由之殆止

海志代轉而爲十五部脂微齊皆灰又轉爲十六部

之支佳紙蟹寘卦陌麥昔錫若讀今音通貫卹卹劉

巘之訓斷則在十四部與材字迥不同部孔子何以

材字訓之哉且此非徒孔子之言也毛詩亦有之矣

廣雅說支至篇亦皆證之矣按說文象象二字之注

書影十六之二：文選樓叢書

注假借皆出于易舍易卦無以生
傳庖犧之意與言故傳曰書不盡言言不盡意者此
也書乃如今紙印之書世易傳曰聖人立象以盡意
簡策非如今紙印之書世易傳曰易之為書也亦謂籀篆之書
設卦以盡情偽繫辭焉以盡其言此即許叔重所謂
庖犧氏作易八卦以垂憲象神農結繩庶業其繁飾
偽萌生黃帝之史倉頡初造書契以又以察道書契
取于夬是必先有夬卦而後有夬意先有夬意而後
有夬言先有夬言而後有夬書先有夬書而後有夬
辭也以此推之後世之言語文字皆出于易卦也

（清嘉慶道光間儀徵阮元刊本）

書影十七之一：惜陰軒叢書

玩易意見卷上

明三原王恕著　　邑後學李錫齡孟熙校

上經

乾卦象曰大哉乾元萬物資始乃統天本義謂象即文王
所繫之辭卦下元亨利貞是也意見以為此象曰者是象
傳乃孔子釋象之辭非象之本文也餘卦放此

乾六爻文言皆是孔子自設為問答之辭不應稱子曰意
見以為子字乃後人之所加非孔子自述也

坤象曰牝馬地類行地无彊柔順利貞君子攸行傳謂柔
順利貞乃坤之德也君子之所行也君子之道合坤德也

元易意見卷上

惜陰軒叢書

一

書影十七之二：惜陰軒叢書

以己意言之非敢自以為是願與四方學者商摧之
或有可取不為無補苟或不然必因此以發高明真知灼
見之至論於久蘊深藏之餘使四聖之道煥然大明於世
以淑諸人亦老夫之志願也毋徒誒曰二先生傳義已明
白何必多言

正德元年丙寅春正月望日奉勅存問宿望舊臣九十有
一石渠老人三原王恕序

（清道光二十六年宏道書院刊本）

書影十八：士禮居叢書

周禮卷第二

天官冢宰下　　　周禮　鄭氏注

醫師掌醫之政令聚毒藥以共醫事之辛苦毒藥
者藥之物恒多毒孟子曰藥不瞑眩厥疾無瘳凡邦之有疾病者疕疕
日藥不瞑眩厥疾無瘳凡邦之有疾病者疕頭瘍亦謂秃身瘍日瘍分
瘍者造焉則使醫分而治之也身瘍日瘍分
各有能歲終則稽其醫事以制其食十全爲
之者醫
上十失一次之十失二次之十失三次之十
失四爲下食祿也全猶愈也以失四爲
下者五則半矣或不治自愈

（據清嘉慶間黃丕烈士禮居刊本影印）

書影十九：知不足齋叢書

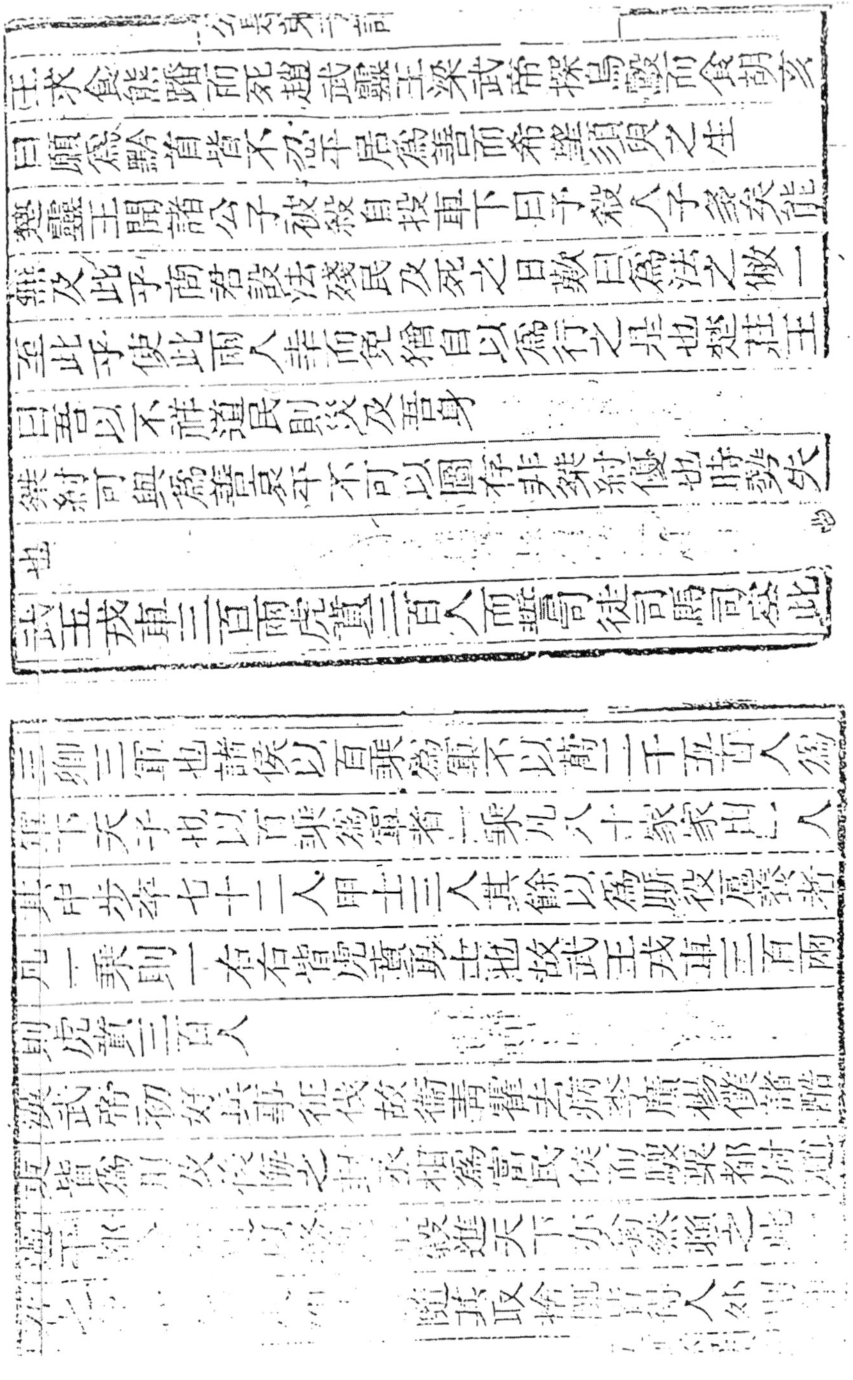
王求食熊蹯而死趙武靈王梁武帝探鳥鷇而食胡亥
曰願為黔首皆不忍乎居為善而希望須臾之生
楚靈王聞諸公子皆殺自投車下曰子殺人子多矣能
無及此乎商君設法殘民及死之日歎曰為法之敝一
至此乎使此兩人詐而死猶自以為行之是也楚莊王
曰吾以不祥道民則災及吾身
桀紂可與為善乎不可以圖存非桀紂之敝也時勢然
也
武王戎車三百兩虎賁三百人而輔司徒司馬司空此
三卿三軍也諸侯以百乘為軍不以萬二千五百人為
軍下天子也以百乘為軍者一乘凡八十家家出一人
其中步卒七十二人甲士三人其餘以為廝役廬舍等
凡一乘則一右右皆虎賁故武王戎車三百兩
則虎賁三百人
漢武帝初好出郭征伐故衞青霍去病李廣出塞諸將皆
[illegible]

（清乾隆同治間長塘鮑氏刊本）

書影二十：讀畫齋叢書

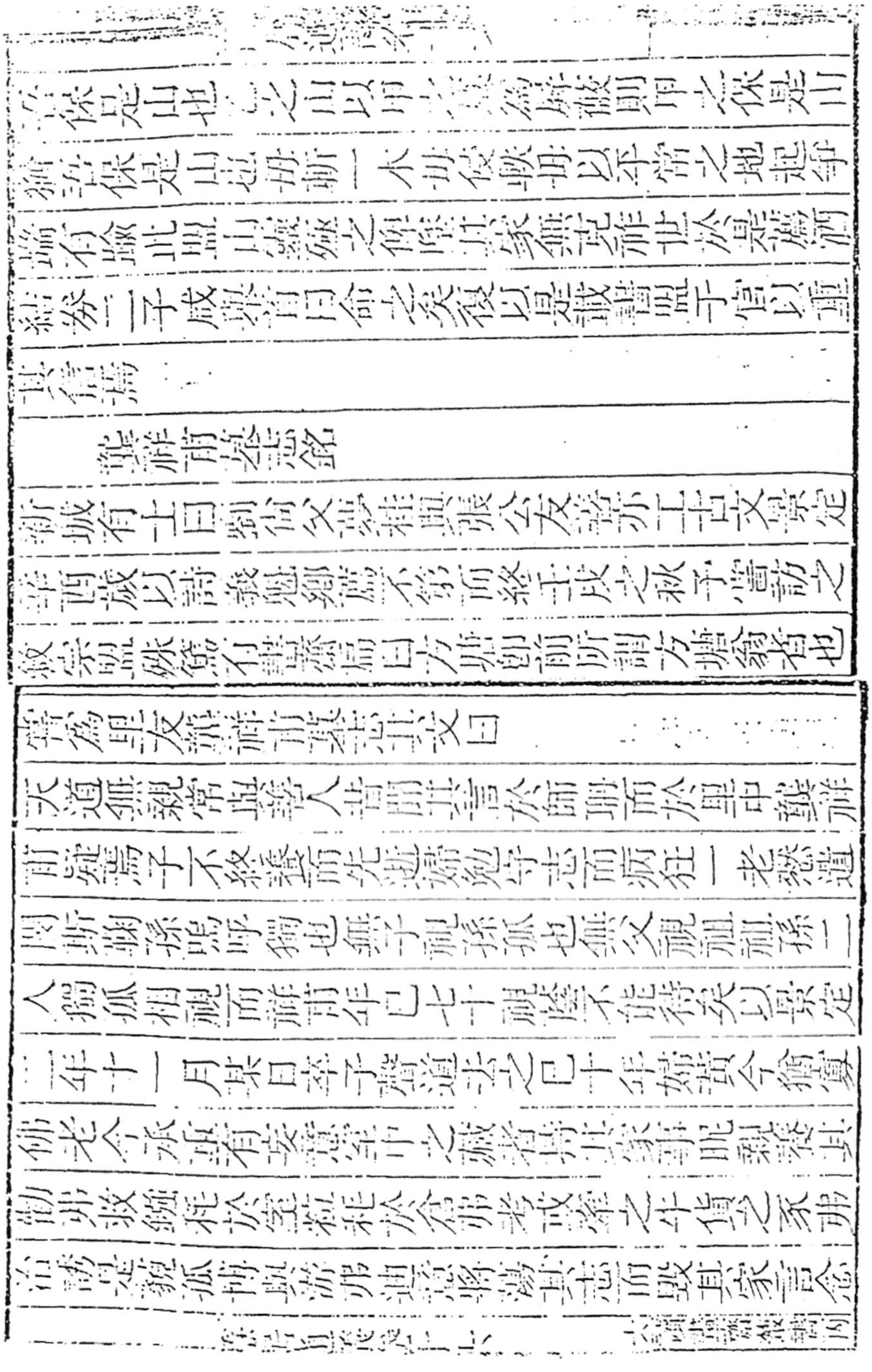

（清嘉慶四年桐川顧氏刊本）

書影二十一：別下齋叢書

（清道光十七年海昌蔣氏刊本）

書影二十二：粵雅堂叢書

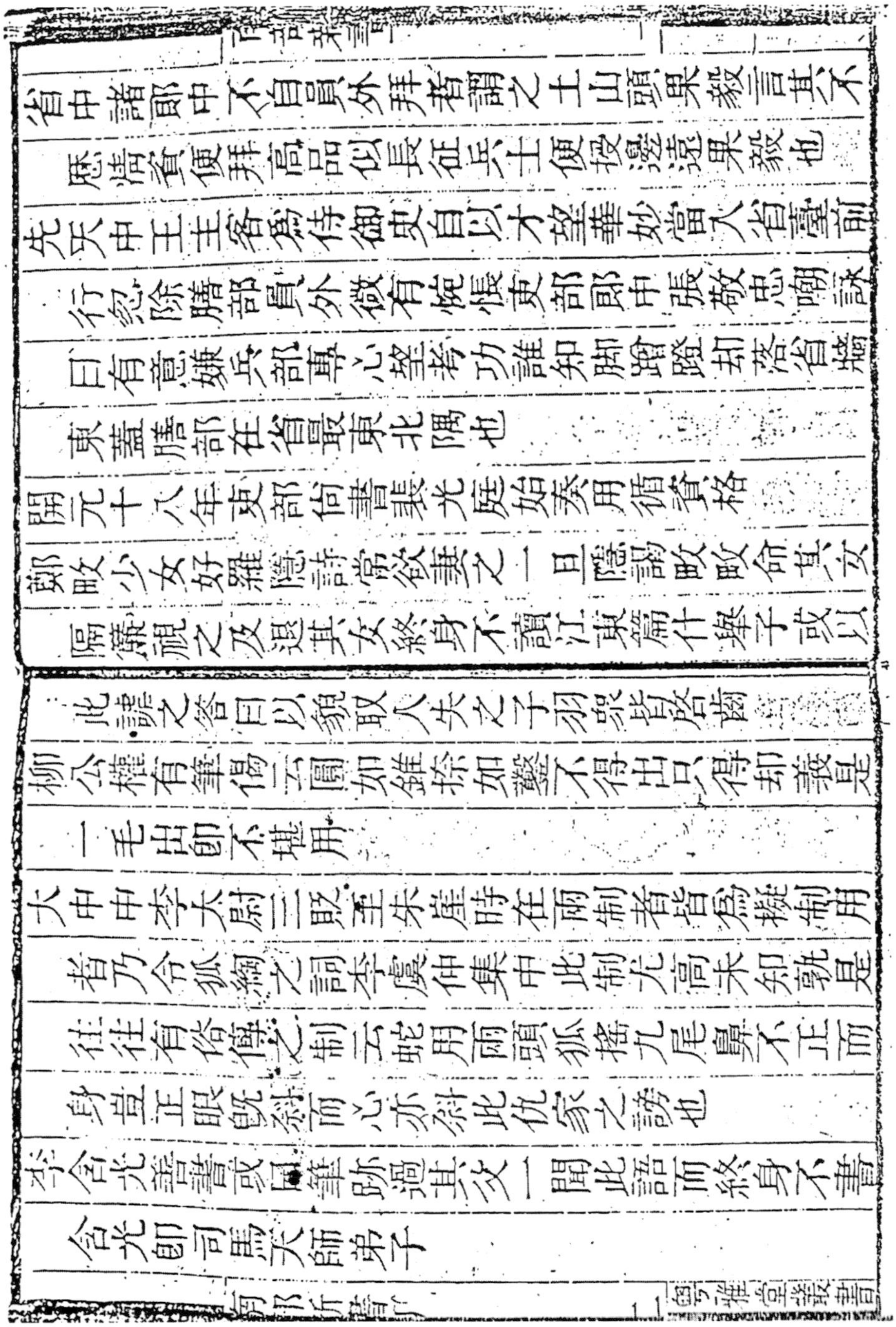

省中諸郎中不自員外拜者謂之土山頭果毅言其不
歷清資便拜高品以長征兵士便授邊遠果毅也
先天中王主客為侍御史自以才望華妙當入省臺前
行忽除膳部員外微有悵悵吏部郎中張敬忠嘲詠
曰有意嫌兵部專心望考功誰知脚蹭蹬却落省墻
東蓋膳部在省最東北隅也
開元十八年吏部尚書裴光庭始奏用循資格
鄭畋少女好羅隱詩常欲妻之一日隱謁畋畋命其女
隔簾視之及退其女終身不讀江東篇什舉子或以
此誚之答曰以貌取人失之子羽然皆啟齒
柳公權有筆偈云圓如錐捺如鑿不得出只得却蓋是
一毛出即不堪用
大中中李太尉三貶至朱崖時在兩制者皆為擬制用
者乃令狐綯之詞李虞仲集中此制尤高未知孰是
往往有俗傳之制云蛇用兩頭狐搖九尾鼻不正而
身豈正眼既斜而心亦斜此仇家之謗也
李合光善書或以筆跡過其父一聞此語而終身不書
合光即司馬天師弟子
粵雅堂叢書

（清道光光緒間南海伍氏刊本）

書影二十三：海山仙館叢書

易大義

元和 惠棟 撰

中庸注此仲尼微言也子思傳其家學著為此書非

明易不能通此書也

天命之謂性(注)民受天地之中以生天地之中命也民

受之以生性也率性之謂道修道之謂教(注)天命之謂

性中也率性之謂道和也修道之謂教致中和也又有

三等故曰教卽自明誠者也道也者不可須臾離也可

離非道也(注)道不可須臾離故至誠無息是故君子戒

（清道光咸豐間番禺潘氏刊本）

書影二十四之一：學津討原

辯章百姓

辯別也章明也　見後漢劉愷傳注　百姓羣臣之父子兄弟　見史

記五帝紀注

乃命羲和欽若昊天歷象日月星辰　正義云鄭以星辰爲一

高辛氏之世命重爲南正司天犂爲火正司地引此　正義

之字　無堯育重犂之後羲氏和氏之子賢者使掌舊

三句

職天地之官亦紀於近命以民事其特官名蓋曰稷　見周禮正義序

司徒羲仲　正義序

分命羲仲

二

照曠閣

書影二十四之二：學津討原

敬事節用謂之欽照臨四方謂之明經緯天地謂之

文慮深通敏謂之思不懈于位曰恭推賢尚善曰讓

見正

義

光被四表格于上下

言堯德光耀及四海之外至于天地所謂大人與天

地合其德與日月齊其明　見詩憶

見詩憶

　　　　　　臆正義

克明俊德以親九族

俊德賢才兼人者　義　見正　上自高祖下至玄孫凡九族

見釋

文

書影十五之一：藝海珠塵

柳桰也淮南謂之椓 說文

茉兩刃臿也宋魏曰茉 文

關東謂之槌關西謂之挃 俟槌之橫者也關西謂之

說文

北方人名匕曰匙 注漢書地理志 注引蘇林

桃謂之歃讀如或舂或杭之枕字或作桃者秦人語也

此二匕者皆有淺升狀如飯槮 儀體有

橦三輔謂之樓 淮南注樓三輔謂之簴今 省蘭案

庚江淮之間曰籔 槈 儀禮聘

茉易之間刈穛聚把名曰笘 儀禮注聘

書影十五之二：藝海珠塵

秦謂筥曰籔飯筥也受五升陳畱謂飯帚曰筩一曰𡭄

器容五升一曰宋魏謂箸筩為籔　說文

齊人畚謂之鍾羊傳注六年公

齊人名小甖為儋受二斛漢書蒯通傳

江淮人謂一石為一擔彪後漢書韋

東海樂浪人呼容十二斛者為鼓釋器郭注引

饒甎小甀長沙謂之甉釋器

河東北界人呼小石甖受二斗所曰服匿漢書蘇武傳注引晉灼

鹽官三斛為一番　說文

北方以二十兩為鈞氏注今東萊稱考工記冶

書影二十六之一：功順堂叢書

遂文王之渡于妙牛殆又易之姜氏當鍾愛何爲惡之乎
寤與許同呂覽明理篇頡許百疾注許逆逃說文許逆逃
亦通作悟韓非子說難大意無所拂忤史記韓非傳作大
忠無所拂悟司馬貞索隱云不拂悟于君張守節正義拂
悟當爲咈忤古字假借耳顧廣圻韓非子識誤云列女傳
不拂不寤亦用牾字呂覽蕩兵篇百姓之悟相侵也立覓
新序雜事篇儵靈公踧然易容寤然失位皆悟字之義禮
記哀公問午其眾注逆其眾王肅本作逆是午悟寤皆通
悟此凡從此聲者其義並通土喪禮下篇無器則捂受之

書影二十六之二：功順堂叢書

元年經天王使宰咺來歸惠公仲子之賵　雜記上介賵執

圭將命曰寡君使某賵相者入告反命曰孤須矣陳乘黃

大路于中庭此諸侯相賵之制天子賵諸侯亦如是也

得鄭武公　史記武公名掘突蕉周云名突滑

故名曰寤生　史記集解徐廣曰年表云二十四年生寤生

十七年生太叔段按史記云生之難此寤生之解明矣又

風俗通云俗說兒墮地未可開目便能視者謂之寤生子

妨父母鄭武公終老天年姜氏亦然豈有妨父母乎應劭

說亦近是如杜解則寤寐中便已生子較后稷之先生如

（清光緒間吳縣潘祖陰刊本）

書影二十七：咫進齋叢書

春秋公羊禮疏卷一　　　　　　　江都凌曙學

隱公

元年春王正月

注惟王者然後改元立號

疏班固白虎通春秋曰元年春王正月公卽位改元位
也王者政元年卽事天地沈約宋書禮志魏明帝初司
空王朗議古者有年數無年號漢初猶或有世而政有
中元後元迭彌數中後之號不足故更假取美名非
古也逃春秋之事曰隱公元年則簡而易知漢世之事
日建元元年則後不見宣若古稱兗而已樂資春秋傳
傳惟王者政元諸侯政元自汾王以前未有也吾竹書
曲沃莊伯十一年十一月則用夏正爲歲首而秦譜至
宣公初志閏月不惟政元又政應矣萬氏斯大學春秋

（清光緒九年歸安姚觀元刊本）

書影二十八：十萬卷樓叢書

史載之方卷上行款乑
仿宋木

□□叢書四時正脈原論
春□□□春□□□□□□

春脈弦其氣來柔軟弱虛而滑端直以長名
之曰弦反此者病其氣來不實而微此爲不及病在中
病在外其氣來不實而强名爲太過
太過則令人善忘忽忽眩冒巓疾不及則令
人胷痛引背下兩脅胠滿

夏

夏脈鈎其氣來盛去衰反此者病其氣來盛
去亦盛此爲太過病在外其氣來不盛去反

書影二十九之一：式訓堂叢書

廣雅蔚薂也文彩繁薂也今本作薂也是不得其辭而
妄改與廣雅不合矣繫辭下成天下之亹亹者鄭云亹
亹沒沒也與葉鈔本合案爾雅釋詁亹亹勉也郭
注亹沒猶勔勉鄭注本此而今本改作汲汲也爲謬矣
兹疏其足以訂正釋文者於簡端以質世之學易者云
咸熙嘗有志合栞呂氏古易音訓宋氏國語補音孫氏
孟子音義殷氏列子釋文蕭氏漢書音義何氏晉書音
義釋元應一切經音義慧苑華嚴經音義等書彙爲一
編力有未暇今先託端於是爲嘉慶七年歲次壬戌春
三月仁和宋咸熙謹識

書影二十九之二：式訓堂叢書

古易音訓卷上　　呂氏

仁和宋咸熙輯

上經

案前漢藝文志易經十二篇杜預春秋十三篇顏師古曰上下經及十翼故十二篇也

郡別有汲縣陰陽發掘而得古書易經二篇與今序正於同汲

魯有繫辭易傳固與今序易經及十二篇者象大得古書十三篇周易顏師古曰古書後序曰經波及

繫辭尚未播傳曰上下之說而違遠國策也然則一戰于國辭易傳固於上下時仲尼造今序正同

則古易上下經之分篇合而為一則孔子萬世有則戰干時易上下二時所以謂此二經篇矣於

之編易乃辨合而為其始考之且不許後人哉妄周易上下之時近世晁氏考

有上古之易下周經易之乃辨何其考之

聖人也及上說之若曰本又作鼅作巛反

陽氣乾乾上下陸文陸德明然反

陸力也世反晁陽陸氏曰籥又作鼅作巛

敧坤上下 易反　坤 今字也 同困又作巛巛反

坤坤上下 易反

坤 今字也同困又作巛巛反

无 化 牝忍反

喪 浪陸息反

（清光緒間會稽章壽康刊本）

書影三十：古逸叢書

荀子卷第二　登仕郎守大理評事揚　倞　注

不苟篇第三

君子行不貴苟難說不貴苟察察聰察名亦行如字不貴苟察名不貴苟傳唯其當之為貴當謂合禮義也當丁浪反故懷負石而赴河是行之難為者也而申徒狄能之然而君子不貴者非禮義之中也禮義之中也

賞苟傳唯其當之為貴當謂合禮義也當丁浪反故懷負石而赴河是行之難為者也而申徒狄能之申徒狄恨道不行發憤而負石自沈於河莊子音義田昆吾之人韓詩外傳曰申徒狄將自投於河崔嘉聞而止之不從然而君子不貴者非禮義之中也禮義之中也

（清光緒八年至十年遵義黎氏日本東京使署刊本）

書影三十一之一：雲自在龕叢書

六師未至以銳兵克之於牧野歸乃爲俘藏於京大寶

乃命周公作大武即約克殷世俘之文是作記者當在

呂不韋造春秋前矣蔡邕明堂月令論引樂記武王伐

殷薦俘藏于京大室即古樂篇之文又云京鎬京也大

室俘廘之中明堂大室也鄭康成注禮喪服大傳諡奠

於牧室云牧野之室古者郊關皆有館焉先祖者

行主也及證以世俘則所謂紫於上帝祈於社稷諡奠

於牧室者皆在四月庚戌還歸至周之後蓋既事而退

亦指還歸至周而言牧室非牧野之室也又世俘有大

武與夏篇序興之節可參考寶牟賈泠州鳩六成七律

之說不忍慨棄置於零編碎簡中故爲攷定而論次之

書影三十一之二：雲自在龕叢書

乃傅會武成序云武王伐殷往伐歸獸識其政事者屏
大篇中又恐與周書不類句刜字劖倒置前後與舊文
相亂意後世有能讀之者見其適與書序相應必共信
為真古文無復疑議其用心亦良苦矣其言武王狩與
太史公書周本紀言西歸行狩合猶瘉於東晉古文刺
樂記馬散之華山之陽牛散之桃林之野為歸獸者至
文意淺陋特張霸百兩篇之流固無足深論然雖改
世傳為武成其三統世經所載皆世傳舊文僅是正其
月日目為周書武成以別於書經湯誓之等蓋未立學
官不謂之經猶漢時之功令也是篇既名世傳所記宜
獻俘世室之事呂氏春秋古樂篇曰武王以六師伐殷

（清光緒二十五年江陰繆荃孫校刊本）

－543－

書影三十二：全上古秦漢三國六朝文

全漢文卷一

烏程嚴可均校輯

高帝

帝姓劉氏諱邦字季沛豐邑中陽里人初爲泗上亭長秦二世

元年起兵稱沛公明年楚懷王已爲碭郡長封武安侯已子嬰

元年西入關項羽立爲漢王都南鄭呂漢五年破項羽卽皇帝

位都長安在位十二年諡曰高皇帝廟號太祖亦曰高祖有傳

十三篇 漢志在儒家本注曰高祖 與大臣述古語及詔策也

重祠詔二年

吾甚重祠而敬祭今上帝之祭及山川諸神當祠者各已其時禮

祠之如故 漢書郊祀志上

立吳芮爲長沙王詔 五年二月

故衡山王吳芮與子二人兄子一人從百粵之兵已佐諸侯誅暴

全漢文一 高帝

一

（清光緒二十年黃岡王毓藻刊本）

書影三十三：漢學堂叢書

（清道光間甘泉黃奭刊光緒間印本）

書影三十四之一：玉函山房輯佚書

象曰女來歸孚不中也上同

初八一人知女尚可以去藝流別　黃佐六

中孚

　　　長也

象曰陰滋牙不可與長也引無曰陰滋牙四字云象

初八日龍化于蚳或潛于窪菸蕈之牙　六無曰孚六

藝流別引作姤初八日

潛蚳于窪菸蕈之牙　六藝流別引無與字路史

姤

　也致用

　　　　　路史引作初

書影三十四之二：玉函山房輯佚書

連山

將往枚筮於有黃有黃占之曰吉翩翩歸妹獨將西

有馮羿者得不死之藥於西王母娥竊之以奔月

禹娶塗山之子名曰攸女生啓　皇甫謐帝王世記太

五

鯀封於崇　裴駰史記集解

有崇伯鯀伏於羽山之野　水經注酈道元

游徙陽豫之卦史記始皇得鎬池君璧言明年祖龍
死卜之得游徙吉陽
豫游徙連山卦也

羅苹路史注春秋演孔圖孔子成春秋卜之得

陽豫

平御覽卷一百三十

娜嬛館補校

（清光緒九年長沙娜嬛館刊本）

書影三十五之一：浦城遺書

第時間之云我作狀元否即應之曰無時可得瑩中復謂之

曰我決不可得即又應如初明年時彥御試第一人而瑩中

第三方悟共言無時可得之說

畢斬趙論

漸字所模點水不著墨傳者鷹聲呼云狀元畢斬第三人趙

畢漸為狀元趙論第三初唱第而都人急於傳報以蠟刻印

論識者皆云不祥而後論以謀逆被誅則是畢斬趙論也

霍端友明年狀元

毗陵李端行與鄉人霍端友同在太學時霍四十餘矣一日

俺卧忽起坐微笑端行詢之霍云我適睡聞窗外有人云霍

書影三十五之二：浦城遺書

端亥子明年作狀頭故自笑也端行素輕之因謂之曰爾遲

暮至此得一第幸甚若果爲大魁則何天下乏才之如此也

既而二人俱中禮部選御試唱第之次端行志銳意望魁甲

卽前立以俟臚傳忽聞唱霍端友而色若死灰矣

　沈晦夢騎鵬搏風

沈晦赴省至天長道中夢身騎大鵬搏風而上因作大鵬賦

以記其事已而果魁天下

　預傳汪洋大魁

汪洋未唱第十日前余於廣坐中見中貴石企及甫云外間

皆傳汪洋作狀元何也至考卷進御汪洋在第二魁乃黃中

（清嘉慶間浦城祝昌泰留香室刊本）

書影三十六：武林掌故叢編

臨安志卷第三

歷代沿革

大都督臨安府餘杭郡鎮海軍節度治錢塘石禹貢
揚州之域春秋時屬吳吳滅入越越滅入楚秦并天
下屬會稽郡此乃名餘杭太平寰宇記始皇三十七年
止於餘杭臨山西記一百二十里從彼去東秋十渡夫
過錢唐因西漢地里志有餘杭錢唐富春縣
立為縣也漢因之又海鹽縣武原鄉東有鹽官地沉
書舊云臨官至三國時屬吳吳郡東有鹽地里志富
漢書云臨城郡也
有城於丹陽至東漢順帝之後隸吳郡杭置臨水縣
賀齊於臨黃武五年即富春縣置東安郡吳云分
杭為表水縣分餘富春置新城縣
三郡十縣以全縣地置東又分富春置新城縣既而廢
安郡以十全縣地置東守又分富春置新城縣既而廢二年

（清光緒間錢塘丁氏惠堂刊本）

書影三十七之一：常州先哲遺書

詩傳旁通卷□□□□□□□□　　　　　　江陰梁益友直

國風□□□□□□□□□□□□□□□□□□□□□

周南□□□□□□□□□□□□□□□□□□

周國名□□□□□□□□□□□□□□□

周祖后稷其母有邰氏安曰姜嫄為帝嚳元妃生后稷棄而復
收故名曰棄兒時游戲好種樹麻菽菽美及為成人遂好耕農
堯舉以為農師舜封之於邰號曰后稷別姓姬氏后者有爵土
之稱稷者田正之官帝嚳高辛氏故后稷別其姓為姬氏也至
孫古公亶甫居周原因號曰周周原者岐山下小地名杜元凱
春秋傳云扶風雝東北有周城徐廣史記注云岐山在扶風美
陽西北有周原雝在唐為天興縣周城卽周原出焉者□□美
帝之臣有周昌商之太史有周任則周之為姓蓋有之非始
於后稷稷所封之邰在永興之武功稷子不窋□□自竄於戎
狄之閒謂之尉季慶州安化有尉季城亦謂之不窋城公劉居

書影三十七之二：常州先哲遺書

愚益此編不敢自謂成書不敢輒題目錄然又不可無目以

紀錄其事故姑類聚其目備觀者之檢閱而以類目臣之云

爾有元至正四年甲申四月二十三日梁益識

光緒丁酉武進盛氏思惠齋刊陽湖吳文郁江寧馬長儁江陰繆尤瑋

（清光緒二十五年武進盛氏刊本）

書影三十八：陳氏叢書

史記列傳

屈原者名平楚之同姓也為楚懷王左徒博聞彊志明

於治亂嫻於辭令入則與王圖議國事以出號令出則

接遇賓客應對諸侯王甚任之上官大夫與之同列爭

寵而心害其能懷王使屈原造爲憲令屈平屬草稾未

定上官大夫見而欲奪之平不與因讒之曰王使屈平

爲令眾莫不知每一令出平伐其功曰非我莫能爲也

王怒而疏平平疾王聽之不聰也讒諂之蔽明也邪曲

（清嘉慶道光間江都陳氏刊本）

書影三十九：董氏叢書

明會稽董文簡公中峯集卷首　族孫金鑑重編刊

文林郎敕

奉天承運皇帝敕曰翰苑一代文章之標準夙號清班
史官萬世是非之權衡尤稱要職故必三長之具美兼
以一節之至公畀以是官始稱厥任爾翰林編修董瑞
天賦英資人稱遠器紹繼甲第臚傳高立于大魁列職
朝行班序首登于法從詞垣載筆克效編摩藝苑掄才
式精藻鑑別官箴之克愼于世業爲有光屬當慶典之
行頒示褒嘉之寵雖云異數實按彝章茲特進爾階文
林郎錫之敕命於戲文通乎政必實用之是資史出于

中峯集卷首　一　董氏取斯家塾

（清光緒三十二年會稽董金鑑取斯家塾刊本）

書影四十之一：亭林先生遺書

書影四十之二：亭林先生遺書

不如早為之所　解使得其所宜改云言及今制之
未嘗君之羹　解食而不啜羹非也改云爾雅肉謂
新之羹其□□□
弔生不及哀　杜氏主短喪之說每於解中見之寶
既葬除喪諒闇三年非也改云不當既封反哭之
時王□□□□□□□□□□□□
二年莒人入向　解譙國龍亢縣東南有向城非也
於欽齋乘言今沂州西南一百里有向城鎮桓十
六年城向宣四年公及齊侯平莒及鄰莒人不肯
公伐莒取向襄二十年仲孫遽會莒人盟於向杜
氏於宣四年解曰向莒邑東海承縣東南向城是

（清蓬瀛閣校刊本）

書影四十一：戴氏遺書

毛鄭詩考正卷一

毛詩故訓傳鄭氏箋

周南關雎首章傳雎鳩王雎也鳥摯而有別箋云摯之
言至也謂王雎之鳥雌雄摯情意至然而有別
正字鷙通用摯復亦正鷙始摯曲禮前有摯獸是其
爰春秋傳郯子言少皞以鳥名官雎鳩氏司馬
鷙而有別故爲司馬主法制義本毛詩不得如箋
云明矣後儒亦多有疑猛鷙之物不可以與淑女
考詩中此典如蟲斯但取於衆多雎鳩取於和鳴
需有別皆不必泥其物類也

毛鄭詩考正 卷一 戴氏遺書 微波榭刻

（清乾隆間曲阜孔氏微波榭刊本）

書影四十二之一：潛研堂全書

聲類卷一

臺北帝國大學圖書

釋詁

錢大昕述

介隔也　左傳偪介之關

慶美也　班固賦慶未得其□云已師古曰慶發語辭讀與

羌同

嘖恧也　史記文帝紀天下人民未有嘖志漢書作□

耆彊也　左傳不懦不耆

邱區也　釋名九邱九區也區別九州土氣教化所宣所

者也

聲類一

書影四十二之二：潛研堂全書

（清光緒十年長沙龍氏家塾重刊本）

書影四十三之一：經韻樓叢書

明世宗非禮論十 甲戌閏二月

明世宗非禮事儒者之論不一當時或有是璁尊之者如

楊一清是也近時或有貶毛澄諸公者如明史執筆諸

臣是也王文簡分甘餘話云楊文忠以下凡得罪者其

心不忍負孝宗皆君子也張桂方獻夫霍韜之徒微倖

甘進志在逢迎皆小人也嗚呼謂凡得罪諸公爲不負

明室可也若之何謂諸公以不負孝宗爲君子哉諸公

之意非欲忠於孝宗也以爲張桂成主上之私意失立

後之公心故糾之斜之而未得天理人情至公之道垂

諸經典萬世不易之法僅謂應後孝宗不知所後者應

書影四十三之二：經韻樓叢書

者是以學者貴窮理也
臣不究經典如宋寧宗當爲孝宗斬衰廷臣皆憒憒然
說明倫大典果可以鉗天下萬世之口哉明之守正諸
後縱橫舛錯重性肔謬謂禮經春秋之典爲王莽之邪
天子後者又爲諸矦後武宗孝宗無後則天子不爲之
子爲帝而又立後武宗無子而不立後與獻無子則爲
統生而未帝者之生而未爲憲宗後者之憲宗有
乃紬孝宗武宗爲絕世而以興獻俳宗入廟聯憲宗之
後立益王子爲嗣廷和之議固屬不易不爲與獻立後
不可以爲天子者世宗乃不思受命於何所耶與獻無

經韻樓集　卷一

（清乾隆道光間金壇段氏刊本）

－561－

書影四十四之一：崔東壁遺書

無聞集卷之三

大名崔述東壁著　　石屏門人陳履和校刊

周平王論

太史公曰學者皆稱周代紂居洛邑其實不然武王營之成
王使召公卜居九鼎焉而周復都酆鎬至犬戎敗幽王
周為東徙於洛蘇氏曰周之失計未有如東遷之謬也
王至於亡非有大無道者也頎王之神聖諸侯服享然終
不振則東遷之過也崔述曰甚矣蘇氏之誣也夫國之盛衰

崔東壁氏遺文集／卷之三

書影四十四之二：崔東壁遺書

篇雖冠冕堂皇而氣味皆不若此醇古即此可驗政事盛衰

世次先後

若詩中語有難解者不妨姑置之說皆可通者不妨兩存之

今人觀面問答猶不無錯會其意者況三千年前之言語乎

變風移名殊物異安能決知其某字何意某字何意哉且以

古文而隸而楷書由竹簡而紙而印本豈能絕無缺誤是以

武侯略觀大意靖節不求甚解我思古人實獲我心雖不能

至然心向往之　崔東壁先生文集卷之一終

道光四年　　
陽郡中刊

（清道光四年陳履和東陽刊本）

書影四十五：春在堂全書

群經平議卷□□□□□□□□□□□□□□□□□□□

□□□□□□□□□□□□□德清俞樾□□□

初九□□□□□□□□□□□□□□□□□□□□

正義曰陽爻稱九陰爻稱六其說有二二者乾體有

三畫坤體有六畫陽得兼陰故其數九陰不得兼陽

故其數六三者老陽數九老陰數六老陽數六老陰

周易以變者為占所以老陽數九老陰數六者以揲

蓍之數九遇揲則得老陽六遇揲則得老陰其少陽

稱七少陰稱八義亦準此

書影四十六：潛園總集

元祐黨人傳卷第一

誥授榮祿大夫三品頂戴前廣東南韶連兵備道調補高

□□廉道權福建鹽運使司鹽法道加四級　臣陸心源纂

文臣曾任宰臣執政官

司馬光傳

司馬光字君實陝州夏縣人生七歲如成人聞□□

于庭一兒登甕没水中光持石破甕兒得活京洛間

畫傳其事寶元初登進士甲科年甫冠性不喜華靡

聞喜宴獨不戴花同列曰君賜也乃簪其一歷官□

秘閣同知諫院英宗立進龍圖閣直學士神宗立權翰

（清同治光緒間歸安陸心源刊本）

從《儀顧堂題跋》
談陸心源的版本目錄學

一、引　言

　　陸心源是清末著名的藏書家，初字子稼，改字剛父，號存齋，晚年自稱「潛園老人」，浙江湖州歸安縣人。生於道光十四年〔1834〕十月十六日，天資聰穎，五歲入私塾就學，即有異於一般的兒童，特別喜歡讀書。十三歲時，能讀通九經，二十歲入縣學。陸氏性喜法家管商的學術，也精於鄭玄、許慎的經學小學，對於清代的學者，特別推崇顧炎武而私淑之，喜歡研讀他的著作，所以將家中的大廳署名為「儀顧堂」。陸氏一生為公務忙碌，辭職歸隱後，在歸安城東蓮花莊購得明萬曆御史朱鳳翔的廢園「書帶草堂」，予以拓修，疏泉疊石，蒔植花木，名曰「潛園」。陸氏自咸豐初年即開始購書，遇有秘籍，不吝重價，或典衣以易之。同治三四年間，上海郁氏宜稼堂藏書出售，陸氏前後購得四萬餘冊，奠定了陸氏藏書的基礎。至光緒八年〔1882〕，凡二十餘年，共得書十五萬冊之多。其精善足以與聊城楊氏「海源閣」、常熟瞿氏「鐵琴銅劍樓」相媲美，總藏書量則有過之。至於清季號稱四大藏書家之一的杭州丁氏「八千卷樓」，尚無法與之並駕齊驅。陸氏的藏書，在「潛園」中建屋儲藏，「皕宋樓」專門收藏宋元刊本及名人手抄、手校等祕籍，「十萬卷樓」專門收藏明以後的秘本及精抄精校本。「守先閣」則收藏一般圖書，於光緒八年呈請地方政府，歸之於公，供社會大眾公開借閱。由此可見，陸氏是一位熱心公共圖書館事業的藏書家。「皕宋樓」所藏的善本，則加以整理，依四庫的分類，將全部圖書分為四部四十四類，且仿馬端臨《文獻通考·經籍考》、

朱彝尊《經義考》、張金吾《愛日精廬藏書志》的體例，每一部除著錄書名、卷數、版本外，並抄錄各書前後的序跋，編成一部《皕宋樓藏書志》一百二十卷、《續志》四卷，刊於光緒八年。

陸氏藏書既富，兼多善本，而又勤於研讀，故一生著述甚多。今傳《潛園總集》所收共十八種，一千零二十六卷，綜其著作的重要學術價值，除了對文獻的輯存而外，則是在版本、目錄、校勘學方面的貢獻。其中以《儀顧堂題跋》、《續跋》最能見出陸氏版本目錄學的成就。《儀顧堂題跋》十六卷，成於光緒十六年（1890），共收書跋二百七十二篇，《儀顧堂續跋》十六卷，成於光緒十八年（1892），共收書跋二百七十一篇，除少數為金石書畫題跋，餘皆藏書及讀書題跋。陸氏精於版本的賞鑑，為當時人所贊佩。陸氏往往廣搜各種不同的版本，讎校文字異同，以鑑別各版本之優劣，對於學者選擇版本助益甚大。陸氏喜讀各書的序跋，故對於各書版本的源流相當熟悉，陸氏《儀顧堂題跋》中敘述版刻源流的相當多。陸氏依據史料、序跋、版式、行款、牌記、字體、紙張、墨色、避諱字等條件，對自己收藏的書籍多能作詳細的考訂，以確定版刻的時代與地點，這種鑑別的方法，使版本學的研究向前邁進了一步。陸氏《儀顧堂題跋》在目錄學上最大的貢獻是考補《四庫提要》之未詳，陸氏考作者凡於《四庫提要》所言里貫、仕履、始末未詳者，或雖涉及而不能詳明者，多博採雜史、方志、筆記及文集中之資料加以詳考，以補其闕略，可謂深得劉氏父子之遺意，規復目錄家法。後之學者，考訂作者，未始不是受陸氏的影響。此外，陸氏《儀顧堂題跋》亦考訂古今書名之異同，考古今卷數之多寡，考辨古書的真偽等，均為陸氏在目錄學方面的成就。《儀顧堂題跋》前有潘祖蔭序，序中謂陸氏：「博物贍聞，深識宏覽，四部七略，百宋千元，……莫不簿錄精審，異佳有裁，裒然巨編，為世津逮。」又說：「板刻源流，收藏姓氏，剖析異同，如指諸掌。」近人余嘉錫在〈書儀顧堂題跋後〉一文曾說：「陸氏富收藏，精鑑別……又長於校讎之學……故是書於版本文字異同，言之極詳。然余以為其精博處，尤在能考作者之行事。」陸氏之版本學、目錄學，已得到近代學者的肯定。本文將從陸氏《題跋》、《續跋》中舉例說明，並詳細論述，期能發前賢潛德之幽光。

二、陸心源的版本學

陸氏精於版本的賞鑑，為當時人所贊佩，他所撰的《儀顧堂題跋》及《儀

顧堂續跋》合版本校勘考證三者之長，為後人所推重。我們要衡量他在版本學上的貢獻，當先瞭解中國版本學發展的歷史。中國的雕版印書雖然源起甚早，但版本學的萌芽卻相當遲。自從明代末季因宋版書廣受藏書家的喜愛和珍惜，書估因緣射利而有偽造宋版的事情不斷發生，藏書家為了防止吃虧上當，於是有賞鑑家一派的出現，也就是洪亮吉《北江詩話》中所謂的：「第求精本，獨嗜宋刻，作者之旨意縱未盡窺，而刻書之年月日最所深悉，是謂賞鑑家者是也。」版本賞鑑家仿效書畫的賞鑑，將他所收藏的宋元舊鈔善本的各種情形記述下來，以供同好的參考。這種善本的賞鑑起源於清初錢曾的《讀書敏求記》，《敏求記》中各書的解題不像傳統的目錄介紹作者及書的內容，但討論繕寫刊雕的工拙。《四庫存目提要》稱此書：「述授受之源流，究繕刻之同異，見聞既博，辨別尤精。但以版本而論，亦可謂之賞鑑家矣。」這是中國版本學的萌芽。其後，乾隆嘉慶間于敏中、彭元瑞先後奉詔整理內府昭仁殿所藏的善本，編撰《天祿琳琅書目》及《後編》，除了記載刊梓年月、刻印工拙外，並記錄收藏的印記，以及書估作偽的情形。嘉慶道光間海寧陳鱣的《經籍跋文》、吳縣黃丕烈的《百宋一廛賦注》又增記宋元本的版式行款。黃氏所撰的藏書題跋中，頗敘及版本繙雕的本末。道光七年，張金吾《愛日精廬藏書志》，除著錄原書的序跋外，並記載版本及遞藏的源流。同治中莫友芝《舊本書經眼錄》、丁日昌《持靜齋藏書記要》，除記版本行款外，並增記書中的避諱字。陸心源的《皕宋樓藏書志》出版於光緒八年，《儀顧堂題跋》及《儀顧堂續跋》分別刊印於十六年與十八年。與他同時的藏書家，如吳縣潘祖蔭的《滂喜齋藏書記》、常熟瞿鏞的《鐵琴銅劍樓藏書目錄》、聊城楊紹和海源閣的《楹書隅錄》、宜都楊守敬的《日本訪書志》等或尚未編成，或雖已撰就而未付刊。故從版本學發展的歷史來看，陸氏的時代，版本賞鑑僅記載版式行款、避諱字、收藏源流、繙雕本末以及書估作偽情形等等。因此我們分析研究陸氏所撰的藏書目錄與版本題識，除了因襲前人外並作進一步的發展，有四點是陸氏版本學的特色，茲分別論說於後。

（一）考各書的版刻源流

要判斷一部書版本的好壞，假如能知道其本之所從出，則對其本的優劣大概也可以瞭解一半以上。清嘉慶中黃丕烈所寫的各書題跋，常常涉及繙雕的本末，故蕘圃很能鑑別版本的優劣。陸氏喜讀各書的序跋，《皕宋樓藏書志》即用元馬端臨《文獻通考・經籍考》、清朱彝尊《經義考》、張金吾《愛日精

盧藏書志》的體例，將各書的序文抄爲一帙而編成。自宋以降的序跋中常涉及刊雕之事，故陸氏對於各書版本的源流相當熟悉，常於題跋中娓娓敘述。今舉例說明之：

1. 《儀顧堂題跋》卷五〈宋板讀史管見跋〉云：

據大正序，淳熙以前無刊本，至大正官溫陵始刊於州治之中和堂，乃此書初刊本也。其後嘉定十一年其孫某守衡陽刊于郡齋，并爲三十卷，與《書錄解題》合，有猶子大壯序，明季有重刊本，即四庫附存其目之本也。姚牧庵集有此書序，謂宋時江南宣郡有刊版，入元版歸興文署，學官劉安重刊之，牧庵嘗得致堂手薰數紙，今摹諸卷首，是此書在宋凡三刊，元人又重刊之，其爲當時所重可知。〔註1〕

2. 《儀顧堂續跋》卷十四〈宋槧宋朝文鑑跋〉云：

先是此書祇有建寧書坊刊本，文字脱誤，嘉泰甲子梁溪沈有開知徽州，參校訂正刊于郡齋，嘉定十五年辛巳趙彦适以東萊家本改補三萬餘字刊而新之，端平元年四明劉炳守新安，又于東萊家塾得正誤續本，命新安錄事劉崇卿參以他集，刪改三千有奇，見沈有開、趙彦适、劉炳序跋，與嚴州刊小字本，多所不同，小字本當出建寧坊本，此則以呂氏家塾薰訂正者也。〔註2〕

3. 《儀顧堂續跋》卷十一〈宋槧夷堅志跋〉云：

夷堅志四百二十卷，或刊于蜀，或刊于婺，或刊于杭。此八十卷則刊于建寧學署，至元而蜀浙之版已亡，惟建版尚存，缺四十三版，張紹先爲福建提學，命天祐尋訪舊本，因從周宏羽借得浙本補刊完全，此則元修後印本也。〔註3〕

4. 《儀顧堂題跋》卷十一〈弘治本東坡七集跋〉云：

東坡著述生前已版行，崇寧初奉詔毀版，南宋則有杭本、蜀本、吉州本、建安麻沙本，明仁宗時嘗以内閣所藏宋本命工翻刻，工未畢而升遐。成化中海虞程某爲吉州守，求得宋曹訓刊本，與仁宗所刊未完新本重校付梓，又以《和陶詩》合舊本所無者編爲續集十三卷，

〔註1〕 《儀顧堂題跋》，廣文書局《書目續編》，頁 261。
〔註2〕 《儀顧堂續跋》，廣文書局《書目續編》，頁 593～594。
〔註3〕 《儀顧堂續跋》，廣文書局《書目續編》，頁 493。

《宋史藝文志》、《郡齋讀書志》、《直齋書錄解題》所著錄與此本同，惟無《應詔集》、《續集》，而有《和陶詩》四卷。《應詔集》皆策論，爲當時應試之作，諸本皆無，爲蜀本所獨，亦見《書錄解題》。《續集》始于是刻，故晁陳皆不著錄，宋刻《東坡集》，今不可得，當以此本爲最古矣。〔註4〕

5. 《儀顧堂題跋》卷十一〈正統本元豐類稿跋〉云：

《類藁》始刻于元豐中，再刻于開禧之趙汝礪，三刻于大德丁思敬，正統中昆陵趙琬得抄本，授宜興令鄒旦，且復從侍郎周忱得官本參校付梓，所謂官本者，當即元刊耳。元刊之後，以此本爲最古，書賈往往割去鄒姜兩跋，以充元刊。〔註5〕

6. 《儀顧堂題跋》卷六〈說苑跋〉云：

劉向《說苑》二十卷，明楚府刊大字本。是書明凡五刻，有四川蜀府本，嘉靖何良俊本、程榮《漢魏叢書》本、何鏜《漢魏叢書》本及此而已。何鏜本出于程榮，程榮本出于何良俊。此本字大悅目，與何良俊本互有得失。〔註6〕

7. 《儀顧堂續跋》卷二〈明覆宋本春秋集傳纂例跋〉云：

是書慶曆間有朱臨刊本，見《天一閣書目》，後有蜀小字本，見袁清容集，金有平陽府刊本，見吳淵穎集，元有江西刊本，龔刊所祖，與此不同，疑出元江西刊本，此則行密字小，當祖小字本。〔註7〕

陸氏題跋中類此敘述版刻源流的甚多，遠超軼黃蕘圃的題跋，這是陸氏在版本學上的重要貢獻之一。

（二）考版本的優劣異同

陸氏除了長於考證外，也精於校勘。他的藏書豐富，一書的各種版本也多。所以他每購一部善本，必取眾本互勘，或借朋友的藏本來校。因古籍經過無數次的輾轉傳抄翻刻，難免譌誤脫漏，沒有經過校勘，則無以知流傳版本的優劣。陸氏往往廣蒐各種不同的版本，讎校文字異同，以鑑別各版本之優劣全缺。此類校勘之例，在《儀顧堂題跋》及《儀顧堂續跋》中，俯拾可

〔註4〕 《儀顧堂題跋》，廣文書局《書目續編》，頁517～518。
〔註5〕 《儀顧堂題跋》，廣文書局《書目續編》，頁513。
〔註6〕 《儀顧堂題跋》，廣文書局《書目續編》，頁285～286。
〔註7〕 《儀顧堂續跋》，廣文書局《書目續編》，頁103～104。

得，今舉數例以見之。

1. 《儀顧堂續跋》卷十四〈元槧元文類跋〉云：

《元文類》刊本，余所見凡五：一為翠微精舍本，刊于元至正初；一為明晉藩本，題曰「元文類」，刊于嘉靖時；一為明坊刊細字本，題曰「校元文類」，當刊于明初；一為修德堂本，刻于明季；一即此本，乃此書祖本也。……西湖書院之版，明時尚存，缺葉爛斷甚多，晉藩本行款與西湖同，而缺爛甚多，當以後印西湖本翻雕者，翠微本四十一缺下半卷，當據至元四年西湖未修補本付雕，而增〈考亭書院記〉，明初本又從翠岩（案：「岩」疑乃「微」之誤）本出，而妄有所增；修德本則又據坊刊細字本重雕者，五本之中，以西湖本為最，此則又西湖本之最善者也。〔註8〕

2. 《儀顧堂題跋》卷六〈宋刊明補本賈子新書跋〉云：

案是書北宋刊本無聞，淳熙辛丑程給事為湖南漕使刊置潭州州學，據胡价跋，字句譌舛，以無他本可校，未能是正，正德中陸宗相守長沙，得殘版數十片，因補刊成之，見黃寶序，是其中尚有宋淳熙殘版，特不多耳。正德十年吉藩又據陸本重刊于江西。余官閩時，從楊雪滄中翰借校，與此本行款悉同，其後何元朗、程榮、何鏜諸本皆從此出，惟所據之本摹印有先後，全缺有不同耳。宋本不可見，得此亦不失為買王得羊矣。此本勝于吉藩本，吉藩本勝于程榮本，程榮本勝于何鏜本。明刻諸本，以何元朗為最劣耳。〔註9〕

3. 《儀顧堂續跋》卷七〈雙柏堂仿宋丁黼本越絕書跋〉云：

是書明刊甚多，此本之外，有趙恆本、有張佳允本、有吳琯《古今逸史》本、程榮《漢魏叢書》本，論者以田汝成序本為最善，愚謂以此本為最善耳。〔註10〕

4. 《儀顧堂續跋》卷三〈蘭雪堂本春秋繁露跋〉云：

以《漢魏叢書》本校一過，卷十三多〈四時之副第五十五〉一篇，〈人副天數第五十六〉多篇首「天德施地德化」云三百九十六字；卷十六〈止雨第七十五〉「皆齋三日」下多「各衣時衣」云云一百八

〔註 8〕 《儀顧堂續跋》，廣文書局《書目續編》，頁 621～622。
〔註 9〕 《儀顧堂題跋》，廣文書局《書目續編》，頁 279～280。
〔註 10〕 《儀顧堂續跋》，廣文書局《書目續編》，頁 322。

十字；卷十二〈陰陽終始第四十八〉「至于冬而止空虛」下多「太陽乃得兆就」云云二十四字，皆與《永樂大典》本合；卷十六〈求雨第七十四〉「他皆如前」下「秋暴巫」上與〈神農求雨第十九日〉「……人舞」四十餘字相連屬，篇末「女子欲和而樂」下接「神書又曰開神山神淵積薪夜繫鼓譟而燔之爲其旱也」二十三字，是宋本已如此矣。《續漢志注》所引無「神農求雨」以下四十餘字，當有刪節，盧抱經刊本遂據以削之，並改「神書又曰」二十三字爲小注，未免喧賓奪主矣。此外字句之間，頗有勝于《大典》本者，如〈求雨七十四〉「其神后稷祭之以母䰠五」，各本皆脫「母䰠」二字，《大典》本亦同，此本不脫，與劉昭《續漢志注》、杜氏《通典》同其一端也，蓋《大典》本雖與此本同出宋本，《大典》本輾轉抄錄，脫譌在所不免，此則以宋本摹印，奪譌自少，宜乎近來藏書家與宋本同珍也。〔註11〕

5. 《儀顧堂題跋》卷十一〈宛丘集跋〉云：

宛丘先生文集七十六卷，目錄三卷，題曰張耒文潛，《四庫全書》著于錄，舊鈔本，《郡齋讀書志》、《柯山集》一百卷，《直齋書錄解題》、《宛丘集》七十卷，《年譜》一卷，又云：蜀本七十五卷。此本分卷與蜀本合，當從宋刊蜀本傳錄者……以聚珍本《柯山集》互校，《柯山集》總計詩騷一千六百餘首，多得詩五百餘首，文賦則大略相間，惟多華陰楊君晁無咎因奉議崔君符夫人墓誌五首。又嘗見抄本《張右史集》六十卷，似更不及，聚珍本《柯山集》百卷本不可見，當以此本爲最備矣。〔註12〕

此類校勘傳世各種版本，而鑑定其優劣，對於學者選擇版本助益甚大。陸氏一生校勘的書頗多，他曾選擇版本較好的，或傳世稀少的，於光緒二年開始，陸續付刊印，迄十四年止，一共刊雕了五十一種，分爲三編，即現今傳世的《十萬卷樓叢書》。此外又別重刊宋本《石林奏議》及《爾雅》單疏本兩種，後者並附校勘記。陸氏又將所校三十九種書中，凡通行本所有脫漏或佚文輯出，合爲一帙，名曰《群書校補》，凡一百卷。清代以校勘名家的很多，早者陸貽典、何焯，近者如盧文弨、陳鱣，但以宋元舊槧以校傳本的，均不如陸

〔註11〕 《儀顧堂續跋》，廣文書局《書目續編》，頁157～159。
〔註12〕 《儀顧堂題跋》，廣文書局《書目續編》，頁533～534。

氏之多。將校勘所獲佚文輯出以匡補通行本之失，前者雖亦有盧文弨的《群書拾補》三十七卷、蔣光煦的《斠補隅錄》十七卷，但不及陸氏之豐碩。而校勘傳世版本，以鑑別其優劣，更是超越前人，這是他在版本學上的重要貢獻之二。

（三）鑑別古籍版本的方法

孫從添《藏書紀要》曾說：

> 夫藏書而不知鑑別，猶瞽之辨色，聾之聽音。雖其心未嘗不好，而才不足以濟之。徒爲有識者所笑，甚無謂也。如某書係何朝何地著作？刻於何時？何人翻刻？何人抄錄？何人底本？何人收藏？如何爲宋元刻本？刻於南北朝何時何地？如何爲宋元精舊鈔本？必須眼力精熟，考究確切。

前代的賞鑑家多憑經驗奠定版本爲宋爲元，甚罕提出鑑定的方法。陸心源長於考證，故對自己所收藏的書籍多能作詳細的考訂，以確定版刻的時代與地點。陸氏依據史料、序跋、版式、行款、牌記、字體、紙張、墨色、避諱字等條件考訂一書之版本。今舉例以說明之。

1. 依據版式行款鑑別版本之時地

如《儀顧堂續跋》卷十二〈宋槧浣花集跋〉云：

> 宋諱有缺有不缺，每葉二十行，每行十八字，與臨安睦親坊陳宅本《孟東野集》行款匡格皆同，當亦南宋書棚本也。〔註13〕

即據版式、行款而定版本。

又如《儀顧堂題跋》卷八〈宋槧白氏六帖事類聚跋〉云：

> 《白氏六帖事類聚》三十卷，宋仁宗時刊本……分十二冊，卷一、二爲第一冊……，二十八至三十爲第十二冊，版心有帖一至帖十二等字。余見常熟瞿氏北宋本《史記》分三十冊，版心亦如此，蓋北宋時舊式，至南宋而無此式矣。〔註14〕

此亦據版式而確定其刊刻年代。

2. 依據字體、紙張鑑別版刻之時代

如《儀顧堂續跋》卷十三〈元槧元印清容集跋〉云：

〔註13〕《儀顧堂續跋》，廣文書局《書目續編》，頁527。
〔註14〕《儀顧堂題跋》，廣文書局《書目續編》，頁393。

每葉二十行，每行十六字，字皆趙體，與元刊《玉海》相似，當為
同時所刊。〔註15〕

此據字體鑑別版刻之時代。

又如《儀顧堂題跋》卷二〈宋板歐公本末跋〉云：

字兼歐柳，紙墨精良，紙背乃延祐四年官冊，蓋元初印本。〔註16〕

此據字體、紙張、墨色，考訂刊刻之時代。

3.依據史料鑑別版刻之時地

如《儀顧堂題跋》卷一〈宋婺州本五經正文跋〉云：

自來藏書家罕有以五經正文著錄者，惟欽定《天祿琳琅書目》有宋
刊五經，行密字展，與此相似，亦不言何人所刊，以愚考之，當為
南宋婺州刊本。案《景定建康志》卷三十三所列諸經正文凡四，曰
監本、曰川本、曰建本、曰婺本。諸刻經文今不數見，而他書之所
存者尚多，以余所藏，蜀則有《春秋》杜注、《周禮》鄭注、前後《漢
書》、六臣《文選》；監則有單疏《爾雅》、前後《漢書》、單《吳志》、
《通鑑》、《武經七書》、《廣韻》、《冊府元龜》、《宋文鑑》；建則有十
行本諸經注疏、杜注《左傳》、許氏《說文》、纂圖《周禮》、纂圖《禮
記》、《北史》、《新唐書》、《方輿勝覽》、《王右丞集》、《山谷詩注》、
《陸狀元通鑑》；婺則有《尚書》、《周禮》殘本。蜀本皆大字疏行，
監本比川本略小，建本字又小于監本，而非巾箱，惟婺本重言《尚
書》、《周禮》兩書，款格狹小，與此書近，字體方勁，亦復相同，
證以《建康志》定為婺本，當不謬耳。宋帝諱自孝宗以前皆缺避，
光宗諱惇字不缺，當是孝宗時所刻。〔註17〕

又《儀顧堂續跋》卷一〈宋槧婺州九經跋〉云：

余向藏五經正文，審為婺州刻，今得此本，參互考訂，益信前言之
不誣，請列二證以明之：《景定建康·書籍志》所列諸經正文，婺州
本有《周禮》，無《儀禮》，此本亦有《周禮》無《儀禮》，其證一也。
陳仲魚所藏婺本《點校重言重意互注尚書》，〈大禹謨〉「降水儆予」
不作「洚水」，「夔夔齋慄」不作「齊慄」……皆與婺本《尚書》同，

〔註15〕《儀顧堂續跋》，廣文書局《書目續編》，頁551。
〔註16〕《儀顧堂題跋》，廣文書局《書目續編》，頁112。
〔註17〕《儀顧堂題跋》，廣文書局《書目續編》，頁72。

與唐石經合，其證二也。〔註18〕

此依據史料及版式、避諱情形，以考訂係孝宗時刻於浙江婺州。

4. 依據各書前後題識考訂版刻之時地

如《儀顧堂題跋》卷一〈宋刻玉篇殘本跋〉云：

> 南宋時蜀浙閩坊刻最爲風行，閩刻往往于書之前後別爲題識，序述刊刻原委，其末則曰「博雅君子，幸毋忽諸」，乃書估惡札，蜀浙本則無此種語。此書字體與余所見宋季三山蔡氏所刻内簡尺牘、《陸狀元通鑑》相同，證以篆法、前題語，其爲宋季元初閩中坊刻無疑也。〔註19〕

此據題語確定其版刻之時代與地點。

5. 依據避諱字鑑定版本之時代

如《儀顧堂題跋》卷六〈宋本孔子家語跋〉云：

> 宋刊大字本，每頁十八行，行十七字，……即《汲古閣祕本書目》所稱北宋蜀大字本，爲東坡所藏，有東坡折角玉印者也。……愚案瑗字爲孝宗爲皇子時原名，書中瑗字缺避，則非北宋本可知。字亦圓潤，非顔歐體。鄙意疑爲紹興監本。東坡印亦甚劣，其爲後代僞造無疑。子晉殆爲所愚耳。〔註20〕

又如《儀顧堂續跋》卷十二〈宋槧宋印韓昌黎集跋〉云：

> 即《百宋一廛賦》之小字本，所謂字畫方勁，尚有未註，北宋槧本者也。今考「粗敘所經覯」之「覯」，或「密若婚媾」之「媾」，「央央叛還遘」之「遘」，……凡高宗御諱皆爲字不成，他如「融泥煦柔茂」之「煦」，「殷其如阜」之「殷」，……皆缺諱甚謹，惟「慎」字不缺，當爲紹興中刊，非北宋本也。菀圃誤矣。〔註21〕

此據避諱字及字體攷版刻時代，並辨前人之誤。

又如《儀顧堂題跋》卷三〈宋槧通鑑考異跋〉云：

> 「楚王殷」之「殷」、「寒朗」之「朗」、「王匡」之「匡」、「敬暉」之「敬」、「李守貞」之「貞」、「蕭炅」之「炅」、「楊斯勗」之「勗」、

〔註18〕《儀顧堂續跋》，廣文書局《書目續編》，頁 35～36。

〔註19〕《儀顧堂題跋》，廣文書局《書目續編》，頁 87～88。

〔註20〕《儀顧堂題跋》，廣文書局《書目續編》，頁 275～276。

〔註21〕《儀顧堂續跋》，廣文書局《書目續編》，頁 519～520。

「楊慎矜」之「慎」、「構異謀」之「構」，有缺有不缺，字體與三山
蔡氏所刻《陸狀元通鑑》相近，且多破體，當為孝宗時閩中坊本。
〔註22〕

此據避諱字知其書刻於宋孝宗朝，由避諱不謹嚴知為坊刻，再由字體確定刻
於閩中。

　　陸氏於《儀顧堂題跋》、《儀顧堂續跋》中，以避諱字確定一書之刊刻時
代，且辨正前人之錯誤，可說俯拾可得。陸氏提出鑑別古籍版本的方法，使
版本學的研究向前邁了一步。這是他在這方面的貢獻之三。

（四）鑑定書估作偽

　　宋版書作偽的風氣，始於明代。明高濂著《遵生八牋》，其〈燕閒清賞牋〉
曾說：

> 近日作假宋板書者，神妙莫測。將新刻摹宋板書，特抄微黃厚實竹
> 紙，或用川中繭紙，或用糊褙方簾綿紙，或用孩兒白鹿紙，筒捲、
> 用槌細細敲過，名之曰刮。以墨浸去臭味印成。或將新刻板中殘缺
> 一二要處；或濕黴三五張，破碎重補，或改刻開卷一二序文年號，
> 或貼過今人注刻名氏，留空，另刻小印，將宋人姓氏扣填兩頭角
> 處；或妝摩損，用砂石磨去一角，或作一二缺痕，以燎火燎去紙尾，
> 仍用草煙熏黃，儼狀古人傷殘舊跡。或置蛀櫃中，令蟲蝕作透漏蛀
> 孔，或以鐵線燒紅，鎚書本子，委曲成眼，一二轉折，種種與新不
> 同，用紙裝襯，綾錦套殼，入手重實，光膩可觀。初非今書彷佛，
> 以惑售者。或札夥囤，令人先聲，指為故家某姓所遺，百計賢人，
> 莫可窺測。

由此可見偽造宋版書的技術，明末之人已無所不用其極。到了清代，技術更
為進步，不但偽宋，且偽元、偽明。其作偽方法，千奇百怪，稍一不慎，即
受其欺。在《天祿琳琅書目》及《後編》中即舉出了若干以明版抽除序文，
加鈐偽印，冒充宋版的例子。陸氏號稱精鑑，對於書估作偽，當然能予識別。
陸氏將書估作偽分為兩類：

1.書賈割去明人序而偽宋原版

　　如《儀顧堂續跋》卷一〈明覆宋呂東萊讀詩記跋〉云：

〔註22〕《儀顧堂題跋》，廣文書局《書目續編》，頁 131～132。

前有淳熙壬寅朱子序、嘉靖辛卯陸鈗序。……宋諱有缺筆，蓋從宋本翻雕者。……書雖嘉靖刻，流傳甚罕，書賈往往割去陸序，以充宋本，世亦有受其欺者。〔註23〕

又如《儀顧堂續跋》卷十三〈明景泰本道園學古錄跋〉云：

至正元年，閩憲僉幹克莊刻于福建，至正九年江西肅政廉訪使劉伯溫改為大字重刊之，大字版不久即亡。景泰七年，鄭遠知崑山，過太倉之興福寺，得建本于寺僧睞，與主簿南海黃仕達捐貲刻于東禪寺，四閱月而畢工。建本無序，歐陽元序及致伯溫書，則成化中葉盛從道園四世孫吳江虞湜家就大字本鉤摸補刊者也。每葉二十六行，每行二十三字，版心或刊道園學古錄幾，或刊學古幾，學多作斈，錄多作彔，當即以建本翻刊者。明嘉靖覆景泰本，行款匡格皆同，惟重增目改入各卷之內，吳兔牀所藏本為人割去葉盛跋、歐陽札、鄭遠序，《題跋記》遂誤以為元刊，不知鐫刻有歐序者，乃大字本也。莫友芝《經眼錄》誤同，不免為書賈所愚矣。

〔註24〕

這些都是陸氏說明若干的明刻本，往往被書賈割去明人序文而偽充宋元版，收藏家不慎，往往為書賈所欺。

2. 以殘本充全本

如《儀顧堂續跋》卷十四〈宋槧唐百家詩選殘本跋〉云：

《唐百家詩選》存卷一至卷五、卷十一至卷十五。……書賈欲充完本，自十一以首行末行卷字下及版心數字皆挖改，幸有挖之未淨者，原書卷第，細審尚有可辨。〔註25〕

這種作偽，不是冒充宋元，而是將不全的書，偽造成足本。蓋書籍全本與殘本，其價值相去甚遠，是以書賈每每挖改目錄，移綴卷次，以充全本。這種作偽方法，則是前人很少言及的。

陸氏對於辯證書估作偽雖然在題跋中述及的不多，但他率先提出以殘本挖改偽充全本，也是書估造假的手法之一，足供後來收藏家的參考，這也是他在版本學上的一點貢獻。

〔註23〕《儀顧堂續跋》，廣文書局《書目續編》，頁 75～76。
〔註24〕《儀顧堂續跋》，廣文書局《書目續編》，頁 563～564。
〔註25〕《儀顧堂續跋》，廣文書局《書目續編》，頁 597～598。

三、陸心源的目錄學

　　陸心源的藏書既富，版本又眾多，遂利用來研究學問。他一生的著作甚多，達一千餘卷。綜其著作的重要學術價值，除了對文獻的輯存而外，則在版本、目錄、校勘學方面的貢獻。中國的校讎目錄學，淵源於西漢劉向的《別錄》。劉向每校一書，必取中外公私所藏的本子，先予以校讎，刪其複重，勘其文字異同。自劉向以降，後來作書敘、撰目錄者，大都奉爲圭臬。譬如揚雄的〈法言序〉、班固《漢書》的〈敘傳〉，皆縷敘自己的生平事蹟。南朝劉宋時王儉撰《七志》，《隋志》序說：「但於書名之下，每立一傳。」是王儉所撰的各書敘錄，直稱之爲傳。再如釋家的目錄書，像梁僧祐的《出三藏記集》、唐釋道宣的《大唐內典錄》、智昇的《開元釋教錄》等，皆詳爲介紹譯著人的生平，也是承襲《別錄》、《七志》的撰述體例。不過介紹著者的體例，宋以後的目錄學家已鮮知其功用，現今傳世的宋晁公武《郡齋讀書志》、陳振孫《直齋書錄解題》兩部目錄，每書僅載作者的姓名，至於敘述爵里，已不完備，更無論其行事了。元明兩朝是中國目錄學的衰微時期，沒有產生一部稍能上承漢唐的目錄書。到了清乾隆中纂修《四庫全書》，始規復劉氏向歆父子的目錄學。然四庫館臣介紹作者，撰寫提要，往往憚於考訂，用力不多，故常云：「仕履未詳」、「始末未詳」。四庫以後的目錄書，如道光中張金吾《愛日精廬藏書志》，俱載各書的序跋，而不撰解題，只有周中孚《鄭堂讀書記》尚介紹作者，朱緒曾的《開有益齋讀書志》稍涉考證，但都不夠詳明。

　　陸心源長於考證，在他的文集中考據的文章頗多，如〈酒課攷〉、〈翎頂攷〉、〈補服攷〉、〈辮髮攷〉等。他所撰的《儀顧堂題跋》、《儀顧堂續跋》及《儀顧堂集》諸書中的跋文九十餘篇，對書的作者生平考證可謂不遺餘力。茲分別論述陸氏的目錄學。

（一）增補《四庫提要》著錄作者之未詳

　　陸氏攷作者凡於《四庫提要》所言里貫、仕履、始末未詳者，或涉及而不能詳明者，多博採雜史、方志、筆記及文集中的資料詳考，以補其闕略，可謂深得劉氏父子的遺意，規復目錄家法，茲舉例以說明之。

1. 《四庫提要》未敘作者里貫者

　　如《儀顧堂續跋》卷九〈折獄龜鑑跋〉云：

宋鄭克撰。……《提要》未載克字里仕履。愚案克字武子，開封人，
累官承直郎湖南提刑司幹官。〔註26〕

又如四庫館臣論《源流至論別集》作者云：

宋黃履翁撰。履翁字吉父，不知其里貫，疑亦閩人也。

不過因《至論》的作者林坰是閩人，因而懷疑履翁也是閩人。《儀顧堂題跋》
卷八〈源流至論別集跋〉云：

愚案履翁福建崇德縣人，紹定五年進士，以林坰所輯《源流至論》
未備，復為彙輯別集十卷，見《閩書》。〔註27〕

《四庫提要》撰者考林坰的里貫係據《閩書》，而未知履翁的里貫於同書中亦
有記載，可謂失之眉睫之前。

2. 《四庫提要》不知作者為何許人者，則加以考補

如《淙山讀周易記》，《四庫提要》云：

宋方實孫撰。實孫不知何許人，惟劉克莊《後村集》有實孫樂府跋、
經史說跋。

《儀顧堂題跋》卷一〈淙山讀周易記跋〉云：

愚案實孫，字端仲，福建莆田人，慶元五年進士，嘗以所著易說上
于朝入史局，著有《讀書》一卷、《讀詩》一卷、《經說》五卷、《讀
論語孟子中庸大學》四卷、《史論》一卷、《太極說》、《西銘說》及
此書。〔註28〕

又陳師凱《書蔡傳旁通》，《四庫提要》云：

師凱家彭蠡，故自題曰東匯澤，其始末則不可得詳。

而陸氏《儀顧堂題跋》卷一〈書蔡傳旁通跋〉則考云：

愚按師凱字叔才，都昌人，專究理學，纂《蔡傳旁通》，見《西江人
物志》。或曰陳澔可久之子也。查陳澔禮記集說序亦題東匯澤，容再
攷。〔註29〕

又如郭若虛《圖書見聞志》，《四庫提要》云：

若虛不知何許人，書中有熙寧辛亥冬被命接勞北使為輔行語，則嘗
為朝官，故得預接伴。

〔註26〕 《儀顧堂續跋》，廣文書局《書目續編》，頁393。
〔註27〕 《儀顧堂題跋》，廣文書局《書目續編》，頁403。
〔註28〕 《儀顧堂題跋》，廣文書局《書目續編》，頁45。
〔註29〕 《儀顧堂題跋》，廣文書局《書目續編》，頁62。

陸氏《儀顧堂題跋》卷九〈題圖書見聞志跋〉考云：

> 源案若虛，太原人，見《直齋書錄解題》。熙寧三年官供備庫使，尚
> 永安縣主，見王珪《華陽集‧東安郡王墓誌》。七年八月丁丑以西京
> 佐藏庫副使宋昌吉爲遼國賀正旦使，八年爲文思副使，坐使遼不覺
> 翰林司卒逃遼地，降一官，見《續通鑑長編》。〔註30〕

3. 《四庫提要》著錄作者始末未詳者，則詳考之

《四庫提要》憚於考訂，往往但憑書中署銜及序文來紹介作者，陸氏則加以詳考。如宋慈，《宋史》無傳。《儀顧堂題跋》卷六〈影宋本宋提刑洗冤錄跋〉云：

> 《四庫全書存目》法家類云：始末未詳；錢竹汀《養新錄》亦云不
> 知何許人。愚案宋慈，福建建陽人，嘉定十年進士，少受業於同邑
> 吳雉，雉爲朱子弟子，因得與楊方黃幹李方子論質，學益進，補贛
> 州信豐主簿，遷知長汀縣，擢知常州，歷廣東、江西、湖南提點刑
> 獄，終于直煥章閣，知廣州、廣東安撫大使。淳祐六年卒，年六十
> 四。見劉後村《大全集》。〔註31〕

關於《四庫提要》雖稍涉考證，但不能詳明，陸氏則考補之。如《儀顧堂題跋》卷一〈周易口義跋〉云：

> 《周易口義》十二卷，明刊本，宋倪天隱述其師胡瑗之說也。《提要》
> 云：天隱始末未詳。葉祖洽作陳襄行狀，稱襄有二妹，一適進士倪
> 天隱，殆即其人。

陸氏考補云：

> 愚案天隱字茅岡，桐廬人，學者稱爲千乘先生，治平熙寧中曾爲合
> 肥學官，嘗作〈草堂吟〉。晚年主桐廬講席，弟子千人。見彭汝礪《鄱
> 陽集》、黃宗羲《宋元學案》所述。《周易口義》，晁氏《郡齋讀書志》
> 祇載上下經傳，而繫辭說卦不載，《宋史藝文志》既有易傳，又有口
> 義，不知即一書也。〔註32〕

又如《儀顧堂題跋》卷四〈廉吏傳跋〉云：

> 《廉吏傳》二卷，宋費樞撰，鈔本。《提要》：「樞字伯樞，成都人。

〔註30〕《儀顧堂題跋》，廣文書局《書目續編》，頁413。
〔註31〕《儀顧堂題跋》，廣文書局《書目續編》，頁318。
〔註32〕《儀顧堂題跋》，廣文書局《書目續編》，頁39～40。

自序題宣和乙巳，蓋作于宋徽宗末年，前有辛次膺序，稱其以藝學中高第，其仕履始末則無考也。」

陸氏則考補云：

案樞廣都人，祖求，熙寧進士，官止眉山令。樞亦登進士第，宣和初徒步入京師，將至長安，舍旅館，主人婦美少新寡，夜就之，樞不可，問知乃京師販繒人女，因訪其父，俾取而更嫁之，人稱其清。紹興十六年，以左朝散郎知歸州，見《繫年要錄》一百五十五卷。〔註33〕

又如《儀顧堂題跋》卷八〈學林跋〉云：

《學林》十卷，宋王觀國撰。《提要》：「觀國字至道，長沙人，其事蹟不見于《宋史》，湖廣通志亦未之載。」

陸氏考云：

愚案觀國政和九年進士，簽書川陝節度判官，以招諭逋逃勞轉一官，紹興初官左承務郎，知汀州、寧化縣主管，內勸農事兼兵馬監押，累升祠部郎中。十四年御史李文會劾觀國，與直學士院劉才邵皆万俟卨腹心，出知邵州。見《繫年要錄》、《宰輔編年錄》、《群經音辨》後跋、劉才邵《檆溪居士集》、慕容彥《逢摘文堂集》。〔註34〕

又如《儀顧堂題跋》卷九〈文子纘義跋〉云：

《文子纘義》十二卷，元杜道堅撰。舊抄本。《提要》：「道堅字南谷，當塗人，武康計籌山昇元觀道士也，其始末無考。」

陸氏據趙孟頫所撰〈杜道人碑〉則詳載其生卒行事：

案道堅字處逸，當塗采石人，自號南谷子。年十四，決意為方外遊，乃辭母去，著道士服。宋度宗賜號輔教大師，武康楊氏請住昇元報國觀。元兵南渡，道堅謁淮安忠教王，為民請命，與語大悅，人覲世祖，詔馳驛江南，搜訪遺逸，道堅疏言養賢求賢用賢之道，上嘉納，使還提點道教，住持杭州宗陽宮。大德七年授杭州路道錄教門高士真人，仍領昇元觀事，又于計籌山別立通元觀，作攬古之樓，聚書數萬卷，……延祐五年卒，年八十二。〔註35〕

〔註33〕 《儀顧堂題跋》，廣文書局《書目續編》，頁181。
〔註34〕 《儀顧堂題跋》，廣文書局《書目續編》，頁373。
〔註35〕 《儀顧堂題跋》，廣文書局《書目續編》，頁455～456。

又如《儀顧堂題跋》卷八〈五總志跋〉亦詳考作者吳坰（《四庫提要》亦云：坰仕履未詳），陸氏云：

> 案坰興國永興人，祖中復官御史，《宋史》有傳。書中所稱「大父事仁宗為御史」云云是也。中復為犍為令，土產紅桑、紫竹、荔枝三香，為民害作〈三戒詩〉，勒諸石，事見《方輿勝覽》，與書中所云嘉州歲貢荔枝紅桑云云合。父則禮累官直祕閣，知虢州，著有《北湖集》，崇寧三年編管荊南，見《長編紀事本末》，書中所稱崇寧乙酉謫居荊南，與《北湖集》「百憂行疇昔，罪臣投荊南」之句合。坰紹興十三年七月為樞密院編修官，八月提舉浙西茶鹽，十四年十二月改除兩浙運副，十五年七月奏其便民事，乞令常平司支借錢穀，勸民濬決華高等處沿海三十六浦以泄水勢，庶無淹損民田之患。詔可。累官直徽猷閣、成都府路轉運副使，知荊南府。二十四年五月請祠，主管台州崇道觀，時鼎澧茶寇猖獗，殺傷鼎澧巡檢，焚漵浦縣，坰未受命以憂死。嘗編其父則禮所著詩文為《北湖居士集》十卷，見《繫年要錄》、《方輿勝覽》、《咸淳臨安志》、《北湖集》韓駒序。〔註36〕

若此之類的例證甚多，不俱引述。

（二）《四庫提要》未載撰人姓氏者，考其作者

我們閱讀一部書，沒有不想知曉此書的作者為誰，其生平事蹟如何，以及他的學術思想。這就是孟子所說的知人論世。一般編撰書目的，遇到未載著者的書，多題「不著撰人」，在《四庫提要》中此類的書即有不少。陸心源一生勤學，泛觀博覽，故編他收藏的善本，凡不載作者的都不厭其煩，旁搜博探，務求考出作者的姓氏與時代，即或姓氏實無法考知者，亦必考作者著書的年代。茲分別舉例說明。

1.《四庫提要》不知作者，考其作者

如《漢隸分韻》七卷，《四庫提要》將此書編次於元代之末，《四庫提要》云：「不著撰人名氏，亦無時代。」陸氏《儀顧堂題跋》卷一〈宋槧漢隸分韻跋〉云：

> 案《宋史藝文志》小學類有馬居易《漢隸分韻》七卷，卷數與今本

〔註36〕《儀顧堂題跋》，廣文書局《書目續編》，頁 387～388。

合，則是書乃居易所作也。惟分韻與大定六年王文郁平水韻略同，不用禮部韻略，則居易當是金人，非宋人矣。遼金人著述，往往有南宋覆本，如遼釋行均《龍龕手鑑》、金成無已《傷寒論》皆是。不然，元人所著不得收入《宋史》，金人所刊不得避宋諱也。或曰金人著述，《宋史》誤作宋人，此外有可徵乎？曰成無已《傷寒論》前有金皇統元年嚴器之序，《宋史》既誤為器之所著，又誤以為宋人，此書亦猶是也。〔註37〕

依據史志及書中內容，考本書為金馬居易所撰，作者不唯不是元人，亦非宋人，而為北方的金國人。

又如《儀顧堂題跋》卷三〈續考古圖跋〉云：

《續考古圖》五卷，無撰人，四庫著錄，《提要》僅知為南宋初人續呂大臨書，其書並附《釋文》一卷。

陸氏云：

《續考古圖》五卷，始見于《讀書敏求記》，不著撰人。四庫及天祿琳琅所著錄，即遵王藏本。余借潘伯寅尚書藏本付梓，僅據翟耆年籀史知《釋文》為趙九成所撰，心疑續圖或亦出九成而無證據，近讀李邴〈嘯堂集古錄序〉有云：鼎器款識絕少，字畫復多漫滅，及得呂大臨、張九成二家考古圖，雖有典刑，辨識不容無舛。據此則續圖亦九成所輯也。〔註38〕

此處不僅考出《釋文》的作者，並考出《續考古圖》的作者同為趙九成，可以更正《四庫總目》的著錄。

又如《儀顧堂題跋》卷四〈至順鎮江志跋〉云：

《至順鎮江志》二十一卷，不著撰人名氏，《永樂大典》傳抄本，四庫未收，阮文達進呈。愚案《成化鎮江志》丁元吉序曰：勝國俞用中至順志，例加精密，《乾隆鎮江志·俞希魯傳》云：至順中嘗著郡志，序事精密。則此志乃俞希魯所撰。希魯字用中，鎮江人，父德隣，宋室遺老。希魯學業精博，淵貫群籍，境內碑碣多所撰述，以茂才除慶元路教授。善于啟迪，擢歸安丞，築海鹽塘，費省而民不勞。升江西令，改永康，遷松江府同知，所至葺廟學，聘名儒講說，

〔註37〕 《儀顧堂題跋》，廣文書局《書目續編》，頁89～90。
〔註38〕 《儀顧堂題跋》，廣文書局《書目續編》，頁172。

平民徭役，卒年九十。著有《竹素鉤元》二十卷、《聽雨軒集》二十卷及此書，見《嘉慶丹徒志》。〔註39〕

2.《四庫提要》雖知作者姓名，而不知其年代者，並考訂之

亦有雖知作者之姓名，然不知其生存的年代，或有誤題者，陸氏亦爲之考正。如《儀顧堂題跋》卷七〈宋槧通鑑釋文跋〉云：

> 《書錄解題》、《宋史藝文志》皆著于錄，紹興三十一年上進，見《玉海》。明《文淵閣書目》有三部，則明初印本尚多，至中葉遂微。四庫未收，阮文達始進呈。案宋有三史炤，一爲宋仁宗時人，治平三年官少卿，某州轉運使，見華岳題名。一爲度宗時人，咸淳中官利州路統制，見《宋史》本紀。一則著此書者，據馮時行序，炤字見可，眉山人，……見可著此書，精索粗用，深探約見，積十年而後成，年幾七十，好學不衰，序題紹興三十年，則見可之生當在元祐末年，下距咸淳一百八十餘年，上距嘉祐三十年。阮亨《瀛洲筆談》誤讀馮序，以炤之曾祖清卿爲炤，蘇軾兄弟以鄉先生事之，抑知軾卒之日，炤尚未生乎？〔註40〕

蓋阮氏將作者誤爲仁宗時的史炤，而作者實爲南宋初年人。

又如《儀顧堂題跋》卷七〈濟生方跋〉云：

> 《濟生方》八卷，宋嚴用和撰，原本久佚，此則館從《永樂大典》輯出者，日本尚有原書，爲楓山秘府所藏，前有寶祐癸丑用和自序，又有《濟生續方》一卷，爲日本醫官陽阿氏藏，有咸淳丁卯自序。此本雖有用和自序，而缺寶祐紀年，亦無續集，故莫辨爲何時人，以日本宋本證之，用和蓋宋季醫家也。〔註41〕

《四庫》著錄此書作者爲嚴用和，卻不知何時人也。陸心源根據嚴氏自序，而定爲宋季的醫生。

又如《儀顧堂續跋》卷十一〈元槧道德經集解跋〉云：

> ……題曰清源圭山董思靖撰。……案思靖生平無可考，惟清源圭峰皆福建泉州山名，今泉州之元妙觀，宋爲天慶觀，元貞年間改名元妙，由是推之，則思靖乃理宗時泉州天慶觀道士也。……各家書目

〔註39〕 《儀顧堂題跋》，廣文書局《書目續編》，頁 201～202。
〔註40〕 《儀顧堂題跋》，廣文書局《書目續編》，頁 307～308。
〔註41〕 《儀顧堂題跋》，廣文書局《書目續編》，頁 354。

皆未著錄，四庫未收，阮文達亦未進呈，亦罕觀秘笈也。〔註42〕

董思靖，生平無可攷，陸氏利用史料及地理知識，考其時代。陸氏書中類此考訂作者生存的時代者頗多，蓋其長於史事，對時代觀念頗爲敏銳，考辨人事往往自時代著眼。

（三）考訂古今書名之異同

從古到今，典籍浩瀚，有書名雖異而內容相同者，或亦有經後人更改書名者，陸心源遇到這類問題時，都能加以考訂。茲各舉例以說明之。

如《儀顧堂題跋》卷一〈六經雅言圖辨跋〉云：

> 明《文淵閣書目》、焦氏《經籍志》、《千頃堂書目》皆著于錄，惟不著二鄭之名。……核其文即四庫所收之鄭樵《六經奧論》也。……《文淵閣書目》有《六經圖辨》，無《六經奧論》，至董氏元賞齋書目始有《六經奧論》，可見成化以前無此名，必黎溫刊板所妄改耳。蓋淺人見書題莆陽二鄭而不著其名，但知莆田有鄭樵，不知有鄭厚，故妄題之，不知二鄭非一鄭也。明人書帕本，大抵如是，所謂刻書而書亡者也。其撰人當從《宏治興化府志》作鄭厚與弟鄭樵同撰者爲近。〔註43〕

此處考訂《六經雅言圖辨》與《六經奧論》書名雖異而內容實同。

又如《儀顧堂題跋》卷七〈靈樞經跋〉云：

> 愚案靈樞即鍼經，見于《漢藝文志》、皇甫謐〈甲乙經序〉，並非後出，靈寶注以鍼有九名而改爲九靈，又以十二經絡分爲十二卷，王砅又因九靈之名而改爲靈樞，其名益雅，其去古益遠，實一書也。請列五證以明之。皇甫謐〈甲乙經序〉曰《七略》、《藝文志》：《黃帝內經》十八篇，今有《鍼經》九卷，《素問》九卷，二九十八卷，即《內經》也。又有《明堂孔穴鍼灸治要》，皆黃帝岐伯選事也，三部同歸，文多重複，乃撰集三部，使事類相從爲十二卷，今檢《甲乙經》稱「素問」者，即今之《素問》也。稱「黃帝」者，驗其文，即今《靈樞》，別無所謂《鍼經》者，則《鍼經》即《靈樞》可知，其證一也。《靈樞》卷一九，鍼十二，原篇已云「先立鍼經」，是「鍼經」之名見于本書，其證二也。王砅云《靈樞》即《黃帝內經》十

〔註42〕《儀顧堂續跋》，廣文書局《書目續編》，頁 499～500。
〔註43〕《儀顧堂題跋》，廣文書局《書目續編》，頁 75～77。

八卷之九，與皇甫謐同，當是漢以來相傳之舊說，其證三也。楊尚善，隋初人也，所著《黃帝內經太素》、《黃帝內經明堂類成》，中土久佚，今由日本傳來，其書採錄靈樞經文與《素問》不分軒輊，與《甲乙經》同，是漢唐人所稱「內經」，合「素問」、「鍼經」而言，非專指「素問」明矣，其證四也。《靈樞》義精詞奧，〈經筋〉等篇，非聖人不能作，與砑《素問注》相較，精粗深淺相去懸殊，斷非砑所能偽託，其證五也。〔註44〕

此舉五證以考訂《靈樞經》一書古今書名之異同。

又如《儀顧堂題跋》卷八〈原本數書九章跋〉云：

《大典》本題作《數學九章》，明《文淵閣書目》同。此本作《數書九章》，豈明以後人所改歟！〔註45〕

此處考訂經後人更改書名者。

（四）考古今卷數之多寡

古籍由於編刻之時地，或傳錄之源流不同，往往卷數亦有不同。陸氏遇此問題，必加以考覈。茲舉例說明之。

《儀顧堂題跋》卷七〈是齋百一方跋〉云：

《新刊續添是齋百一選方》二十卷，宋王璆撰，東洋覆元本，《書錄解題》、《宋史藝文志》皆著于錄，《解題》三十卷，《宋志》二十八卷，朱竹垞所藏元本亦作二十卷，《曝書亭集》有跋，與此本合，《宋志》及《解題》殆傳寫之訛耳。〔註46〕

此辨《宋志》及《書錄解題》之誤。

又如《儀顧堂續跋》卷十二〈宋槧劉後村集跋〉云：

考洪天錫撰後村墓志，稱後村早負盛名，……士友爲四六及五七言往往祖後村氏，于是《前》、《後》、《續》、《新》四集二百卷，流布海內，歸然爲一代文宗云云。是後村集宋時已刊行，已有前後續別四集二百卷，此本當爲四集之一，以不收淳祐庚戌以後詩證之，其爲前集無疑也。《千頃堂書目》載《後村居士集》五十卷，註曰詩文，當即此本。〔註47〕

〔註44〕 《儀顧堂題跋》，廣文書局《書目續編》，頁323～325。
〔註45〕 《儀顧堂題跋》，廣文書局《書目續編》，頁367。
〔註46〕 《儀顧堂題跋》，廣文書局《書目續編》，頁349。
〔註47〕 《儀顧堂續跋》，廣文書局《書目續編》，頁540～541。

此證後村集乃《大全集》二百卷中之前集，故僅五十卷而已。

又如《儀顧堂續跋》卷十二〈元槧牧潛集跋〉云：

> 其書不分卷，以類各為起訖，詩一銘二碑記三序四書五雜著六榜疏
> 七，故喬祖跋祇云一卷也。……至明刻始分為七卷，四庫本即以明
> 刻著錄，此則元刻祖本也。〔註48〕

此考覈古今卷數之不同。

又如《儀顧堂題跋》卷六〈疑獄集跋〉云：

> 前二卷為（和）凝所集，後二卷為（和）㠓所續，南宋時已佚一
> 卷，故晁公武《郡齋讀書志》亦以三卷本著于錄，與此本合。今四
> 庫著錄四卷本，乃後人分第三卷為兩卷，以足四卷之數，亦非原書
> 也。〔註49〕

此考卷數之存佚及古今分卷之異同。

又如《儀顧堂題跋》卷十一〈影宋抄唐子西集跋〉云：

> 《子西集》，《宋史》本傳、《書錄解題》皆作二十卷，《藝文志》作
> 二十二卷，蓋并三國雜事計之。《讀書志》作十卷，《文獻通考》同。
> 據康佐後序，是書本有閩蜀兩刻，而閩本多于蜀本，疑晁所據者蜀
> 本，陳所據者閩本也。〔註50〕

此處說明卷數之不同與版刻有關。

（五）考辨古書的真偽

讀書之要，首在鑒別，鑒別之道，首在真偽，因真偽不辨，而誤信偽書，
所獲得之知識，即不真實，所考證之結論，亦不可信。陸氏往往根據目錄之
書來辨別古書之真偽。如《儀顧堂題跋》卷五〈粵雅堂刻偽菉竹堂書目跋〉
云：

> 《四庫提要》，《菉竹堂書目》六卷，經史子集各一卷，卷首曰制，
> 乃官頒各書及賜書賜勑之類，末卷曰後錄，則其家所刊及自著書，
> 有成化七年自序，大率本之馬氏《經籍考》，別出舉業類，而無詩
> 集，亦略有增損，又別有新書目一卷附于後，中載夏言、王守仁諸
> 人集，蓋其子孫所編云云。案此本卷首雖有聖製而不曰制，又無

〔註48〕《儀顧堂續跋》，廣文書局《書目續編》，頁571。
〔註49〕《儀顧堂題跋》，廣文書局《書目續編》，頁315。
〔註50〕《儀顧堂題跋》，廣文書局《書目續編》，頁549～550。

後錄，亦無附目，卷中有詩集，而無舉業，序末亦無成化紀年，證與文莊自序，固多牴牾，與《提要》尤無一合，蓋書賈抄撮《文淵閣書目》，改頭換面，以售其欺，決非館臣所見兩淮經進之本也。
〔註51〕

此據《四庫提要》辨別伍崇曜所刻《粵雅堂叢書》本《菉竹堂書目》乃後人據《文淵閣書目》刪削之偽本，非葉氏原書。

又如《儀顧堂題跋》卷九〈明鈔江鄰幾雜誌跋〉云：

休復卒于嘉祐五年，見歐陽文忠集，不應述崇寧大觀時事。王介甫生于天禧辛酉，嘉祐初年甫三十，官亦未顯，不得稱老。蘇東坡生于景祐三年，嘉祐五年，年二十五。蘇過生卒雖無可考，既為坡長子，其時年不過十歲，非鄰幾所得見。山谷生于慶曆五年，嘉祐初纔十餘歲。張文潛生皇祐五年，尚未及十歲，休復安得引其詩文，……皆與時代不合，恐醴泉筆錄之名是南宋時人偽造。」〔註52〕

此以書中所引與時代不合，證明此書為偽書。

近人余嘉錫說：

陸氏富收藏，精鑑別，所著《皕宋樓藏書志》及《穰梨館過眼錄》皆為世所稱；又長於校讎之學，著有《群書校補》；故是書（指《儀顧堂題跋》及《儀顧堂續跋》）於板本文字異同，言之極詳。然余以為其精博處，尤在能攷作者之行事也。陸氏此書獨於《四庫提要》所不詳者，旁稽博考，輯錄成篇，略如列傳之體，可謂得向、歆遺意，不失目錄家法者。〔註53〕

余氏《目錄學發微》亦云：

惟陸心源《儀顧堂題跋》，搜採作者事蹟最為精博。陸氏之學亦偏於賞鑒，惟此一節則軼今人而追古人矣。後之治目錄學者，所宜取法也。〔註54〕

後來胡玉縉撰《四庫提要補正》，余嘉錫撰《四庫提要辨證》，參考陸氏之處甚多。傅增湘撰《藏園群書題記》，莫伯驥撰《五十萬卷樓群書跋文》，考訂

〔註51〕 《儀顧堂題跋》，廣文書局《書目續編》，頁 246～247。
〔註52〕 《儀顧堂題跋》，廣文書局《書目續編》，頁 442～443。
〔註53〕 余嘉錫：〈書儀顧堂題跋後〉，《余嘉錫論學雜著》，台北：河洛圖書出版社，1976 年 3 月，頁 625～631。
〔註54〕 余嘉錫：《目錄學發微》，台北：藝文印書館，1974 年 4 月，頁 42。

作者，未始不是受陸氏的影響。余氏所言，並非溢美之辭。

四、結　語

　　以上僅是從《儀顧堂題跋》及《儀顧堂續跋》兩書中，約略論述陸氏在版本目錄學方面的一些看法及見解。其實陸氏於同治六年曾經出版過《儀顧堂集》二十卷，其中有些題跋亦涉及目錄版本學的問題。上述二書已經提到的，茲不贅述，今從文集中再舉數例以補充之。

（一）依據版心之白口與黑口鑑定宋元版問題

　　在版本學上，陸氏證實了宋版版心有黑口的問題。自明以來的藏書家多認為宋版皆白口，版心作黑口起於元明。明葉盛云：「宋時所刻書，其匡廓中摺行上下，不留黑牌。」〔註55〕是以自明以來的藏書家見到黑口本，不敢定為宋版。直到清嘉慶中黃丕烈始發其覆，黃氏跋宋刊《新定續志》云：

>　　啓包見板口闊而黑，觀之則《新定續志》也。心疑為非宋刊，即持
>　　示同人。賣書人如錢德默，藏書家如周香嚴，皆素稱識書者，然但
>　　詫為未見書，而宋刻與否，初不敢以意定也。惟西賓顧潤簧與余賞
>　　析，謂非宋刻而何？因思余所藏《中興館閣續錄》，有成淳時補版，
>　　皆似此紙墨款式，間有闊黑口者。可知宋刻書，非必定白口或細黑
>　　口也。〔註56〕

陸氏於《儀顧堂集》卷二十〈宋本黃勉齋集跋〉中亦云：

>　　昔人謂宋板無黑口，此本上下皆小黑口，愚所見十行本《北史》、《景
>　　定嚴州續志》、《中興館閣錄》中成淳修版、《揮塵錄》、王注蘇詩，
>　　皆與此同。然則黑口之興當在宋季，而不始於元矣。〔註57〕

此種證實在版本鑑別上甚有意義，自後成為定論。故民國初年葉德輝答日本松崎鶴雄來信詢問關於版式的問題，即答云：

>　　大抵雙線白口多宋版，單線黑口南宋末麻沙本多有之，至元相沿成
>　　例。〔註58〕

〔註55〕葉盛：《水東日記》，台灣：商務印書館影印文淵閣四庫全書，1983年，卷十四，頁10a～10b。

〔註56〕黃丕烈：《蕘圃藏書題識》，《廣文書局書目叢編》，1999年，頁183。

〔註57〕《儀顧堂集》，台聯國風出版社，頁931。

〔註58〕葉德輝：《書林餘話》卷下，世界書局目錄學名著第二集第一冊，1961年，頁27。

（二）談「明人刻書而書亡」

清代的學者常說：「明人刻書而書亡。」究竟它包含的意義是甚麼，卻很少見於著述。直到近人葉德輝撰《書林清話》，在卷七中有論明書帕本之謬、刻書改換名目之謬、刻書添改脫誤及明人不知刻書等四章，才使我們了解清代學者所發的感嘆，並非無的放矢。其實此意義在陸氏的題跋中經常作具體的說明，茲酌舉數例於下：

《儀顧堂集》卷十九〈金刊張子和醫書跋〉云：

> 卷一至卷三題曰「太醫張子和先生儒門事類」，……卷十題曰「太醫張子和先生三法六門」。……嘉靖本總題爲「儒門事親」，已名是而實非。又分割卷第，顛倒前後，全本眞面目幾無一存。……金本《神效方》後有七古一首、七絕四首，嘉靖本有錄無書，其他分兩之參差，字句之譌奪，尤難枚舉。即如神效方接骨藥半兩銅錢，乃古半兩錢也，嘉靖本譌爲銅錢半兩，郢書而燕説矣。〔註59〕

此處增刪原書，而改換書名，以意顛倒文字致失去原義。

又如《儀顧堂集》卷十七〈舊鈔三山志跋〉云：

> 此書從宋本傳鈔，尚存四十卷舊式。近從閩中楊雪滄侍讀借得明萬曆刊四十二卷，對校一遍，補缺張一葉，補正數百字。明刊本卷四〈內外城濠門〉脫小注正文六百餘字；卷八〈祠廟門〉「會應廟」條下脫小注三百餘字；卷十〈墾田門〉「園林山地」條下脫小注一千五百餘字，〈戶口門〉「今額主客丁」條下脫小注五百九十餘字；卷十一〈宮莊田門〉「租課錢」條下脫小注二百六十餘字；卷十二〈贍學田門〉「豆麥雜子」條下脫小注九百餘字，「景祐四年」條下脫小注七百餘字，〈職田門〉「職田二十頃」條下脫小注四百五十餘字，「租課田」條下脫小注一千五百八十餘字；卷十四〈州縣役人門〉「在城三縣社首副」條下脫小注二百餘字；卷十七〈歲收門〉小注全脫約五千餘字；卷三十二〈科名門〉淳祐十年方逢時榜脫「陳無咎」至「王同叔」三十四人，而誤以淳祐四年劉夢炎榜「用森」至「張全」二十七人羼入。此外零星脫落又不下數千字，明人刊書粗莽滅裂，眞有刊如不刊之歎矣。〔註60〕

〔註59〕《儀顧堂集》，頁 878～879。
〔註60〕《儀顧堂集》，頁 790～792。

明人刻書動輒脫落訛誤，無怪乎陸氏有「刊如不刊」的感嘆了。此類具體例子，因陸氏喜歡校勘，故在題跋中列舉甚多。陸氏在版本目錄學方面的造詣與貢獻，使他在當代的藏書家中，無疑地成為一佼佼者，而挺出於同輩之上。

（本文原載《江南藏書史話》，上海古籍出版社，2009 年 6 月）

近年來臺灣博碩士生研究叢書之成果

　　古人求書不易,至宋人刊刻叢書,而後古今著述,始流傳於世。叢書之刊刻,從宋代開始,歷經元明兩朝,至清代,已蔚成一種風氣。清代學者除藏書、讀書外,特別獎勵刻書,故當時私人刻書,都能訪求善本,廣羅秘笈,彙為叢書。刊刻叢書對於保存古代文獻,為功甚鉅,對於學術的研究,提供了最方便的途徑。

　　吳哲夫教授與本人有鑑於此,近年來積極鼓勵博碩士生撰寫有關叢書的論文,數量雖然不多,卻頗有成果。臺灣有關叢書研究之論文,有綜合性之研究,如《叢書淵源與體制形成之研究》;有地方叢書之研究,如《郡邑叢書之研究》;有專門性叢書之研究,如《二十四史版本研究》;有以某部叢書為研究主題者,如《鮑廷博知不足齋叢書之研究》、《黎庶昌、楊守敬古逸叢書研究》、《張元濟及其輯印四部叢刊之研究》。此外,尚有一些論文,以藏書家、文獻學家為研究主題,文中涉及叢書之研究,如《徐乾學及其藏書刻書》、《阮元輯書刻書考》等。本文擬介紹上述各篇論文之研究成果,以提供相關學者參考。

壹、綜合性之研究

一、《叢書淵源與體制形成之研究》

　　作者:劉寧慧

　　2001 年臺灣師範大學國文研究所博士論文

　　吳哲夫教授指導

（一）研究動機與目的

本文作者認爲「叢書」在中國古籍文獻的發展中，作用的時期悠長，形成的數量龐大，涵蓋的層面廣泛，影響的程度深遠，可說是古籍發展高度的象徵，其中值得探索與分析的現象十分豐富。「叢書」不僅是一種文獻的形式，它的形成與發展深刻地牽動著宋代以後整體古籍的變化，因此，不能只將它孤立爲一部部作品來考察，而是有必要對它進行發展整體的觀察與研究，以突顯它在古籍發展中的影響與地位。這個課題的首要工作在「叢書」體制的判別，必須先釐清它體制的範圍，才能在定域的情況下說明它與其它體裁之間的特質異同與互動。本文對「叢書」體制的探討，不以單一定義的方式界定它的範圍，而是採分期觀察，將「叢書」發展分成體制形成遠源——古代彙編傳統；近因背景——唐宋彙編發展；以及促成關鍵——雕版印刷術的發明，共三階段的論述，分別說明它體制淵源與形成的過程。所探查的層面包括文獻內在的演進及圖書製作技術的改良，結合內容與形式雙方面的考量，找出「叢書」體制發展的脈絡。

（二）論文的內容與研究成果

本論文共分六章，首章導論，末章結論。第二章，首先分述清代學者王鳴盛、錢大昕、李調元、平步青、繆荃孫、葉德輝、傅增湘等，及民國以來學者對叢書概念的探討與認知。第三章，舉例說明從彙編形式的源流到彙編體制的形成，最後結論是叢書是承繼彙編傳統而來。第四章探討唐宋圖書編纂發達的原因與趨勢，以及叢書的形成。第五章，探討宋元叢書的內容。本論文所獲得的結論包括：

1. 「叢書」體制淵源於古代彙編傳統，而成於雕版印刷術的發明。

2. 「叢書」體制形成後，以它涵納、保存文獻的強大功能，開始對傳統彙編體裁進行內涵與形式上的異化與重構。

3. 「叢書」是一種開放性的體裁，它的體制發展沒有停頓，宋、元、明、清及民國以來，各階段都結合當代學術思想及文化背景，有新的內涵與類型的出現。

4. 「叢書」屬於紙本印刷文化下的產物，而也終將結束於印刷文化的改變，當新技術再度取代舊條件，舊體裁不免消逝的命運，取而代之的將是另一種新種類的文獻體裁。

貳、地方叢書之研究

一、《郡邑叢書之研究》

作者：林照君

2000 年臺灣大學中國文學研究所碩士論文

潘美月教授指導

（一）研究的動機與目的

古籍叢書之價值可歸納為兩大點，一為保存古籍，使書籍得以流傳；二為整理古籍，即編者在某種編纂動機之下，將古籍加以彙總或分類彙刻，並對收錄的書加以校刊、補遺、輯佚，或作題跋敘其源流等，有利於學者求書。古籍叢書文獻價值鉅大，非常值得我們去認識、整理與利用。

作者以為，研究某類的多部叢書，瞭解其特色及彼此的異同，較之於研究一、二部叢書，當較易顯示出其在叢書中的地位和價值，再者，如此逐類地研究，亦較易掌握到叢書的內涵。因此本論文選擇一類叢書為研究範圍，並以郡邑類叢書為研究主題。

郡邑類叢書按其編纂的動機及內容可分為彙輯經史子集及單收詩文兩種，前者屬於彙編，後者屬於類編中的集部總集，本論文是以彙編郡邑叢書為研究範圍，並以目前最為完備的叢書目錄《中國叢書綜錄》及其後補正之作，如《中國叢書綜錄補正》、《中國叢書廣錄》等所收入者為主要參考資料。本論文的研究目的在綜合歷來整理和研究的成果，以瞭解郡邑叢書的定義，並探討其興起的原因、特色與價值。

（二）論文的結構與研究成果

本論文除了前言和結語之外，共分為四章。第一章的主旨在瞭解郡邑叢書的定義及內容。本章綜合文獻學家的看法、叢書編者的動機及其編輯情形之後，分析郡邑叢書收書的內容有三種情形：(1)專收一地鄉先哲的著述；(2)以收一地鄉先哲的著述為主而兼收一地掌故；(3)收一地人著述之記一地掌故者。

第二、三章就書目與相關資料整理出八十六部郡邑叢書，其中臺灣可見的僅五十五部，簡介臺灣藏本編刊的情形，敘述其編者、編刊過程、體例、序跋內容、版本狀況、特點、相關問題等，以及臺灣藏本與《中國叢書綜錄》等資料的相異處。

　　第四章綜合分析郡邑叢書的特色和價值。郡邑叢書是編者基於保存文獻和導正世風二大動機編纂而成的，故有與其他類型叢書在作者和書目選擇上不同之特色。在所收書籍的作者方面，郡邑叢書以收一地鄉人著述者為主，而以兼收不限鄉人所著的地方掌故者為輔，其中有的作者雖然不以該地為本籍，但因作官、流寓、遷徙而居於該地者，編者多視為鄉先哲而收入。在收書的內容方面，以可表彰鄉先哲和啓發後人之鄉人著述為主，非鄉人之著述則以地方掌故為主，除此之外，亦往往收錄方志、編者自行編輯的詩文集、金石略、人物志、藝文志或年譜等地方文獻。依據郡邑叢書之編纂體例，可以瞭解編者對所收錄的書多致力於保存罕見本、校正和整理，故有保存、整理古籍及地方文獻的價值，此外，更有導正世風、啓迪後人之目的與價值。

　　本文製有為數不少的表格，以期對郡邑叢書有概括的認識。第一章有兩個郡邑叢書目錄，一者按叢書編成的時代排列，著錄其編者、版本及臺灣可見與否等資料，據之可知郡邑叢書編纂之風興盛於清末和民初；二者按各部郡邑叢書收書的地域排列，以瞭解各地編刊此類叢書的情形，據之可知收書範圍有一鎮、一縣、一府、一省，甚至三省者。第二章和第三章之首，有臺灣可見的五十五部郡邑叢書之目錄，著錄臺灣原刊藏書單位和重刊本的情形，以利查尋；於簡介後表列各叢書之子目時，反映出臺灣藏本和相關資料與《中國叢書綜錄》所列子目次序或內容相異的情況，並盡量列出所收書之版本，以及編者原本擬刻而未刻之書目。第四章末有郡邑叢書編刊情形簡表，列舉其收書之地域範圍、時代起迄、種數等，臺灣可見的叢書則尚有其叢書總序、凡例、編者序跋、校記等項目。

參、專門性叢書之研究

一、《二十四史版本研究》

　　作者：趙惠芬

　　2001 年中國文化大學中國文學研究所博士論文

　　吳哲夫教授指導

　　本論文採文獻考證法和比較研究法（通過比較版本異同，鑑定版本），就二十四史各史史料、前人筆記、日記、書信、各家藏書志、版刻圖錄、圖書館館藏善本書目，以及版本學、圖書文獻史、出版史、歷史文獻學等通論性

與專論性著作、期刊論文等參考資料，對文獻和實物逐一蒐羅考訂，進而歸納整理、綜合分析，並以朝代劃分，就諸史的始刊、官刻和歷代較著名的匯刻本，鉤勒比較完整而系統的架構，呈現二十四史版本面貌及其歷史定位。由於二十四史各史版本眾多，若全數論之，則體例較易蕪雜，故本論文研究的範圍以諸史的始刊、官刻和較著名的匯刻本爲限，並按朝代先後論述。計分以下七章：

第一章緒論，對主要議題進行觀念上的釐清，分別從陳述二十四史的學術地位、二十四史的版本問題，以說明本議題之研究價值；其次分析前賢研究成果之得失，交待資料搜集與處理方法。

第二章宋代諸史的刊刻，根據史料和現存書，分析兩宋官方刊刻十七史始末、書版流傳；並將歷來學者對南北朝七史版本刊刻地點的爭議，予以歸納、分析。

第三章元代諸史的刊刻，分述元代承繼前代諸史書版與處置方法，及官刻正史的情形。

第四章明代諸史的刊刻，論述明代官方對二十一史的整理，並分析當時頗具盛名的坊刻十七史。

第五章清代諸史的刊刻，對武英殿二十四史的刊刻時間、過程等依完成先後分別說明，以確立其在官刻史上承先啓後的意義，又總述清代中葉五局合刻二十四史之刊印過程、刊印樣式和所依據底本，以便突顯其保存、流通文化的貢獻。

第六章百衲本二十四史的刊刻，殿本二十四史刊刻流傳以後，從清代中葉至民國以來，以其爲匯刻底本者甚多，惟商務印書館輯印之《百衲本二十四史》自成系統，本章從輯印始末、各史底本分析等，論述其價值。

第七章結論，總結各章論述，並自藏書家目錄和筆者親自的檢閱、校對版本的成果，略述各史刊刻時常出現的錯誤，藉以提醒研讀二十四史者應愼選版本的重要。

本論文研究成果可以歸納爲三部份：

（一）諸史書版的傳承問題

正史始刊於宋太宗淳化五年刻印《史記》、《漢書》和《後漢書》。到仁宗嘉祐之際，十七史都經刷印，爲我國刊印正史譜寫了新的完美紀錄。金兵南下，戰亂當中正史書版大都毀損。南宋高宗南渡後，社會情況稍見穩定，正

史的刻印方又蓬勃發展起來，刻書地點遍及州郡，並沒有集中匯刻的情形。
元代，除保存宋時西湖書院所藏國子監書版外，另有大德年間建康道下屬九
路分任刊刻的《史記》、《漢書》、《後漢書》、《三國志》、《晉書》、《南史》、
《北史》、《隋書》、《唐書》、《五代史》等十七史，值得注意的是，雖爲「十
七史」，然僅十史有文獻紀錄和現存書，至於南北朝七史則未見刊刻，對於此
種情形，昌彼得、屈萬里以爲當是「宋九行本南北朝七史諸版，當時尚完
整」，所以未加刊刻，十七史之名，乃沿宋人舊稱。明代重視史學，刻書亦最
勤，有南京國子監刊二十一史和北京國子監刊二十一史。其中南京國子監二
十一史成書於嘉靖七至十一年，書版或得自原宋國子監、元西湖書院傳承下
來的書版修補；書版過於朽壞、文字過於漫漶，則再重刻；或從各地收集之
書版；或爲新刻書版。據本論文第四章圖表的統計，南京國子監本每史至少
兩刻（或較大規模的重補刻），有的是三刻，但缺失也最多。至於北京國子監
二十一史，成書於萬曆二十四至三十四年，係據南京國子監本重刊，版式行
格雖較整齊，然有部份內容遭改動或刪除，校勘亦不精，勝於南京國子監本
之處較少，清人對之評價不高。明末，藏書家毛晉延請名家校刊汲古閣本十
七史，書成於明崇禎至清順治年間，因朝代更迭，中間書版有所損失而修
補。毛氏汲古閣本以私人之力，刻十七史鉅製，在當時流傳頗廣，然此書雖
多據宋元舊本刊刻，卻因刻書品質不佳，又沿襲明人任意改竄的缺點，錯誤
甚多，藏書家、校勘家對之毀譽參半。清乾隆年間，刊刻《武英殿二十四
史》，是最早的二十四史，成書於清乾隆四年。殿本二十四史採用的底本，除
《明史》、《舊五代史》是首刻，其他二十二史中僅《漢書》、《後漢書》、《三
國志》、《晉書》、《隋書》等五史依據宋元舊刻，其餘據明監本二十一史和明
汲古閣本十七史校勘，由於當時參與編校者多爲博學大儒，書中各卷並附考
證，所以備受當時研究史籍學者的重視。然就所用底本來看，除少數爲宋、
元刻本外，其餘皆用較差的明南、北監本，因此儘管校勘諸臣做了大量認真
細致的工作，卻仍有許多疏謬。民國年間，張元濟與商務印書館輯印的百衲
本二十四史，就是針對殿本二十四史的缺失而來。他收集當時可見的宋、元
古本，由於選擇底本的原則和過程嚴謹，據以影印的多爲當時可見的最古版
本，頗能保存古書原貌，因而被張舜徽譽爲「全史中最標準的本子」。值得注
意的是，張元濟與當時校史處人員編撰的《百衲本二十四史》各史的校勘
記，卻因世局多變，以致沉霾了半個世紀以上，到 1993 年方由王紹曾等將尋

得的三分之二遺稿整理,並陸續出版。此校勘記的出版,除可據以對張元濟校改百衲本二十四史的是非做出較公允的評價外,亦有助於後來學者對於二十四史的研究。

(二)義例的更改與內容爭議問題

所謂義例的更改與內容爭議,指的是其經由人為刻意的修改或刪節。清人以外族入主中原,因此對於同為邊疆民族建立的王朝,頗有惺惺相惜的心態,其具體的表現,就是有關遼、金、元三史漢文譯音的改譯。而宋人強調尊王攘夷,重視夷夏之防,宋朝又常受強鄰遼、金、蒙古的侵凌,因此在撰作文字時,對不斷侵凌宋朝的遼、夏、金、蒙等外族,每多批評,甚或詆毀,這些文字對清人來說,亦如芒刺在背,欲除之而後快,於是高宗命館臣修纂《四庫全書》時,對凡涉及夷狄的文字都擅加更改、抽毀。以殿本《舊五代史》為例:凡觸犯清人嫌忌等文字者,均遭刪改。再如乾隆四十二年,高宗曾諭令館臣全面改修明史本紀部份的內容,當中亦以館臣揣測高宗主觀的論斷做增刪的依據,詳見本論文第五章第二節。

(三)翻刻疏漏問題

古書迭經傳抄、傳刻,必然會有謬誤產生,加上抄手學識程度有良莠差別,敬業精神高下,所以造成文句脫漏,亦在所難免,正史諸書自不例外。以唐、宋時期抄本、刊本為例,正史書籍即有許多錯誤存在,唐顏師古〈漢書敘例〉曾云:「二年九月校書畢,凡增七百四十一字,損二百一十二字,改正一千三百三字。」又宋程俱《麟臺故事》亦提及:「景祐元年九月,詔翰林學士張觀等,刊定《前漢書》、《孟子》,下國子監頒行。……秘書丞余靖建言,《前漢書》官本差舛,請行刊正。因詔靖及王洙,盡取秘閣古本對校,踰年乃上《漢書刊誤》三十卷。」以此下推至元、明、清諸刊本,則必然也免不了有差舛之處。清·顧炎武《日知錄》、周中孚《鄭堂讀書記》,其後的張元濟、屈萬里皆曾指陳南京國子監本、北京國子監本和汲古閣本等謬誤之處,作者據各家藏書志和親自檢稽所得,將諸史刊刻常見之謬誤,分為刪節注文、缺行缺葉、卷第淆亂、不採疏語、顛倒原文、複葉衍文、小注誤入正文、校語羼入正文等八點論述,並各列舉數例以證。

二十四史各書版本眾多,本論文以史叢的角度,僅就諸史的始刊、官刻本和較著名的的匯刻本,以版刻史的方式討論之,至於私刻和坊刻本則僅列於附論二十四史知見版本錄中,未能做詳盡的探究,所以私刻和坊刻本版刻

源流的探討，甚至是其與當時社會文化的互爲影響，仍有其研究空間。

肆、單一叢書之研究

一、《鮑廷博知不足齋叢書之研究》

　　作者：蔡斐雯

　　1994 年臺灣大學圖書館學研究所碩士論文

　　潘美月教授指導

　　私家彙刻叢書爲清代刻書主要特色之一，是版本學中相當值得研究的重點，而鮑廷博《知不足齋叢書》係蒐羅 207 種家藏珍鈔舊刻及時人著作彙集而成，實有深入研究之必要。本論文主要以鮑延博《知不足齋叢書》爲研究的重點，其內容分四個部分：

　　（一）叢書的刊刻

　　《知不足齋叢書》的刊刻，由乾隆年間始至道光年間歷經鮑廷博祖孫三代才得以完成，但此部叢書刊刻的過程，史上並未見完整的紀錄，本論文則由《知不足齋叢書》各子目題識跋語、鮑氏友人著作及現今所見之《知不足齋叢書》各版本等資料，整理出此部叢書刊刻的原因、擇書入集的標準、刊刻的態度、叢書刊刻的時間及叢書的版本。

　　關於叢書刊刻的時間，文中列有叢書各子目刊刻的年表，其中並附所取年代之根據，以供參考。

　　叢書的版本則係根據現今所見之本歸納爲原刊本、補刊本及嶺南重刊本三種版本，文中並針對各版本比對相異之處，列一版本比較表，以供參考。

　　（二）叢書的特色

　　《知不足齋叢書》廣受注目有其原因，文中歸納整理此部叢書包含版式、體例、子目的選擇、內容、版本來源、校刊等方面的特色。

　　1. 子目的選擇：由叢書各子目題跋中歸納，並印證出鮑廷博擇書入集的主要標準爲：有傳鈔而無刻本或流傳極少的罕見本，以及諸家編刻而脫誤未經刊正者。

　　2. 內容的特色：除以四部分類及所收著作年代顯示此部叢書內容廣博及多宋人著作外，文中提到《知不足齋叢書》首尾完善、序跋不遺以及輯附相關資料之特色，並附有各類書輯附之相關資料表，以供參考。

3. 版本來源：慎選善本是多數藏書家對此叢書評價較高的一大原因，本文據文獻所記整理並列出《知不足齋叢書》據以刊刻之底本，依宋刊本、影宋本、元刊本、元鈔本、明刊本、明鈔本、永樂大典本、舊鈔本、清鈔本、名家校本、稿本等類分列。

4. 校勘：精校爲此部叢書另一特點，本論文第四章第六節詳列各書所用之參校本，並敘述刊印前後校訂之情況。

（三）叢書的價值及影響

歷來藏書家及學者對《知不足齋叢書》的評價頗高，文中就此叢書在學術上的價值、文化上的價值及對叢書刊刻的影響提出說明：

1. 學術上的價值：包括提供重要的史地研究資料，序跋完整，提供研究版本流傳的重要資料；選擇善本，刊正傳本訛誤之處；輯附之相關資料可供研究參考等。

2. 文化上的價值：在文化保存和資料的流傳上具有使罕本、善本得以流傳，使清人作品得以流傳，發揮輯佚功能等價值。

3. 對叢書刊刻的影響：由於《知不足齋叢書》的廣受好評，影響其後包括顧修《讀畫齋叢書》、鮑廷爵《後知不足齋叢書》、蔣光煦《別下齋叢書》、錢熙祚《指海》、潘仕誠《海山仙館叢書》、伍崇曜《粵雅堂叢書》等等仿效鮑廷博傳刻善本罕本、精校精刻、首尾完善等收書刻書之體例刊刻叢書，並造成清代私家輯刻罕本善本爲叢書的風潮。

（四）叢書現今的存藏狀況

以臺灣地區爲主，輔以大陸地區、日本及影印本的流傳情況。對於臺灣地區的存藏狀況並詳列各圖書館藏本的存缺表，以供參考。

二、《黎庶昌、楊守敬古逸叢書研究》

作者：連一峰

1997 年中國文化大學史學研究所碩士論文

潘美月教授指導

《古逸叢書》凡 26 部，200 卷，是清末派駐日本公使黎庶昌與其隨員楊守敬在日本訪書時所輯刻，以其中多古本逸篇，遂命名爲《古逸叢書》。日本與中國，一衣帶水，向屬同文之國，對於我國文化、漢學漢籍的吸收，如沙漠渴旅，向來不遺餘力，千百年來因此累積不少中土漢籍。光緒年間，黎、

楊二氏初抵日本，正逢日本維新伊始，其國人唾棄漢學舊籍，二氏於是搜羅
訪求，以賤價得之，遂刊刻成《古逸叢書》。《古逸叢書》的輯印成書，使千
百年來流落異邦的遺文墜簡，得此契機還復中華，正可補充我國秦火之後華
夏典籍的闕佚，對於我國文獻的保存、文化的傳承、民族精神的賡續，影響
至為深遠。這部叢書無論由外在形式、文獻內容、版本學上的意義、實用性
及書法藝術等方面來看，都有可觀之處。在外在形式上，由於覆刻工藝高明，
摹勒精審，毫髮不爽，力求還復古書面貌，而且裝幀精美，無論紙張、用墨
都很考究，超越前古，叢書初刊時，士林爭相購求，視若珍寶，讚嘆之餘，
咸認為與宋槧幾無差異。本論文從文獻內容來分析，列出八點特色：

（一）《古逸叢書》多保存中土久佚之古本，不傳之舊刊。於海外訪獲
的這些逸書，內容廣泛，提供豐富文史資料，其價值或可比擬我
國近代考古上的重大發現，如殷墟甲骨文、敦煌石室、流沙墜簡
等之價值，也可視為一種新發現的史料，可填補我國學術史的空
白處或因文獻不足而未涉及的研究領域。更可貴的是，這些逸書
往往還引證及保存了許多久已亡佚的典籍，堪稱為「逸書中的逸
書」。由於這些逸書的引證，吾人可考知古逸書的崖略，則古逸書
雖亡猶存也，於學術研究的價值極高。

（二）叢書中有些雖非逸書，但為罕見之名家精校本，或與中土傳本不
同，多與石經文字或雕版初期的字句相同，可以校勘後世傳本的
訛誤，供辨偽、考證、訓詁等學術研究之資。

（三）《古逸叢書》所收錄之經書多為名家注疏的較早版本，即所謂「典
範」之本。如范甯之於《穀梁》、郭璞之於《爾雅》，完然成一家
之學。

（四）叢書輯錄典籍內容廣泛，如《文館詞林》、《玉篇》、《廣韻》、《太
平寰宇記》、《碣石調幽蘭》等書，提供文學、史學、文字學、聲
韻學、語言學、地理、音樂等珍貴的史料，開拓這些學門研究的
範疇。

（五）《古逸叢書》所收諸書多具備工具書性質，有實用價值。以當代
字書考證當代事物，甚具學術價值。

（六）唐代乃我國書法藝術之顛峰極盛時期，名家輩出。《古逸叢書》中
不少古鈔本乃唐時傳入日本，多存唐人書法風格，頗具有藝術、

文物之價值。

（七）在版本學上，《古逸叢書》之《爾雅》一書尤為近古，則長興舊監模式，庶幾可以想見。正平版《論語》，開創和刻本五山版經書之嚆矢，於版本學上意義重大。

（八）在文化上，《古逸叢書》發揮輯逸、補闕的功能，保存文化遺產。考《古逸叢書》各書之源流及傳播途徑，可瞭解中日典籍的交流歷史以及中國典籍在日本之流布及影響。《古逸叢書》的影響至為深遠，促使日人覺悟到維新以來唾棄漢學之不智與失策，重新重視漢學漢籍，因而有收購歸安陸氏皕宋樓藏書，舶載東去之舉，相繼成立靜嘉堂文庫、東洋文庫等漢籍文庫，積極搜訪世界各地之漢文資料。同樣的也激發了國人珍視華夏文化遺產，掀起學者赴日蒐訪海外逸書的熱潮，斐然有成，對中國文物的保存有莫大貢獻。《古逸叢書》同時開創輯刻逸書的風氣，其後商務印書館影印出版了《續古逸叢書》，近年大陸北京中華書局又陸續出版了《古逸叢書三編》，而後輯逸仿刻叢書屢有所見，蔚成風氣。

綜合而論，《古逸叢書》所收圖書既為珍貴古籍，又有名手為之剞劂，故能精美絕倫。無論在學術上、藝術上及文化上均有極高的價值，同時由於刊刻於日本，是為研究中日文化交流的最佳見證。本論文的研究除肯定《古逸叢書》的價值外，更肯定黎、楊二賢海外訪書之舉，對於保存中華文化所做的努力與貢獻，樹立了讀書人立德、立功、立言不朽之風範。

三、《張元濟及其輯印四部叢刊之研究》

作者：吳柏青
1998 年東吳大學中國文學研究所碩士論文
劉兆祐教授指導

（一）研究動機

歷代總集群書之多，莫勝于《四庫全書》，而網羅善本之富，則當推《四部叢刊》。張元濟先生怵舊籍淪亡，國學浸微，爰舉四部之中實用常備之目，搜宋元罕傳之本，補脫完殘，以成足本，且詳考精校，不獨見舊本之善，兼得眾本之異同。其版本之精，即有宋本六十六，元本四十，影宋元本五十九，餘皆明清佳刻，採石印新法，成此鉅製。其嘗云：「吾輩生當斯世，他事無可

爲，惟保存吾國數千年之文明，不至因時勢而失墜，此爲應盡之責。能使古書多流傳一部，即於保存上多一分效力。」遂使古來祕笈，化身千億，觀其盛心，洵足以發潛探幽，津逮來學也。惟《叢刊》凡三編，計五百部，幾二萬卷，閱八十年，書經六版，善本遞加，學者樂爲引據。第研求者多就中隅擇，或爲底本之資，或爲校勘之用，鮮對是編有全面深入之討論。如神田喜一郎之〈論四部叢刊之選擇底本〉、武內義雄之〈說四部叢刊〉、葉啓勳之〈論上海涵芬樓影印四部叢刊〉諸篇，僅及論述底本耳。今人評傳則以立傳述事與通論校印古籍爲主，專述《叢刊》者，止張人鳳〈張元濟與四部叢刊〉一文，專門著作則尚付闕如。是故本論文以張元濟及其編輯《四部叢刊》之研究爲題；一則述先生教育、圖書館、出版事業之成就；另則論《叢刊》于整理古籍上之價值，冀能爲近代叢書學之研究，貢一己之力。

（二）論文內容

近十年來，先生之日記、詩文、書札、尺牘、年譜相繼出版，研究先生與商務印書館之專著，亦續有新出。相關期刊論文，無慮百篇，固裨于張元濟之研究。本論文採文獻分析法，必以原始資料爲尚。述家世生平則以年爲綱，以事爲緯，依序排比；言交游則以《書札》、《詩文》、《尺牘》爲據，依結識先後，或爲議論時政，或爲商量舊學，析爲各人交往情形。至論其教育事業，視汪家熔先生英才教育之說，更申說先生早期意在內政外交與實業人才之培育；俟進入商務印書館，與夏瑞芳約以教育相扶持，則已轉爲提倡普及國民教育之思想矣。並依據先生歷任編校教科書、編纂辭書、校印古籍、經辦期刊及提倡譯書五端，以述其融合中西文化、提昇國民智識之出版事業方針。又倡言設立圖書館，俾民眾有書可讀，亦開啓民智之一助。浸有藏書樓毀壞，慮故籍散亡，遂藉圖書館之設立，亟謀文獻之保存，此又先生推行圖書事業之重要動力也。以上陳述，無論創見或申說，悉從所見文獻資料鉤稽所得也。爲釐清《叢刊》之出版經過，皆以原書爲準，參閱各期出版之書目、書錄、預約辦法及出版廣告等，詳述選目、借書、出版之大較，且明列是編選刊之標準與抽換增補之情形，綜覈比對，以示各版選目內容與版本異同，並就先生與傅增湘往來論書尺牘，及當時學者所撰有關是編之校記題跋，經借之原藏家目錄解題等，校讀考徵，以論先生輯印《叢刊》之目錄、版本、校勘學及其價值。經此歸納，例證之過程，俾有助于瞭解《叢刊》編輯之善也。

伍、其　他

一、《徐乾學及其藏書刻書》

作者：陳惠美
1990 年東海大學中國文學研究所碩士論文
潘美月教授指導

徐乾學乃清初著名之藏書家，而其刻《通志堂經解》，對於清代之學術與叢書刊刻均有深刻影響，本論文意在表彰徐氏藏書刻書之功，而第五、六章即以徐氏刻《通志堂經解》的種種問題，爲研究之焦點，略述於後：

第五章「《通志堂經解》之刊刻與流傳」，第一節「徐乾學刊刻《通志堂經解》的因素」，據徐氏《憺園文集》及清初諸書記載，辨明《通志堂經解》原乃徐氏深懼宋元諸儒之經解淪佚不傳，因薈萃唐宋以來經學著作凡 144 種，輯刻以表彰前儒，初僅名之「宋元經解」；其後版歸納蘭性德，由納蘭性德撰寫諸書序跋，徐氏撰總序，以《通志堂經解》之名行世。第二節「《通志堂經解》的刊刻經過」，考知此叢書自康熙十二年經始，十九年初刊行世，其始當以黃虞稷、周在浚編纂之《徵刻唐宋祕本書目》爲裒集蒐訪的基礎而加以擴充。而朱彝尊從刊刻經解的鼓吹，蒐訪、提供經籍，甚至爲撰寫序跋，關係頗爲密切，至於參與校勘者則知有顧湄、何焯、張雲章、黃虞稷等人。其次，詳計《通志堂經解》實際收書共 144 種，卻由於附載之書列入計數與否，因此有各種不同的載錄。而後並考知六十九種的版本來源，其中以汲古閣藏書有二十六種最多，次則李中麓藏本、天一閣藏本、錢遵王藏本、朱彝尊藏本。其次，討論乾隆五十年補刊、同治年間重刊的經過，並比對三種刊本之異同，知其版式、字體誠有不同，然於內容上，初刊本校勘的錯誤、書頁的闕漏，則未加改善，因此，後兩種刊本的意義乃在使《通志堂經解》將絕而後續。第三節「《通志堂經解》的流傳」，此節據各目錄、筆記、雜記等載錄狀況，探討此編在有清一代的流傳概況。可考知康熙十五年以前隨刻隨印，版心無「通志堂」的初印本，有極少數曾傳世；康熙十九年初刊本則至清中期，完整全編已難得；至於乾隆五十年補刊本亦少見載錄；相較之下，同治十二年粵東書局重刊本，則流傳較廣。其次，考索《通志堂經解》中外現藏概況，並製二表，佐以說明台灣地區公藏概況，及亞洲地區的收藏情形。

第六章「《通志堂經解》的評價及其影響」，第一節就刻書以存書論《通志堂經解》，首先考察此編之分爲十類，大抵同於徐氏《傳是樓書目》經部的

分類類名與次序，並說明此編所輯刻之書雖偏向朱子一派，誠屬門戶之見，然實能反映當時之學術趨向。而後探究此編所輯刻之宋元諸儒經解，頗收罕見祕籍，由其刊刻行世，其後諸多叢書頗據之繕錄、刊版。今所知者，《四庫全書薈要》經部據此編繕錄者有九十九種，比例達百分之六十五，其中更有四十八種僅據此編繕錄，而未有其他版本供校對。再者，《四庫全書總目》亦多據此編所輯刻之書，作為比對傳本卷數、作者、書名等之資據。第二節就校書以存書論《通志堂經解》，此節分三點探究此編的缺失。首先，探討此編收入之書，或非經解之書而採入者，或其著書要旨顯非為說經，亦未加辨明而刊入者，可謂於輯刻諸書之著作原委和內容精陋，皆未遑詳考，因遺後人「選汰不精」的批評。其次，從其編刻過程所呈現者，往往有鈔本、校本同存，卻終究未加校勘而僅從鈔本付刊者。此外，刻書期間知原據書有誤處、闕漏處，另得舊本，亦未據以改正、補全者，種種現象論證編刊刻者心態之粗率。而最重要者乃此編校勘之鹵疏，其一則未廣蒐異本，校對異同，以致有書之誤合、誤分，依託之作信以為真，或誤繫作者等闕失；其二，則因主持校勘之顧湄，頗有擅改或擅補原書的陋習，以致清人多譏此編校、改之謬。第三節《通志堂經解》對後世的影響，亦就三點見此編對後世的影響。其一，論徐乾學刻《通志堂經解》於清初刊刻叢書觀念的改變具示範作用，亦為清代叢書刊刻「輯刻專著」開一先例。再者，探索清代諸多經解之書傳刻與此編的關聯。考知方苞曾以二十餘年，投注心力以刪定《通志堂經解》，乃欲粹取精要，以廣其傳，以為後學取資。此外，張金吾擬刻《詁經堂經解》、錢儀吉刻《經苑》乃為補《通志堂經解》之不足而刻，可謂皆受《通志堂經解》的影響。其後，核對諸種清代所刻叢書，證知除前述《四庫全書薈要》、《四庫全書》以此編輯錄之書為繕錄底本，另如吳省蘭刻《藝海珠塵》、胡鳳丹輯《金華叢書》、胡宗楙刻《續金華叢書》等，亦頗引用《通志堂經解》本為據，甚且諸書又輾轉經由他刻引用，使前賢著作能傳世不絕，實當歸功首先輯刊之《通志堂經解》。

二、《阮元輯書刻書考》

作者：黃慶雄

1995 年東海大學中國文學研究所碩士論文

潘美月教授指導

本論文以清代學者阮元的文獻整理工作為主題，根據阮元所編輯刊刻之

圖書，考查其編輯刊刻之緣起及經過，並評斷其優劣、價值和影響，藉以探討阮元在圖書文獻學上的貢獻。其中《十三經注疏》及《皇清經解》這兩部叢書的輯刻，對於清代及後世經學之研究與發展，有極大的影響及貢獻，本論文分別於第三章、第四章加以敘述。

　　第三章《十三經注疏》之校刻，乾嘉年間，汲古閣本《十三經注疏》是流傳最廣的經書版本，但由於版刻不精，訛謬脫誤，隨處可見，學者以此習讀經書，對經學之發展有不良的影響，因此，阮元便有意重新刊刻《十三經注疏》。

　　阮氏校勘《十三經注疏》，其實早在乾隆五十六年進士及第後，就奉派為「石經校勘官」，與邵晉涵、汪廷珍、沈初等人一同校勘石經，阮氏負責《儀禮》之部，他曾遍覽宮廷館閣所藏秘笈善本，加以比勘。另一方面，稍早的經學大家盧文弨，約自乾隆四十五年起，陸續校勘《十三經注疏》，可惜盧氏於乾隆六十年辭世，未及完成。而後阮元擔任浙江學政，輾轉獲得盧氏的校勘手稿，便以此手稿為本，重新校勘《十三經注疏》。嘉慶六年，阮元擔任浙江巡撫，於是延聘精通經學之士，在杭州開館總輯《十三經注疏校勘記》，當時參與校勘者包括段玉裁、顧廣圻、臧庸等學者，歷經五年，於嘉慶十一年六月完成《十三經注疏校勘記》。校勘期間，曾發生眾人對於注疏合刻始於何時，爭論不休，甚至造成段玉裁與顧廣圻兩人交惡。其後段玉裁退出校勘行列，僅於校勘記完成前，協助定稿，所以《十三經注疏校勘記》完成後，參與者並未提及段玉裁。

　　《十三經注疏校勘記》最初名為《十三經注疏考證》，遍引各種版本校勘，僅《儀禮》一書，便參考了十種版本、十二種經學家校本，可見校勘之精密嚴謹。然而，十三經分屬眾人校勘，彼此有許多看法分歧，加上後期分散在各地校勘，而阮元值父喪期間，無心問事，致使書中若干內容相互扞格，是本書較為可惜之處。嘉慶二十年，阮元任江西巡撫，以他所收藏的宋十行本十一經及黃丕烈所藏的單疏本儀禮、爾雅二經為依據，由胡稷、盧宣旬等人協助，重刻《宋本十三經注疏》，並將《校勘記》附錄其後，於隔年八月完成。

　　本書刻成後，版留南昌府學，稱為南昌府學刊本，道光六年，南昌府學由教授朱華臨主事，又有所校正，稱為重校本。其後有同治十年的廣東書局刊本及長沙尊經閣刊本；同治十二年的江西書局刊本；光緒十三年的上海脈

望仙館石印本；光緒十八年的湖南寶慶務本書局刊本；光緒二十三年的上海點石齋石印本；民國後則有掃葉山房、錦章圖書局、世界書局等石印本。

本刊本問世，雖然有學者批評其中有內容乖誤或版本不盡完善，但瑕不掩瑜，其後的學者大都給予極高的評價。而當時有志儒學者，亦視為不可或缺之書，至今無可取代者。

第四章《皇清經解》之輯刻，阮元所輯刻的《皇清經解》，是將清初到嘉慶年間的經學家的經學著述，整理校勘，並匯輯成書，除展現乾嘉學者的經學成就外，對清初經學文獻的保存，有極大的貢獻。阮元曾於嘉慶四年編輯《經籍纂詁》，將經、史、子、集諸經的訓詁釋文分類編排，成為研究經書典籍的重要工具書。嘉慶八年時，為補《經籍纂詁》之不足，曾命弟子陳壽祺彙集各家解經之說，條繫於諸經章句之下，纂集而成《經郛》一書，此書被視為《皇清經解》的先聲。《皇清經解》原打算延續《經郛》之體例，以集注方式，彙集為解經之書。後因故改變體例，以叢書形式刊行。道光四年，阮元在廣東闢建學海堂，選取經史實學之賢才，成為學術之重鎮。道光五年，阮元自訂《皇清經解》之凡例，延請嚴杰編輯，並以學海堂諸師生協助校刻。書於道光九年刻成，歷時四年。《皇清經解》是仿效《通志堂經解》的體例，並承續《四庫全書》的精神，將乾嘉年間經學家七十四人的著作 185 種彙輯刊行。此書在當時流傳甚廣，對清代經學之發展，有舉足輕重的影響。乾嘉時期經學著作浩如煙海，而書籍的流通又極為有限，此書將之整理校勘，匯輯成冊，不僅有助於經學傳播，對經學文獻的保存亦頗有貢獻。

《皇清經解》編輯時，清代經學家有漢、宋之爭，而阮元傾向漢學的立場，致使在選錄經學著作時，許多闡揚宋學義理的著作如姚鼐的《九經說》、胡渭的《易圖明辨》等，皆未選錄，不免限於門戶之見，因而招致批評。其他如收錄的著述不完備、體例排序不當，都是缺失。其次，本書在廣東編輯刊刻，不易延請到經學通儒為之主事，僅以廣東學海堂師生為主，因此在審題、抄錄、校讎等，都不盡完善。然就如張之洞所言：「經學必先求諸《學海堂經解》；小學必先求諸《段注說文》；史學必先求諸《三史》；總計一切學術必先求諸《四庫全書提要》」《皇清經解》在經學史上的地位是不容否認的。此書使得乾嘉時期這些浩繁的經學著述，得以被完整保存下來，實是清代學術史上一椿盛舉。

其後，光緒年間王先謙承續此書體例，蒐集乾嘉以後的經學著述，輯刻

《皇清經解續編》，共一千四百三十卷，收書 209 種。其他如陶治元的《敬修堂皇清經解編目》、蔡啓盛的《皇清經解檢目》、尤瑩的《皇清經解續編》等皆是承續《皇清經解》而作，足見本書影響之大。

　　《皇清經解》現存的版本，有道光九年廣東學海堂刊本、咸豐十一年補刊本、光緒十一年上海點石齋石印本、光緒十三年上海書局石印巾箱本及光緒十七年鴻寶齋石印本。

（本文原載《海峽兩岸古典文獻學學術研討會論文集》，上海古籍出版社，2002年 12 月）

國立臺灣大學圖書館所藏古籍的整理*

一、前 言

國立臺灣大學圖書館前身爲日據時期臺北帝國大學附屬圖書館，創設於民國 17 年 3 月。迨至民國 34 年 10 年臺灣光復，11 月我政府接收臺北帝國大學後，其附屬圖書館遂改隸並更名爲國立臺灣大學附屬圖書館，同年 12 月 15 日代理接收委員吳副教授守禮與前臺北帝國大學圖書館司書官星野弘四先生奉令接收臺北帝國大學圖書資料成爲基本館藏，至民國 38 年 12 月本館再更爲今名──國立臺灣大學圖書館。

本館庋藏豐富之中日西文古籍，本文僅敘述館藏中文古籍之整理。本館所藏中文古籍（以下稱古籍）計九千七百餘部，十三萬八千餘冊，除本館成立以來經年累月採購所得外，其餘得諸捐贈或交換。對於這批珍貴的古籍，從分類編目、整理維護，到檢索系統的建立，本校教授及圖書館負責人員都盡了不少的心力。爲了解本館豐富之古籍庋藏概況，本文就古籍來源、整理、維護、館藏特色及未來的展望等方面略述於后：

二、本館古籍庋藏之概況

（一）館藏古籍之來源

1.臺北帝國大學時期

臺北帝國大學時期，在教學方面實施講座制度，爲配合教學研究之需，各講座皆採購相關之圖書資料，存放於研究室或圖書室。本館館藏古籍之來源除總圖採購共通性研究所需之古籍外，文政學部之哲學、史學、文學、政

---

* 與夏麗月合撰。

學科所設之講座，亦皆採購與自身講座教學研究相關之古籍，因此該學部之研究室或圖書室古籍藏量為數甚多。其中大宗採購學術價值匪淺之私人文庫藏書更使本館古籍之庋藏饒具特色與參考性。在此，僅簡略介紹幾個較具特色之文庫：

（1）烏石山房文庫

原藏者為清末福州烏石山房主人龔易圖，字藹人，祖籍福建閩縣，祖居福州，咸豐九年（1859）進士，曾任山東濟南府知府、廣東布政使，龔氏文學方面造詣頗高，詩才近袁枚，詞似辛棄疾。其藏書購自海甯陳氏遺書，益以歷年所積，其子孫售予本校之藏書全部計 2,099 部，34,803 冊，包括中國經、史、子、集各方面書籍，內容廣泛，有不少明版善本，臺北帝大成立第二年（1929）以約一萬六千八百元美金購入。入館後採分藏方式，文學部文學、歷史、哲學科各講座教師自該文庫中挑選與自身講座相關之書籍存放於各講座研究室，此外可共通性使用之書籍則存放於一般研究室，餘者 11,480 冊留存於總圖成為特藏文庫之一。臺灣光復後，文學、歷史、哲學科研究室分別改稱為中文、歷史、哲學系圖書室。民國 60 年文學院集中系圖書室、研究室之圖書成立文學院聯合圖書室（簡稱文聯），這批分散於文學院中各室之烏石山房文庫藏書遂因此集中文聯（今名為文學院圖書分館，簡稱文圖）；民國 57 年總圖的烏石山房文庫藏書移存研究圖書館（簡稱研圖，後更名圖書館特藏組），近年來文圖的烏石山房文庫藏書亦陸續移存特藏組，至民國 82 年該文庫藏書已全部移轉。

（2）久保文庫

原藏者為臺北帝大中國文學教授久保得二博士，號天隨，以號行，該文庫全部計 894 部，7,427 冊，多為中國文學方面古籍，尤多戲曲善本，如《溫柔鄉》、《解金貂》等海內孤本。每冊藏書皆加蓋藏書印，印式多樣且刻工精美。久保教授歿後，該文庫於 1934 年為本校收購，存於總圖亦成為特藏文庫之一，於民國 57 年移存研究圖書館，與同時移存之烏石山房文庫藏書成為研圖所藏古籍之兩大來源。民國 78 年 11 月久保天隨博士之孫久保幸夫先生，特來參閱其祖父之珍藏，誌念良深。

（3）桃木文庫

原為日本神戶桃木武平氏設立之桃木書院藏書，藏書全部計 561 部，4,848 冊，以日本古典書籍之古鈔本與古刊本為主，但有不少和刻本漢籍及少

數清人刊本。其中有五種《日本書紀》之古鈔本，尤為珍貴。日本國學院大學日本文化研究所學者及多位日本文學研究學者曾蒞本館長期研究本文庫，其價值之高不言而喻。民國 57 年本館將文庫中較為珍貴圖書先行移存研究圖書館日文善本室，迄至民國 71 年始全部移轉。

（4）石原文庫

原藏者為石原幸（西涯），又名三癡老人，書房名聽鶯山房，其藏書全部計二百三十餘部，一千餘冊，以近代中日印譜、篆刻、書畫譜帖為大宗，其中亦含其本人之篆刻作品。該文庫原存於士林芝山巖臺北帝大預科，臺灣光復，臺大接收臺北帝大預科後，改為先修班，不久先修班廢止，預科遺留之藏書移存總圖併入本館館藏。本文庫由於資料內容特殊，於民國 84 年移存特藏組珍藏。

2. 國立臺灣大學成立之後

民國 34 年 11 月政府接收臺北帝國大學，改組易名為國立臺灣大學，圖書館亦隨之改隸，館長由理學院于景讓教授擔任，至民國 36 年 10 月辭職。于館長於任職期間，為充實本館中文古籍，曾至上海大量採購。此外，文學院中文、歷史、哲學等系為支援本校師生教學研究之需，亦隨時採購相關中文古籍。

民國 38 年 1 月，傅孟真先生出長臺大，為鞏固本校的學術基礎，決意整頓與擴充圖書館，並盡量蒐購中文古籍。民國 38 年 7 月蘇薌雨教授接掌圖書館後，即配合校方政策，亦盡力蒐購大陸蒞臺人士帶來之線裝古籍，就資料所載，民國 38、9 年本館即購藏三千五百餘冊中文古籍。購進者有《四部叢刊》、《四部備要》、《叢書集成》、《古今圖書集成》、《百衲本二十四史》等基本治學要籍與高凌霨藏書。高氏藏書計一百五十餘部，二千餘冊，其中八十部列為善本書，本館館藏中文古籍中最早版本之二部善本：南宋末年刊小字本之《西山先生真文忠公文章正宗》、元皇慶元年建安余氏勤有堂刊元末葉氏廣勤堂印本之《集千家註分類杜工部詩》，即來自高氏藏書，此外，今日市面上翻印之《全唐文》，即是以此藏者為底本，由是可見高氏藏書價值之高。於民國 57 年高氏藏書全部移存研究圖書館。

本館館藏除上述之臺北帝大遺留、臺大成立以來蒐集採購外，更不乏愛書雅士將其畢生珍藏之中文古籍親自或由其家屬慨然捐贈本館，本館除盡力維護此寶貴之文化資產外，更需盡速將書目資料建檔上線，提供更多讀者查

詢參考，以不負這些文士所託。以下僅略述私人捐贈中數量較多者，以了解這些捐贈古籍之內容梗概：

（1）俞大維贈書

前國防部長、已故總統府資政俞大維先生，一生愛讀書、愛買書，先生希望他的藏書嘉惠本地莘莘學子，孕育出傑出人才，特選定本校作爲永遠藏書之場所，遂於民國 50 年透過當時本校中文系毛子水教授捐贈本館中外文圖書二千八百餘冊，分置總圖及相關系圖，以後陸續贈書，至民國 66 年共贈書達七千餘冊，本校爲感念其厚愛，於該年將其所有贈書集中於研究圖書館專室，成立「俞大維文庫」。民國 82 年俞先生辭世，其家屬依其遺囑所示，將家中所藏（軍事類以外）圖書全部贈予本館，總計先生贈書共達八千餘冊，所涵蓋的類目非常廣泛，其中甚多西文數學、物理、哲學及文學名著，中文部分含八十八部五百餘冊古籍，已全部併入特藏組線裝書庫庋藏。

（2）陳薰南贈書

國學耆宿陳薰南先生，新竹縣人，自早年起，即先後由上海、北平、山東、廣東等地購入圖書近萬冊，陳氏不僅是古籍的衛護者，更是古籍的捐贈者。以「書生捐書」的情懷，慨然於民國 71 年將其珍藏七百餘冊之明清版線裝書贈送本館，由當時陳興夏館長代表接受，存置特藏組。此批贈書受贈前曾經過故宮博物院文獻處之鑑別，證明具有典藏的價值，其中如明萬曆二十二年刊本《瓊琯白先生集》、清康熙五十年刊本《白沙子全集》等爲數不少之罕本，尤以《瓊琯白先生集》一書國內未見此版本，由是而知該批贈書甚爲珍貴。

（3）張歐坤贈書

臺北市人張歐坤先生（1909～1983），日據時期赴大陸廈門完成中學教育後，轉上海就讀復旦大學經濟系，畢業回臺後從商。抗戰期間再赴大陸廣州定居，組「廣州臺灣同鄉會」，民國 35 年先生引導三萬餘名臺胞回臺定居。先生不幸於四十餘歲時中風不起，呈退休狀態，民國 72 年病逝。其公子張守易先生於民國 76 年 5 月將先生珍藏之中文線裝書及日文書等約七千冊慨贈本館。該批圖書含新舊兩種，價值甚高。其中中文線裝書庋藏特藏組。

（4）毛子水贈書

臺灣大學文學院中文系已故教授毛子水，爲知名學者，其收藏於民國 78 年 7 月捐贈本館，多數爲中國文學類書籍，其中約三百冊古籍存入特藏組。

此外，嚴故總統家淦先生於 83 年 8 月贈書 8 部 53 冊，臺大已故文學院長臺靜農教授、臺大已故考古系系主任李濟教授等人亦由家屬贈送本館不少中文古籍。本館古籍館藏之來源除採購及捐贈外，交換所得亦為來源之一，如民國 76 年臺南市立圖書館以明初刊本及清刊本線裝書 137 冊，與本館交換西文科技圖書一例即是。

（二）本館所藏古籍相關統計分析

本館古籍主要庋藏單位為總圖、文圖及特藏組（原研究圖書館）。民國 57 年研究圖書館成立時，特接收總圖所藏之部分烏石山房文庫、久保文庫、高凌霨藏書等古籍，成為研圖之重要館藏，計收善本書 4,083 冊，普通本線裝書約 18,000 餘冊，總圖僅存零星採購之普通本線裝書。民國 60 年文學院集中該院中文、外文、歷史及哲學系圖書室之藏書成立文學院聯合圖書室，其中含大量古籍，即為現今文圖所藏古籍之主要來源。研圖除接收總圖部分古籍外，另自中文系移藏古籍善本 2,000 餘冊，又接收法圖所藏古籍 7,963 冊，此後亦間續採購或受贈。迨至民國 70 年圖書館改組，研究圖書館更名為特藏組，逐步集中管理全校古籍為該組政策，如民國 80 至 81 年間該組自文圖接收烏石山房文庫藏書及清乾隆以前刊本，自總圖接收清刊本，但因該組庋藏古籍之空間已達飽和，現階段無法繼續執行集中全校古籍政策，計劃於新總圖書館落成後始全部集中於新館五樓。

本館古籍多依經、史、子、集、叢書五大類別順序排架，善本書、海內孤本及罕本之古籍全部集中特藏組，文圖庋藏清中葉以後刊本，民國後刊本則三個單位皆有收藏。依特藏組文獻股高秀清股長根據此三個單位所藏古籍數據加以統計分析，列出國立臺灣大學圖書館所藏古籍類別統計表、國立臺灣大學圖書館所藏善本書版本分析統計表、國立臺灣大學圖書館所藏善本書類別統計表，及國立臺灣大學圖書館庋藏古籍單位一覽表四表，列表如后：

表一：國立臺灣大學圖書館所藏古籍類別統計表

類別 \ 單位		總　圖		文　圖		特藏組		總　計	
		部　數	冊　數	部　數	冊　數	部　數	冊　數	部　數	冊　數
經　部	善　本					77	850	77	850
	普通本	385	15,690	291	4,046	544	4,405	1,220	24,141
	小　計	385	15,690	291	4,046	621	5,255	1,297	24,991

史部	善　本					110	2,545	110	2,545
	普通本	243	4,014	385	4,873	1,068	21,617	1,696	30,504
	小　計	243	4,014	385	4,873	1,178	24,162	1,806	33,049
子部	善　本					143	2,326	143	2,326
	普通本	138	745	190	1,909	840	11,197	1,168	13,851
	小　計	138	745	190	1,909	983	13,523	1,311	16,177
集部	善　本					260	3,258	260	3,258
	普通本	318	1,620	326	2,678	2,015	14,262	2,659	18,560
	小　計	318	1,620	326	2,678	2,275	17,520	2,919	21,818
叢書部	善　本					25	942	25	942
	普通本			1,742	12,740	637	28,949	2,379	41,689
	小　計			1,742	12,740	662	29,891	2,404	42,631
總計	善　本					615	9,921	615	9,921
	普通本	1,084	22,069	2,934	26,246	5,104	80,430	9,122	128,745
	合　計	1,084	22,069	2,934	26,246	5,719	90,351	9,737	138,666

表二：國立臺灣大學圖書館所藏善本書版本分析統計表

版本	刻　本		鈔　本		套印本		活字本		稿　本		寫　本		合　計	
宋代	部	1	部		部		部		部		部		部	1
	冊	6	冊		冊		冊		冊		冊		冊	6
元代	部	1	部		部		部		部		部		部	1
	冊	17	冊		冊		冊		冊		冊		冊	17
明代	部	441	部	8	部	14	部	1	部		部		部	464
	冊	7994	冊	9	冊	126	冊	6	冊		冊		冊	8137
清代	部	23	部	10	部	2	部		部	1	部	1	部	37
	冊	411	冊	88	冊	90	冊		冊	1	冊	2	冊	592
日本（和）	部	66	部	9	部		部		部		部		部	75
	冊	711	冊	32	冊		冊		冊		冊		冊	743
朝鮮高麗韓國	部	4	部	1	部		部	1	部		部		部	6
	冊	9	冊	8	冊		冊	1	冊		冊		冊	18
不詳	部		部	29	部		部		部	1	部	1	部	31
	冊		冊	406	冊		冊		冊	1	冊	1	冊	408

總計	部	536	部	57	部	16	部	2	部	2	部	2	部	615
	冊	9150	冊	543	冊	216	冊	7	冊	2	冊	3	冊	9921

表三：國立臺灣大學圖書館所藏善本書類別統計表

經 部			史 部			子 部			集 部			叢 書 部		
類	部	冊	類	部	冊	類	部	冊	類	部	冊	類	部	冊
易	9	57	紀傳	25	516	儒家	15	133	楚辭	5	11	彙編	19	759
書	9	67	編年	18	478	兵家	7	174	別集	163	1706	方域	1	16
詩	10	60	記事	4	42	法家	1	6	總集	48	1076	自著	5	167
禮	9	54	雜史	7	56	農家	1	10	詩評	7	54			
春秋	14	61	傳記	15	190	醫家	3	20	詞曲	37	411			
四書	10	72	史鈔	1	17	術數	3	48						
小學	13	97	外史	2	253	藝術	1	2						
彙編	3	382	地理	15	137	譜錄	1	4						
			政書	19	825	雜家	26	293						
			目錄	1	10	類書	23	1194						
			史評	3	21	小說	24	268						
						釋家	5	51						
						道家	30	101						
						彙編	3	22						
合計	77	850	合計	110	2545	合計	143	2326	合計	260	3258	合計	25	942
總計						615 部　9,921 冊								

表四：國立臺灣大學圖書館庋藏古籍單位一覽表

單 位	館藏地點	館 藏 內 容
總 圖	書庫一樓	民國後刊本
文 圖	中文書庫上層	清中葉以後刊本及民國後刊本
特藏組	研究圖書館三樓	烏石山房文庫、久保文庫、桃木文庫、石原文庫、高凌霨藏書，陳薰南贈書、毛子水贈書、俞大維贈書、張歐坤贈書等私人贈書及其他清刊本或民國後刊本

三、館藏古籍之整理與維護

（一）館藏古籍之整理

臺灣光復前數年，由於太平洋戰爭之緣故，影響當時本館圖書資料之整理與維護，或因部分圖書向鄉下疏散貯放過程中散逸，甚或遭受轟炸損毀等因素，本校於臺灣光復接收臺北帝國大學藏書時，圖書已有三、四年未妥善整理與維護，因此蛀蟲在書頁裏繁殖，當時若干線裝古籍已出現「蠹食」形的空洞，甚至有的是有書無卡，有的是有卡無書，本館為便於整理全校各館室圖書，於民國 37 年特訂定整理辦法，內容如后：

1. 由分館或圖書室將原有圖書與書卡對照：
　　(1) 有書卡而無圖書者，應特別將書卡剔出，並另行保存，以便日後清查。
　　(2) 有圖書而無書卡者，應補製書卡。
2. 卡片與圖書一致後，再根據書卡編抄目錄，其格式如下：
　　(1) 書名　(2) 冊數　(3) 著者　(4) 出版者
3. 防蛀方法
　　(1) 購 D.D.T.及樟腦粉遍灑圖書各部。
　　(2) 極貴重之書籍送至本館殺蟲。
　　(3) 線裝之書籍晴天須曝曬日光下，陰雨時期密閉書櫥內免受空氣潮濕。
4. 各分館一面編卡造目錄，一面照原來辦法將圖書照常借出以供閱覽。

本館接收臺北帝國大學圖書館時，圖書共五十餘萬冊，古籍近十萬冊，大小圖書館室總共有五六十處之多。由於人力財力不足的關係，館務極難推展，若用科學方法整理，需要六十人和六年的時間，但是當時本館的職員僅二十五人，典藏工作人員僅四人，對各院系圖書室之徹底整理、督導撲滅白蟻等維護工作之困難可想而知。傅斯年校長接任後，鑑於圖書典藏管理之重要，為設計推展館務特成立圖書委員會，該委員會一直持續至今。

本館除整理接收之古籍外，並大量採購與本校師生教學研究相關之古籍或一般圖書，圖書量逐年遽增，人力持續不足，館藏之古籍數量龐大，負責古籍管理業務之館員，多數為兼管性質，因此古籍之整理工作雖然一直持續進行，但進度卻十分緩慢。民國 60 年間文學院合併四系系圖成立文聯，藏書

中含大量古籍，與總圖及研圖成為本館三個主要古籍庋藏單位，每一個單位
僅一名兼管館員負責古籍管理業務，加上古籍之維護較為困難，因此古籍管
理業務之推展遠較一般圖書緩慢，幸得本校歷任校長、館長，相關學科教授
之督導，及各庋藏單位主管與古籍管理負責人員的辛勞，始有現今之規模。

本館對於館藏古籍之整理方式，一般圖書資料入藏之流程無甚差異，簡
單概述如后：

1. 登 錄

古籍入藏後先經由採訪單位登錄各項書目資料於登錄簿，項目包含年月
日、登記號數、著者、書名、版次、出版地及出版者、出版年、裝訂、分類
及圖書記號、來源、價格、保管者、備考等。由登錄簿可以追溯古籍入藏之
時間、經費、來源等資料。

2. 分類編目

（1）分 類

本校前身臺北帝國大學時期，古籍中久保文庫藏書依文庫序號排列，烏
石山房文庫等藏書則仿四部分類法，分為經部、史部、子部、集部，另增叢
書部。臺北帝國大學後期至臺灣大學接收初期，入藏古籍之分類改採國際十
進分類法，民國 39 年以後改用中國圖書分類法。

（2）編 目

本館古籍編目方面，臺北帝大時期入藏之大宗文庫之古籍，依古籍入藏
時附贈之書本式目錄謄製書卡，臺灣光復後採用國立中央圖書館編印之《中
文圖書編目規則》，民國 72 年以後則採用中國圖書館學會編訂之《中國編目
規則》。館藏古籍目錄卡片之種類，總圖具分類卡、書名卡、著者卡，文圖只
有書名卡及著者卡，特藏組則有書名卡、著者卡及排架卡。

3. 書本目錄之編製

（1）《烏石山房簡明書目》（2 冊）

本目與烏石山房文庫藏書同時入藏本館，為光緒五年（1880）十二月雙
驂園主人龔易圖氏所編。該目遵照四庫全書提要分經、史、子、集四部，各
從其類，分立門目，首列書名及卷數，次列撰者爵里姓名，再次列版本。

（2）《久保文庫藏書目錄》

本目錄依據藏書目錄卡片鈔錄而成，依本文庫序號條列。

（3）《國立臺灣大學中文系藏書目錄初編》（12 冊）

本校中國文學系古籍在臺北帝國大學時期原分散於各研究室，臺灣大學接收以後始集中庋藏，重加分類。但向無總目，殊感不便。民國 47 年左右，當時擔任中國文學系系主任之臺靜農教授有感於編輯藏書目錄之重要，遂主持該目錄之編製事宜，系中吳守禮先生用力最勤，指導審核，屈萬里先生費時最多，於民國 50 年完成油印本目錄。本目錄略仿四庫總目體例編目，而借出之書，因未見原書無法編入，另當年內新購之書亦有不少未及入目。由於當時該系圖書室無專業編目人員，端賴助教及學生先從事初步整編工作，中經多人協助，但都為生手，因之歷經數載始完成此草目。當時擔任審核者亦非一人，僅能於課餘抽暇進行，故本目或有疏失錯誤，然欲了解本校早期中文系藏書之梗概內容時，本草目仍不失為必要之工具書。

（4）《國立臺灣大學善本書目》

本書目承中央研究院中美人文社會科學合作委員會資助編印，由當時圖書館閱覽組典藏股曹永和股長負責編製，民國 57 年出版，本目分類略同四庫，稍有更易，並另立叢書一部。本書目內所載線裝書，計 630 部，27,557 卷，9,503 冊，細分則經部 76 部、史部 122 部、子部 146 部、集部 266 部、叢書部 20 部。本書目收錄明鈔本、明刊本、清初精校本、罕本等，並包含為數不少之和刻本與數種朝鮮刊本。至民國 76 年，作者（案指夏麗月）時任本館特藏組文獻股長，特將本書目依據書名首字筆劃順序編就《國立臺灣大學善本書目索引》小冊，以便利讀者查檢本館中文善本書。

（5）《國立臺灣大學普通本線裝書目》

本書目亦承中央研究院中美人文社會科學合作委員會資助編印，由當時文學院圖書館學系教授兼研究圖書館主任周駿富教授負責編製，筆者協助查核已著錄於《國立臺灣大學中文系藏書目錄初編》中之古籍的書目資料，及排版後之校對工作，於民國 60 年出版。本書目僅收錄未借出之線裝書，收錄範圍涵蓋總圖、研圖、文聯所藏普通本線裝書。本目分類大體據四庫法分為經、史、子、集，增「叢書部」，類目則仿《江蘇省立國學圖書館圖書總目》例，略事增刪而變更之。計收經部約 680 部，史部約 1,240 部，子部約 720 部，集部約 1,940 例，叢書部約 780 部。

（6）《國立臺灣大學普通本線裝書目補編、索引》

至民國 67 年，由於《國立臺灣大學普通本線裝書目》未列入借出之線裝

書，爲免遺珠之憾，周駿富教授遂將陸續歸還之線裝書予以補入，並指導本校圖書館學系學生進行編製工作，作者（夏麗月）仍協助核對版本及校對工作。但因距離成冊數字尚遠，乃將正編、補編之書名、著者，編成〈書名人名綜合索引〉，附於補編之後，編印經費則由本館資助。

（7）《國立臺灣大學所藏桃木文庫目錄》

民國 61 年，日本東京女子大學日本文學教授鳥居フミ子博士（後兼任該大學圖書館館長）參觀訪問本館時，發現桃木文庫這批珍藏，愛不釋手，表示願意協助本館整編桃木文庫藏書，但由於其教職在身，無法即刻進行長期整編工作，延至民國 68 年左右，始向日本政府申請研究計劃，利用休假期間前來本館，與負責館員吳傳財先生合力進行整編桃木文庫的工作，截至民國 71 年（昭和 57 年）完成此目錄，登載於東京女子大學編印之《日本文學》五十八號，頁 45～74，以利讀者查詢。

4. 目前古籍之整理

本館主要古籍庋藏單位爲總圖、文圖及特藏組，特藏組爲逐步執行全校古籍集中管理政策，已陸續接收總圖清刊本、文圖所藏烏石山房文庫及其他清初刊本或海內孤本，現今總圖只藏民國後刊本，文圖藏清中葉以後刊本。在古籍整理方面，文學院於 83 年 7 月至 84 年 6 月間，進行教育部大學院校人文社會科學教育改進計劃，名爲：「改進中國文獻學之教學與研究」計劃，由文學院歷史系王德毅教授主持，原計劃就文圖線裝書部分，先編四部目錄，再彙編各書之序跋，加新式標點，以便查閱。其次分別撰寫各書提要，輸入電腦印成專冊。由於古籍文字多文言文，標點不易，耗力費時，目前只完成經史兩類 175 部線裝書之序跋斷句，出《國立臺灣大學文學院典藏線裝中國古籍總目及序跋彙編──經史篇》一書，提供讀者利用參考。文圖則執行古籍文獻整理及維護工作，如進行薰蒸殺蟲、購置函套，並配合採購除濕機、書架等相關設備。特藏組則自 84 年 3 月起承蒙該組第一任主任暨圖書館學系退休周駿富教授義務協助整編中文善本古籍，訂定六大工作項目：(1)重新查核鑑定中文善本書之類別及版本；(2)重新查核鑑定特藏組中文普通本線裝書之類別及版本；(3)整合總圖、文圖及特藏組之中文普通本線裝書；(4)編製出版中文善本圖書；(5)撰寫出版中文善本書志；(6)增補出版中文善本書及普通本線裝書目。目前已完成第一個項目，開始進行第二個項目。

5. 館藏古籍之檢索系統

（1）緣起與現況

為有效管理館藏中文古籍及方便讀者查詢利用，特藏組於民國 78 年即開始以「中文善本圖書系統」處理中文善本古籍，此系統是特藏組與本館系統資訊組研議後，商請本校資訊系學生以 DBASE 程式設計，提供新增、查詢及列印的功能。81 年修改系統，增加縮影註記及縮影母片號。82 年底，國立臺灣大學圖書館資訊處理系統（Taiwan University Library Information Processing System, TULIPS）啟用後，特藏組對中文善本書上線乙事，為免重複建檔，形成浪費，並使讀者能從單一系統中即可查得本校所有圖書資料，本館開始準備中文善本圖書的上線事宜，亦委請資訊所研究生撰寫轉檔程式，於 84 年 2 月，系統資訊組將特藏組「中文善本圖書系統」中已建檔的 615 筆中文善本書資料轉上本館 TULIPS 線上查詢系統。惟因轉檔記錄尚有部分欄位無法顯示正確書目資料，亟待人工逐筆更正並增建館藏記錄，特藏組已將此項工作列為目前優先業務。

（2）「中文善本圖書系統」與 TULIPS 之簡介

① 「中文善本圖書系統」

依據線裝書特性並為便管理館藏中文善本書，此系統以 DBASE III PLUS 軟體程式設計而成。書目建檔欄位包括：書名、作者、出版地、出版者、出版年、版本類型、叢書名、文庫、板框、高廣、行款、附註（印記、刻工）。另外，館藏註記與管理項目一併著錄，包括：類號、排架號、分類號、登錄號、資料狀況（說明資料目前的處理狀況，1＝微縮中，2＝殺蟲中，3＝修補中，4＝急待修補）、縮影代碼（說明微縮資料來源，0＝未拍，1＝自拍，2＝央圖拍，3＝其他）、縮影母片號（本館自行縮攝的母片編號）、特藏代碼（區別中文善本書、中文普通本線裝書、日文善本書、日文普通本線裝書）及館藏註記。在查詢檢索方面，可供檢索的項目包括：書名、作者、出版地、出版者、出版年、叢書名、文庫名、類號、分類號、排架號、登錄號、縮影代碼、母片號、版本代碼、資料狀況、及特藏代碼，可單一欄位檢索，亦可做複合式 AND 檢索，並提供列印清單、卡片式及書本式目錄的功能。系統採單機作業，讀者必須親至本館特藏組查詢。

② TULIPS 中文善本圖書處理現況

如前所述，目前本館線上查詢系統 TULIPS 中的 615 筆中文善本圖書資

料，是從「中文善本圖書系統」轉檔而成，由於原先 DBASE 檔中的書目並非完全依據中國機讀編目格式著錄，因此，本館正積極將轉檔書目資料加以修正，以符合中國機讀編目格式的標準。本館 TULIPS 線上公用目錄查詢系統採 INNOPAC 界面，讀者可從書名、作者、分類號、書名／作者、關鍵字、登錄號查詢中文善本圖書，並可做竄字及布林邏輯的檢索，亦可以語文、資料類型、作者關鍵字、書名關鍵字、標題關鍵字、出版者、館藏地、出版年縮小查詢範圍，檢索功能強過先前的「中文善本圖書系統」。

然 TULIPS 系統不是特別針對中文善本書設計的系統，如文庫名及版本類型（如刻本、鈔本、套印本、稿本……）等必須藉由關鍵字及標題的選項來檢索，查詢結果不夠精確，且提要部分未加以著錄等是檢索與著錄上的遺憾。本館曾考慮增購 INNOPAC 社區／校園資訊資料庫（Community ／ Campus Information Database）相關軟體與界面，以設計符合善本圖書資料特性的特藏善本資料庫，加掛於現有的圖書資訊系統之上，但幾經評估，仍決定將中文善本書等特藏資料整合於單一資料庫中，原因是：

A. 新建系統所需的種種前置作業與參數設定繁複，以目前圖書館有限的人力，應以加速修正資料庫中轉檔的中文善本書資料，並回溯建檔未上線之普通本線裝書資料為優先。

B. 將特藏珍善本線裝書整合於單一書目主檔中，讀者不必預先判定其所要查詢資料是否為珍善本資料，即可進行檢索，亦不需學習新的檢索方法與熟悉新的展示畫面，即能駕輕就熟使用早已熟知的 TULIPS 系統，節省檢索時間。

（二）館藏古籍之維護

由於古籍之書齡少者數十年，多者達數百年，其紙質甚為脆弱，為妥善保存此珍貴文化資料，維護工作之重要自不待言。現就本館古籍之維護工作僅簡略概述如后：

1.清潔與防塵

線裝書陳列於書架上，時日一久，加上使用者為數不多，書上難免吸附塵埃，影響書本壽命。本館早期未普遍使用空調設備，為線裝書之清潔與防塵，二、三年即由本館工友及工讀生合力進行清潔與防塵工作，其大致流程如後：(1)打開函套，將函套中之線裝書拿出，與函套分別放置。(2)先將函套豎立於工作桌上，雙手拿函套兩端在桌面上抖動數下，抖落灰塵或蟲卵。

(3)再用毛刷輕輕刷掉函套正反兩面遺留的灰塵或蟲卵。(4)刷好的函套另置一邊，再以同樣動作處理線裝書，惟線裝書須一葉一葉輕刷，尤其需要格外注意書頁夾縫中遺留的灰塵或蟲卵。(5)刷過的線裝書裝回函套。

若經過此刷書工作後，再送薰蒸殺蟲，防蟲效果較佳。如館藏數量龐大，此項工作所耗費之時間及人力極爲可觀。近年來，本館古籍庋藏空間已裝設空調設備，以利維護古籍之清潔與防塵。

2. 防熱與防潮

古籍之庋藏環境，經專家研究證明，溫度不可過高，適當的溫度爲華氏七十度，相對濕度保持在 50% 左右最理想。本館的古籍目前由於館舍的限制分散於總圖、文圖、特藏組三處，善本書的庋藏環境盡量力求合乎上述要求，以二十四小時空調、掛設防曬窗簾及放置除溼機、溫度計、濕度計來加以維護；但大量普通本線裝書之貯藏空間則尚無法達此要求，本校新圖書館將於明（86）年底落成啓用，總圖、文圖、特藏組三處之古籍將全部集中於新圖書館五樓特藏組的空間，置於二十四小時的空調環境以維護之。

3. 防盜與防災

特藏組館舍特裝設保全系統以防盜，尤對古籍庋藏空間加強安全維護，若於非上班時間有外人侵入時，保全系統則發生引爆，保全人員、校警人員及單位主管即迅速前往處理。中文善本室並安裝烟霧偵測器以防火災，若出現烟火，立即產生音響警示，以便立刻前往處理。

4. 函套與夾板

本館古籍購入時即有函套與夾板兩種外殼，多年來僅將嚴重破損不堪使用之函套汰舊換新，但又慮及儘量維持古籍原貌，因而尚能使用之函套與夾板則不予換新。

5. 影寫與繕謄

在臺北帝大時期文政學部日本史講座小葉田淳教授主持下，派人前往琉球以透明紙影寫中琉重要關係史料《歷代寶案》，攜回臺北帝大文政學部史學研究室典藏利用，亦以此法影寫其它珍貴手稿本。迨至臺大成立之初，本館對所藏珍本圖書中之稿本部分，爲免日後翻印時受損起見，徵求稿本圖書抄寫人員，特另行繕正，抄寫費千字百元，惟抄繕該項稿本，需相當時間，本館總務股特徵求本校清寒學生辦理。如歷史系圖書室所藏之影寫琉球本《歷代寶案》亦以十行紙繕謄一套留存利用，原影寫本列爲善本，轉存總圖特藏

室，民國 57 年移存研究圖書館善本室珍藏。

6. 修補與裱褙

本館接收臺北帝國大學附屬圖書館之古籍時，由於圖書館人員嚴重不足，以致對龐大數量之古籍疏於管理，蟲蝕情況甚為嚴重。之後本館僅一名專職修裱人員，修裱古籍的數量非常有限。數年前該專職修裱人員退休，修裱工作因而停頓下來。本館為妥善保存珍貴古籍，每年編列預算逐步進行古籍修裱工作。

本館在訓練及培育修裱人才方面，曾有幾項措施：

（1）本館於民國 70 年間，曾選派二名男性員工前往故宮博物院實地學習修裱技術，於館內修裱蟲蝕情況較為嚴重之線裝書，由於非專職人員，以致數年來僅裱褙二萬餘張，成效不彰。

（2）民國 73 年 11 月 18 日起至 12 月 8 日止，由中國圖書館學會主辦、本館及其他相關單位協辦之「古籍鑑定與維護研習會」，本館選派作者（夏麗月）及高秀清小姐參加為期三週之研習課程，本館文聯王民信主任及本文另一作者中文系潘美月教授，皆應聘為該研習會講師，王主任講授「晚清局刻本」、潘教授講授「明代官私刻書」及「清代私家刊書特色」。

（3）特藏組因館藏多種珍貴中文善本書及海內孤本線裝書，為求妥善保存與維護此類珍籍，使其延長使用年限，於民國 78 年 7、8 月，特聘請國立故宮博物院修裱專家林茂生先生來館，分七次講授古籍維護技術並實地操作示範，內容包括修裱材料之介紹、古籍修補技術、裝訂程序及製作函套等，並將研習課程攝製錄影帶以供隨時參考，期使負責特藏業務同仁得以學習此專門技藝，對本館古籍之維護有所助益。目前特藏組零星之修裱工作間或為之，以應亟需縮攝卻有蟲蝕之古籍。

（4）特藏組於民國 82 年再派高秀清小姐參加臺灣師範大學人文教育研究中心舉辦之中小學教師人文學科推廣進修班第十期，研習現代書畫裱褙技術課程，回館後指導全組同仁利用暑期修裱古文書及線裝書葉。

7. 薰蒸與防蟲

本館於臺灣光復接收臺北帝大附屬圖書館之古籍時，由於圖書館人員嚴

重不足，百廢待舉，對龐大數量之古籍疏於管理，尤其日文古籍因少人翻閱，蟲蝕情況較中文古籍嚴重，本館於民國 38 年暑假期間，僱用五十餘名工讀書，協助處理圖書殺蟲的工作，殺蟲的工作早期以噴灑 D.D.T.的方法處理，之後考量 D.D.T.嚴重影響讀者及管理人員的健康，廢止使用該方法殺蟲，而改以化學藥劑薰蒸法，如使用磷化氫、EKIBON（含 86% 溴化甲烷，14% 氧化乙烯），近年來因發現使用 EKIBON 會破壞臭氧層，環保署不鼓勵使用，本館薰蒸與防蟲已改用「幫家淨」（含 1% d-T80-Cyphenothrin〔除蟲菊精系〕及 99% 液化二氧化碳）。多年來本館於古籍維護上，採不定期移置總圖薰蒸室招商前來處理薰蒸工作，以期達到殺蟲及防蟲之效果。薰蒸後，對尤為珍貴之古籍再夾入天然樟腦製成之防蟲紙，再於書櫃中放置天然樟腦片及防蟲藥劑以防蟲維護古籍。

8. 縮攝與影印

本館曾核對《臺灣公藏善本書目書名索引》，編製僅本館收藏之善本書清冊。為維護珍善本古籍原件，本館乃挑選僅本館收藏之善本書及普通本線裝書優先縮攝，截至目前為止，善本書縮攝 173 種，普通本線裝書 19 種，而本館與中央圖書館藏本相同版本之善本，本館則採購中央圖書館攝製之微捲提供讀者使用，已購置 152 種。凡本館已製成或已購入之中文古籍微縮品，提供讀者閱讀或影印，對研究版本之讀者始應允調閱原書參考。由於僅本館收藏之善本書及普通本線裝書為數甚多，本館乃自 80 年起逐年編列預算進行縮攝工作。倘若讀者亟需本館尚未縮攝之善本古籍時，則商請讀者出資協助縮攝。

本館在影印方面，如民國 61 年本館鑒於所藏《歷代寶案》價值珍貴，特予影印刊行十五大冊，以廣流傳，藉供中外學人參考。另外歷年來亦有書商以互惠原則借本館古籍，如偉文出版社借印《何大復集》，天一出版社借印《新刻徽版音釋評林全像班超投筆記》、《偷甲記》，新文豐借印《至正集》，成文出版社借印《樹杞林志》，商務印書館借印部分《叢書集成初編》等，嘉惠讀者並利古籍流傳利用。

近日來因文圖一部分古籍為文學院師生治學所需，多人使用，文學院教師為兼顧使用方便與維護古籍起見，倡議將古籍影印裝訂，提供借閱，但此項建議尚需考量經費、人力、空間等多方面因素，擬予進一步評估。

以上數項措施是目前本館礙於空間、經費等限制僅能從事之古籍基本維

護工作，對於未來新館古籍庋藏之空間、設備及維護等方面規劃將盡量合於標準，以期達到眞正維護效果。

四、館藏古籍的特色

本校收藏的古籍，主要來自烏石、久保、桃木、石原四個文庫及高凌爵等藏書，由於原收藏者的興趣與研究領域不同，所以各文庫收藏的古籍也各有不同的特色。綜合這些不同的特色，使本校收藏的古籍顯得多樣化，與臺灣其他圖書館的收藏呈現不同的面貌。本文擬從學術研究的角度，綜合分析本校館藏古籍的特色，以提供海內外學者參考。茲依館藏古籍的版本及館藏古籍的內容兩方面加以探討。

（一）版本方面

本校收藏的善本古籍，宋元版甚少，僅有一部宋版，爲南宋眞德秀編《西山先生眞文忠公文章正宗》，係南宋末年刊小字本，存四卷六冊。一部元版，爲宋徐居仁編、黃鶴補注《集千家註分類杜工部詩》，係元皇慶元年建安余氏勤有堂刊元末葉氏廣勤堂印本，存十七卷十七冊。明版書有 441 部，雖大多數與其他各館收藏雷同，然亦不乏罕見之本。本校收藏的最大特色在清版書，其中最值得一提的是海內孤本相當多，原刊本亦不少，清初刊本雖然不多，然康熙、雍正以前的刊本數量不少，晚清的局刻本藏量最多。此外，中日鈔本雖然數量不多，卻不乏孤本秘笈；和刻本數量，與國內其他圖書館相比，亦不遜色，且多孤本。另有數種朝鮮刊本。今分述於後：

1. 明刊本

本校典藏的明刊本有 441 部，《國立臺灣大學善本書目》內所載書籍，約六百三十餘部，除一部宋版，一部元版，少數清代精刊本、鈔本及刻本外，大部分均爲明刊本。儘管本校收藏的明刊本，絕大多數與國內其他圖書館相同，如明正德間建安劉氏愼獨齋刊本宋呂祖謙節錄《東漢書詳節》及《南史詳節》，明永樂十四年刊本明楊士奇等奉敕撰《歷代名臣奏議》，明刊十行本宋朱熹編《二程先生書》，明末虞山毛氏汲古閣刊本明毛晉編《六十種曲》，以及明司禮監本、明萬曆間南京國子監刊本、明天啓間烏程閔氏、吳興凌氏的套印本，雖非孤本密笈，在善本書籍日漸稀少的今日，亦彌足珍貴。此外，本校收藏的明版書中亦不乏臺灣罕見之本，如明焦竑校刊本元吳澄撰《三禮考註》，明余良相刊本明彭濱編《重刻申閣老校正朱文公家禮正衡》，明崇禎

刊本明王世貞撰《通鑑箋註》，明崇禎十一年張采刊本宋朱熹撰明張采評《宋朱晦庵先生名臣言行錄》，明梅墅石渠閣刊本明李贄編《山中一夕話》（又名《開口一笑》），明嘉靖四年刊本明陳獻章撰林時嘉編湛若水解《白沙先生詩教解》，明天啓間刊本明湯顯祖撰《玉茗堂詩集》，明萬曆間刊本明費元祿撰《甲秀園集》及明郭正域撰《合併黃離草》，明萬曆三十四年刊本宋洪邁編《宋洪魏公進萬首唐人絕句》，明萬曆十二年刊本明楊一統編《唐十二家詩》，明天啓四年如皋李氏刊本明李之楨編《唐十家詩》，以上各書均不見有其他刊本或鈔本傳世，亦不見臺灣其他圖書館收藏。又如明嘉靖年間廣東刊本之《平粵錄、後平粵錄》爲明談愷撰，與中圖所藏明嘉靖三十六年刊本爲明汪佅等撰不同；明正德十九年刊本宋張伯端撰《玉清金筍寶籙》爲此書最早刊本，中圖所藏爲萬曆刊本；明弘治十八年刊本宋陳傅良撰《止齋先生文集》，爲此集最早刊本，中圖所藏明正德刊本與故宮藏文淵閣四庫全書本，均晚於此刻。又如明胡廣等撰《四書大全》，本校有明內府刊本及明得月齋刊本，亦與中圖明初建刊本、史語所明刊本、故宮清文淵閣四庫全書本不同。以上所舉，足見本校所藏明刊本亦有異於他館之處。

2. 清刊本

清刊本是本校收藏的古籍中數量最多，也是最有價值的。清刊本由於時代較晚，絕大部分被歸入普通本線裝書，一般是不被珍視的。清人治學嚴謹，往往捨空疏而求實在，其刊刻古籍亦率能訪求善本，精校慎刻，清刊本之價值豈可忽視？本校藏書主要供師生研究之用，從實用價值來看，清代刊刻的古籍，如果經過審慎的校勘，和宋元明版一樣具有研究的功用。何況不少明代後期的著作，只有清代刊本，而清代三百年間的著作更非求清刊本不可。基於上述種種原因，作者擬從學術研究的角度來探析本校館藏清刊本的一些特色。

（1）海內孤本

本校收藏的清刊本中，最具特色是很多海內孤本，光是清人文集就有五百餘種，在臺灣是罕見的孤本祕籍（詳後）。本校文學院圖書分館負責管理線裝書的林淑容小姐，多年來查對《臺灣公藏普通本線裝書目索引》，將臺灣的孤本挑出了一千七百餘種，於民國81年移存特藏組。如果再加上總館及特藏組原來收藏的部分，逐一查對，總數應在二、三千種之間。這些罕見的孤本，不僅具有版本的價值，最重要的乃是從事學術研究不可或缺的資料。而這些

罕見的孤本，不僅具有版本的價值，最重要的乃是從事學術研究不可或缺的
資料。而這些他處罕見的孤本，卻出現在經史子集各類書中，俯拾皆是，垂
手可得。雖然本校收藏的古籍善本無法與他館相比，但清刊本中的孤本卻是
本校館藏古籍中最值得珍視的部分。明代著述中只有清刊本傳世者，如清初
黃季迪等刊本明范王孫撰《詩志》，清乾隆二年上虞朱氏原刊本明王世貞編《歷
朝綱鑑會纂》，清康熙間吳郡寶翰樓刊本明羅本撰李卓吾評《李卓吾先生批評
三國志眞平》，清康熙三十年楊楡校刊本明張吉撰《古城文集》等，均爲臺灣
罕見之本。其餘清代刊刻之清人著述，不見他處收藏者比比皆是，不勝枚舉。
今列舉數種較著名者以見一斑，如清康熙二十九年天心閣刊本清孫宗彝撰《易
宗集註》，清嘉慶二年刊本清張惠言撰《周易審義》，清嘉慶間刊本清方苞撰
《詩義補正》，清嘉慶五年江都焦氏半九書塾刊本清焦循撰《群經宮室圖》，
清道光二十一年儀徵阮氏刊本清阮元撰《詩書古訓》，清光緒二十年番禺徐氏
桂林刊本清徐灝撰《說文解字注箋》，清道光七年獨抱廬刊本清張敦仁撰《通
鑑刊本識誤》，清光緒六年刊本清余寵、王熊彪撰《全台輿圖》等。其餘如戲
曲、類書、叢書之中亦頗多罕見之清刊本，將於下節討論，此不贅述。

　　（2）原刊本

　　古籍由於輾轉傳鈔或傳刻，難免產生許多的僞文誤字，甚或刪削原文，
致使許多寶貴的史料，被割裂而不全，因此對於從事研究工作的學者來講，
原刊本的價值當然遠超過重刊或重鈔本。本校收藏的清刊本中頗多原刊本，
其珍貴自不待言。而這些原刊本的最大來源是烏石山房文庫的收藏，根據文
庫主人龔易圖氏所編《烏石山房藏書簡明目錄》所著錄之原刊本，大約佔龔
氏藏書量的三分之一，此亦成爲本校藏書的特色之一。今舉數例以見一斑，
如清康熙間原刊本清胡瑤光等撰《春秋傳本》，清道光十五年山左丁氏家塾原
刊本清丁裕彥撰《洪範宗經》，清康熙四十六年南陵劉楷慕園原刊本清吳肅輯
《闡義》，清康熙三十三年閑道堂原刊本清梁顯祖撰《大呼集》，清嘉慶九年
壽潛居士原刊本清陳鏞撰《樗散軒叢談》，以上各書不僅爲清代之原刊本，更
是罕見之本。

　　（3）清初刊本

　　本校收藏的清初刊本，數量雖然不多，但大多爲罕見之本。如清初安溪
李氏家刊本清李光地撰《四書箚記》，清初內府刊本清怡親王（允祥）等編《（清
世宗）上諭內閣》，清初原刊本清尤侗撰《明史外國史》，清順治十年刊本清

黃鼎撰《天文大成管窺輯要》，清初刊本明方汝浩撰《彈真後史》，清順治間刊本清王鐸撰黃道周選《擬山園選集》，清初刊本清吳偉業撰《梅村集》，清初原刊本侯方域撰宋犖等選註《四憶堂詩集》，清初刊本清田雯撰《古歡堂集》，清順治間刊本清張栩撰《樵山堂寓草、尊聞篇、灰餘苦言》，清初刊本清徐倬編《雙溪唱和詩》及清魏畊、錢价人選《今詩粹》等。此外，清康熙、雍正年間刊本，本校收藏量甚多，其間亦不乏罕見之本，此不贅述。

（4）晚清局刻本

從清同治至光緒年間，各省設官書局刊印古籍，數量之多，遠超過前代。官書局的開設，都是由各省重臣慎重主持其事，例如曾國藩、曾國荃、李鴻章、馬新貽、張之洞、丁日昌等，皆同治中興名臣，且均為碩彥鴻儒，他們極重視中國的傳統文化，因此設局刊書，都聘請博學之士來從事校讎工作，並且能選擇善本為底本，因此局刻本校勘精審，嘉惠學林者甚多。本校收藏的清刊本中除叢書外，以局刻本的藏量最為豐富，雖然年代較近，並不減輕其提供學者從事學術研究的價值，因為藏量多，因此經史子集各類書籍，均有局刻本可供利用與參考。雖然本校收藏的局刻本絕大部分是一般常見的書籍，如《十三經注疏》、《二十四史》、《子書百家》、《二十二子全書》、《漢魏六朝百三名家》等。但仍然可以發現一些罕見之本，如清光緒間廣雅書局刊本清張惠言撰《易緯略義》，清光緒二年淮南書局刊本清郜坦撰《春秋或問》，清同治十二年金陵書局重刊本清曾國藩撰《曾文正公奏疏文鈔合刊》，清同治十年崇文書局刊本清馬徵麟撰《長江圖》，清光緒十九年浙江書局刊本清趙士麟撰《讀書堂綵衣全集》等。

3. 鈔　本

本校收藏的中日鈔本數量雖然不多，卻是極有學術研究的價值。如明藍格鈔本唐王士元撰宋何粲注《洞靈真經》、唐王松年撰《仙苑編珠》及金張邦直撰《七真仙傳》，日本鈔本《張天師符法》，鈔本元李光地撰《海客論》，玉函山房舊藏傳鈔道藏本元周固樸撰《大道論》，舊鈔本元劉道明撰《武當福地總真集、武當紀勝集》及學古齋鈔本明羅達卿註《古仙指南玉書賦》等道家類著述，均不見有其他刊本傳世，對於研究道藏的學者，這無疑是一批珍貴的資料。又如日本鈔本宋朱熹撰《詩集傳綱領》及日本慶安間鈔本《唐太宗李衛公問對諺解》等，均為罕見之本。又如清光緒鈔本法人晁西士加尼撰《遠印度探訪游覽記》及清不著編人《彙纂各國條約洋務成案事宜》，鈔本清陳善

撰《怡雲仙館藏書目錄第三編》，在臺灣亦不見有其他刊本或鈔本傳世。

　　而本校收藏的鈔本中最有價值的是兩部外國史。一為桃木文庫收藏的日本舍人親王撰《日本書紀》，最早的鈔本是日本嘉吉二年（1442）鈔本，存神代紀下一卷；其次是日本文龜三年（1503）鈔本，存神代紀下一卷；另有日本古鈔本三種，一本存卷一神代紀上一卷，二本存卷一至卷二神代紀；又有一部日本長慶九年（1604）鈔本，存卷一至卷二神代紀；又一部日本鈔本，存三十卷。此為研究日本史之學者不可不參考之珍貴史料。一為《歷代寶案》，此係琉球王朝歷代外交文書及其文稿之集成，共分三集二百餘冊。其文書之內容，自時代論，上始於中國明永樂二十二年（1424），下迄清同治六年（1867），歷時 443 年。往來之國家除中國外，有朝鮮、暹邏、安南、爪哇等國，而以有關中國者佔十分之九以上，此為中琉關係史研究之一大原始資料寶庫，對於琉球史、中國史或東南亞諸國間交通貿易史之研究，亦具有不可忽視之史料意義。是項外交文書，有兩種原鈔本及若干傳鈔本。原鈔本中一為首里王府本，另一為久米村天后宮本。前者曾於十九世紀末期日本兼併琉球後，移存日本內務省，後因 1923 年東京大地震而焚燬。後者於 1933 年移存那霸市沖繩縣立圖書館，據聞此本於第二次世界大戰期間，已被盟軍炸毀。故現存於世者僅有若干傳鈔本。本館庋藏之《歷代寶案》即係諸種傳鈔本之一，亦為當今此一資料傳鈔本中數量最多者。本校前身臺北帝國大學，有鑑於此一史料之重要，於 1936 年，即撥巨款開始傳鈔沖繩縣立圖書館之久米村天后宮本，歷時五年，共鈔二百四十九冊，現藏於特藏組。光復後臺大圖書，為善保此珍貴史料，復另做成一套新鈔本，現藏於文學院圖書分館。

4. 和刻本

　　本校收藏的古籍絕大部分是接收臺北帝國大學，因此和刻本的數量相當多，收入《善本書目》的有六十六部，收入《普通本線裝書目》的有一百多部，合計約兩百部。和刻本可以說是本校館藏古籍的另一特色，這些書籍大多來自桃木文庫及久保文庫的收藏。被列為善本的和刻本，大部分是臺灣其他圖書館沒有收藏的，而且亦無其他刊本或鈔本傳世。如日本延享三年（1746）刊本明閔光德撰《春秋左傳異名考、附春秋姓名辨異》，日本承應三年（1654）村上平樂寺重刊鵜信之訓點本明林希元撰《四書存疑》，日本寬文年間（1661～1672）刊本明戴銑編《朱子年譜外記》及宋陳淳撰《北溪先生字義詳講》，日本寬文九年（1669）刊本明汪廷訥輯《全一道人勸懲故事》，

日本寬永九年（1632）刊本印度馬鳴菩薩撰梁釋眞諦釋《大乘起信論》，日本寬永八年（1631）中野市右衛門刊本日本釋印融撰《三教指歸文筆解知鈔》，日本慶安三年（1650）刊本明王世貞編《有象列仙傳》，日本寬文三年（1663）村上勘兵衛刊本宋黃庭堅撰任淵注《山谷詩集注抄》，日本寬文五年（1665）藤田六兵衛刊本宋釋行海撰《雪岑和尚續集》及日本寬文六年（1666）刊本明釋隱元撰道澄錄《擬寒山詩》，以上均爲罕見之孤本秘籍。收於《普通本線裝書目》者，時代雖較晚，亦頗多他處未見之本，日後再作整理，以供學者參考。

（二）內容方面

本校收藏的古籍，內容方面可以說是包羅萬象，經史子集叢書各部各類書籍均有收藏，對於從事文史研究的本校師生來講，館藏古籍是一大寶庫。在這十三萬八千餘冊、九千七百餘部的古籍中，以叢書藏量最多，其次是清人文集，次爲戲曲，再次爲類書，以上各類圖書不僅收藏量多，而且頗具特色。今分述於后：

1. 叢　書

刊刻叢書對於保存古代文獻，爲功甚鉅。對於學術的研究，提供了最方便的途徑。清張之洞《書目答問》卷五云：「叢書最便學者，爲其一部之中，可該群籍，蒐殘存佚，爲功尤鉅，欲多讀古書，非買叢書不可。」本校收藏的叢書總量達二千四百餘部，四萬二千餘冊。其中有二十五部善本，其餘均爲普通本線裝書。從叢書的內容來看，雜纂類（張之洞《書目答問》稱之爲古今著述合刻叢書）最多，亦最具有價值。如宋俞鼎孫輯《儒學警悟》，宋左圭編《百川學海》，元陶宗儀輯《說郛》，明顧元慶編《顧氏明朝四十家小說》，明沈節甫編《紀錄彙編》，明商濬輯《稗海》，明陳繼儒編《寶顏堂秘笈》等明代以前著名的叢書。而本校收藏的叢書，以清代爲最多，如清曹溶輯《學海類編》，清鮑廷博輯《知不足齋叢書》，清盧文弨輯《抱經堂叢書》，清孫星衍輯《岱南閣叢書》及《平津館叢書》，清黃丕烈輯《士禮居黃氏叢書》，清張海鵬輯《學津討原》，清阮亨輯《文選樓叢書》，以上爲清代前期著名的叢書。又如清伍崇曜輯《粵雅堂叢書》，清潘祖蔭輯《滂喜齋叢書》及《功順堂叢書》，清陸心源輯《十萬卷樓叢書》，清黎庶昌輯《古逸叢書》，清繆荃孫輯《雲自在龕叢書》等，以上爲清代後期著名的叢書。輯佚類有清馬國翰輯《玉函山房輯佚書》，清黃奭輯《漢學堂叢書》等。郡邑類有清盛宣懷輯《常州先

哲遺書》、清丁丙輯《武林掌故叢編》及《武林先哲遺書》，清徐友蘭輯《紹興先正遺書》等。氏姓類有清冒廣生輯《冒氏叢書》，清董金鑑輯《董氏叢書》等。獨撰類有清顧炎武撰《亭林遺書》，清王夫之撰《船山遺書》，清錢大昕撰《潛研堂全書》，清崔述撰《崔東壁遺書》，清俞樾撰《春在堂全書》，清陸心源撰《潛園總集》，王國維撰《海寧王靜安先生遺書》等。其他各種專科叢書，如清徐乾學輯《通志堂經解》，清阮元輯《皇清經解》，清姚振宗輯《快閣師石山房叢書》，清葉德輝輯《觀古堂書目叢刻》，明茅坤輯《唐宋八大家文鈔》，清何文煥輯《歷代詩話》，明毛晉輯《唐六十名家詞》等。本校收藏的叢書不僅數量多，而且包羅萬象。這些各式各樣的叢書，對於從事研究工作的學者是十分方便的，儘管這些叢書都不是什麼罕見秘笈，其他圖書館也有收藏，但本校能蒐集到二千多部，也是難能可貴的。

2. 清人文集

從內容來看，本校藏書最具特色的是集部，以別集而言，即多達千餘部，而清人文集又佔百分之七十。王民信先生編《中國歷代詩文別集聯合書目》，發現臺大收藏的清人文集有近五百種是臺灣罕見的孤本，且其中不乏名著。如侯方域《四憶堂詩集》，吳偉業《梅村集》及《吳詩集覽》，周亮工《賴古堂詩集》，曹寅《棟亭詩鈔》，宋犖《西陂類稿》，孫宗彝《愛日堂文集》，田雯《古歡堂集》及《古歡堂詩集》，查慎行《敬業堂集》及《敬業堂詩集》，于敏中《素餘堂集》，畢沅《靈巖山人詩集》，劉開《孟塗初集》及《劉孟塗集》，李馨《蓮舫詩文集》，許善寶《自怡軒詩》等。又如徐榮《懷古田舍詩鈔》，孫人鳳《復見心齋詩草》，嚴辰《沾沾集》、《墨花吟館詩鈔》及《墨花吟館感舊懷人集》，張聯桂《延秋吟館集》，謝維藩《雪青閣詩集》，王柘《閱莒草堂遺草》，王瑤芬《寫韻樓詩鈔》，阮文藻《聽松濤館詩鈔》等，以上各書雖然不是非常著名的作品，但對研究清代詩文者，卻可提供不少資料。學者研究清代文學，無論清初、清代中葉或晚清，本校的收藏仍是一大寶庫。由於清人文集的孤本太多，不勝枚舉，俟日後有充分的時間再作有系統且全面性的整理。

3. 戲 曲

本校收藏的戲曲，其數量多達一百四十餘部，主要來源是久保文庫。其中被列為善本的，絕大多數是臺灣其他圖書館沒有收藏的，如明萬曆刊本明邱濬撰余興國音釋《新鐫徽板音釋評林合像班超投筆記》及明鄭珍之撰《新

編目蓮救母勸善戲文》；清初刊本清丁耀亢撰《化人遊詞曲》，清嵇永仁撰《雙報應》及不著撰人《笠翁四種曲》，清康熙間刊本清查愼行撰《陰陽判傳奇》及清黃兆森撰《四才子傳奇》，清康熙年間容居堂刊本清周樨廉撰《新編元寶媒傳奇》等。此外，清康熙間排悶齋刊本《溫柔鄉》與《解金貂》，爲清黃圖珌排悶齋傳奇中的兩種，亦爲國內罕見之書。《解金貂》題「排悶齋傳奇第三種」，吳曉鈴《古本戲曲叢刊待訪目錄》中有《解金貂傳奇》二卷，可見大陸無此書。《溫柔鄉》題「排悶齋傳奇第五種」，據吳曉鈴《古本戲曲叢刊第六集目錄初編》，知北圖有鈔本，惟《北京圖書館古籍善本書目》未見著錄。本校收藏的普通本線裝書中的戲曲，雖刊刻年代較晚，但亦不乏臺灣罕見之孤本，如清康熙間刊本清周稚廉撰《珊瑚玦傳奇》及清嵇永仁撰《揚州夢》，清乾隆間刊本清梅窗主人撰《百寶箱傳奇》及清徐崑撰《碧天霞》，清嘉慶年間刊本清蔡廷弼撰《晉春秋傳奇》及清彭劍南撰《影梅菴傳奇》，清道光年間刊本清顧森撰《回春夢傳奇》，清咸豐元年刊本清張情齋撰《玉節記傳奇》，清光緒年間刊本清陸繼輅撰《洞庭緣傳奇》。另有日本明治十三年（1880）東京刊本清槐南小史撰《補春天傳奇》及手抄本清陸繼輅撰《碧桃記》等。總而言之，本校收藏之戲曲，頗多罕見之本，研究戲曲方面之學者，不可忽略此一寶庫。

4. 類　書

本校收藏的類書有六十餘部，其中和刻本十餘部，明刊本約二十部，其餘爲清刊本及少數民國以後之影印本。從內容來看，有唐宋元明清各朝編纂的類書，其中以明代編纂的類書爲最多。明代的類書中有四種明刊本，即明俞安期編《啓雋類函》及《詩雋類函》，明鄒道元編《彙書詳節》，明屠隆編《標紕對類》，均爲罕見之本，臺灣除本校外，其他圖書館均未收藏，亦無其他刊本或鈔本傳世。清刊本中，如明劉定之撰《劉文安公十科策略箋釋》，清周魯撰《類書纂要》，清章履仁撰《姓史綴吟、人物考》，清汪兆舒撰《穀玉類編》，清康基淵撰《家塾蒙求》，清郭化霖輯《分類韻錦》及日本萬治二年（1659）刊本明柳希春撰《續蒙求》等，亦均爲罕見之本。本校收藏此類書籍，對於從事輯佚工作之學者將有極大的幫助。

五、未來的展望

本館館藏古籍在蒐集、整理、維護及檢索系統上因人力財力不足，以致

尚未臻理想，有待加強之處甚多。本館特藏組負責管理本校各館（室）之善本珍籍等相關業務，因此如何推展本館古籍便於讀者大眾查詢利用，是特藏組責無旁貸的重要使命，現僅就蒐集、整理、維護及檢索系統四方面之未來展望概述如后：

（一）蒐集方面

1. 逐步集中管理本校各館（室）之珍善本古籍於特藏組

本館因空間不足，為便利讀者使用，將古籍分置於總圖、文圖及特藏組三處。近年來本館進行圖書館新建工程，規劃新館五樓為特藏組空間，特藏組負責規劃未來該組於新館中之營運相關事宜，而逐步集中上列三處所藏古籍，於遷館時合併典藏於新館五樓，俾便古籍之管理與利用，乃重要之籌備工作之一。

2. 蒐集海內外庋藏古籍單位之藏書目錄

為了解當今海內外中文古籍存藏的概況，亟需蒐集海內外庋藏古籍單位之藏書目錄，便利本校師生研究參考之需，並利查核本館古籍之珍貴性。

3. 查訪民間蒐藏之善本古籍，促請捐贈本館收藏

捐贈為本館所藏善本古籍來源之一，多方尋訪民間私人珍藏，促請捐贈本館收藏亦為本館古籍蒐集管道。

4. 蒐藏古籍原件或微縮等重製品

為充實本館古籍館藏，蒐藏古籍原件或微縮等重製品為重要途徑，可考慮與庋藏古籍單位協調發展古籍館藏之方式進行。

5. 與海內外圖書館交換古籍重製品

與海內外圖書館交換古籍重製品，向為本館行之有年之既定政策，不僅開展對外交流合作，促進學術交流、資源共享，並利充實本館古籍的收藏。

（二）整理方面

1. 進行古籍整編計劃

本館為進行整編中文善本古籍計劃，特訂定六大工作項目：(1)重新查核鑑定中文善本書之類別及版本；(2)重新查核鑑定特藏組中文普通本線裝書之類別及版本；(3)整合總圖、文圖及特藏組之中文普通本線裝書；(4)編製出版中文善本圖錄；(5)撰寫出版中文善本書志；(6)增補出版中文善本書及普通本線裝書目。目前已完成第一個項目，開始進行第二個項目。

2. 編製出版古籍整理成果

本館自出版《國立臺灣大學善本書目》、《國立臺灣大學普通本線裝書目》、《國立臺灣大學普通本線裝書目補編》後，陸續受贈之古籍已爲數甚多，目前特藏組特蒙圖書館學系退休周教授駿富義務協助整編未入前目之古籍，俟整編事畢後，擬陸續出版《國立臺灣大學中文善本書圖錄》、《增訂國立臺灣大學中文善本書目》、《增訂國立臺灣大學普通本線裝書目》、《國立臺灣大學中文善本書志》等，將古籍整理成果予以出版，便利讀者參考利用。古籍庋藏單位合作編製古籍聯合目錄是多年來的共識，爲配合日後該聯合目錄得以順利完成，本館古籍目錄之增補擬優先編製。

3. 加強訓練及培育古籍整理及研究人才

古籍分類、編目或撰寫提要等整理及研究工作，需要很多具備國學、版本目錄學等相關專業知識之人才。爲古籍整理及研究工作能持續進行，加強訓練及培育古籍整理及研究人才實刻不容緩。除了加強教學課程之外，實務中之在職人員的進修亦不容忽視，可試由兩岸古籍庋藏單位互相訪問、教學、觀摩、研習等管道以逐步推展。

（三）維護方面

1. 提供良好典藏環境與設施

妥善保存維護中文善本古籍爲本館特藏組之重要使命，新圖書館預計明（86）年落成啓用，新館五樓爲特藏組空間，該組除負責規劃搬遷新館時將總圖、文圖及特藏組之古籍合併典藏管理等準備事宜外，並規劃如何提供古籍良好典藏環境與設施，以利古籍的維護與管理。

2. 積極進行古籍縮攝重製

將僅本館收藏之孤本，或罕本、珍本之中文古籍縮攝重製，以重製品提供讀者調閱影印，是本館特藏組另一重要業務。僅本館收藏之中文古籍一百八十餘部大致已縮攝完成，而罕本或珍本線裝書因數量龐大，其縮攝重製經費需編列預算逐年進行。此外爲兼顧古籍維護與流通之雙重效益，接受出版商或讀者以互惠原則與本館合作縮攝、重製或出版古籍，以嘉惠讀者大眾並利古籍之流傳利用。

3. 修補裱褙珍貴古籍

珍貴古籍爲重要文化資產，爲延長古籍壽命，除積極縮攝重製，不調閱

原件外，修補裱褙珍貴古籍防止書況繼續惡化仍是維護古籍之重要方法。

4. 換新不堪使用之線裝書函套

線裝書函套具有保護線裝書的功能，為維持古籍原貌，除非不堪使用，原則上儘量不考慮汰舊換新。

5. 加強訓練及培育修裱人才

訓練及培育修裱人才以妥善維護珍貴古籍，並規劃持續進行修補裱褙工作，以防止古籍紙質之劣化。

（四）檢索系統方面

1. 加速古籍書目資料建檔

加速回溯中文普通本線裝書目建檔工作是目前本館古籍整理工作的重點。由於原先「中文善本圖書系統」沒有依據中國機讀編目格式的標準設計，以致轉檔至本館圖書資訊系統上產生欄位與資料內容不符的情形，有鑑於此，日後回溯建檔將採離線建檔方式，離線編目系統的設計需符合中國機讀編目格式，以便於以 ISO 2709 格式輸出轉入本館圖書資訊系統 TULIPS 上。

2. 開放網路線上檢索

採用網路連線作業，讀者可利用個人電腦透過校園網路或以電話撥接方式與本校 TULIPS 連線，二十四小時全天候查詢本館古籍資料，不受地理環境、圖書館開放時間的限制，即能享受迅速有效的服務。惟目前本館 TULIPS 上僅有館藏善本古籍之書目資料，亟待加速本館所藏普通本線裝書目建檔工作，開放網路線上檢索，或考慮製作光碟片，以利推廣。

3. 與古籍庋藏單位分工建立古籍全文影像檢索系統

古籍庋藏單位可考慮分工建置文字檔與圖像檔，規劃建立「古籍全文影像檢索統」，與書目資料相結合並開放網路檢索，使讀者以更有效的方式查尋所需古籍資料，同時查看原文影像，無需親赴古籍庋藏單位查閱，俾便達到古籍資源共享、促進學術的交流。

以上本館各項有關古籍管理與利用之未來展望，正逐步推展進行，但限於人力財力的不足，進展甚為緩慢，期能爭取更多的人力與經費，加速完成以上各項重要業務。使館藏中文古籍便利讀者查詢利用是本館館務推展之重要目標，為儘速完成此重大目標，冀祈同道先進多方協助與指導是幸！

（本文原載《國家圖書館館刊》民國 85 年第二期，1996 年 12 月）

臺灣大學圖書館
和刻本漢籍的收藏與整理[*]

一、前　言

　　一千多年來，中日兩國文化的交流，最具體的表現是和刻本漢籍的產生。中國典籍傳至日本以後，一般先以傳抄、翻刻的形式加以傳播，日本人為了閱讀漢籍，發明了在其旁添加各種符號和假名直接用日語閱讀的方法。此外，日本人又對漢籍從事校訂、注釋、考證、輯補等工作，甚至進一步的撰寫有關中國古籍的研究著作，他門研究的範圍遍及四部書，其中不乏獨到之見，從這些和刻本漢籍中，我們不難感受到一種文化交融的演進過程。

　　然而，和刻本漢籍在日本，迄今無一全國漢籍總目錄，僅 1978 年汲古書院出版了長澤規矩也氏的《和刻本漢籍分類目錄》。1995 年杭州大學出版社出版《中國館藏和刻本漢籍目錄》，收錄中國六十八家圖書館的館藏，共 3,063 種，此一書目開創了中國專題目錄的新領域，其書目資料足供相關學者參考。反觀臺灣學者，對於和刻本漢籍的存藏概況，似乎不甚留意，更談不上編製聯合目錄了。

　　臺灣大學收藏的古籍絕大部分是接收台北帝國大學的，因此日本刻本的數量相當多，其中屬於和刻本漢籍部分，據初步統計約四百六十餘部，構成本校館藏古籍的特色之一。這些和刻本漢籍皆為日據時代台北帝國大學所購藏，臺大圖書館接收後從未曾增購或受贈。這批古籍早期分別典藏於舊總圖、

文學院圖書分館、特藏組（原研究圖書館）、人類學系系圖書室等處。長期以來，臺大圖書館對這批和刻本漢籍的管理，由於人力不足、語文能力限制、收藏處所分散種種原因，始終沒有專人負責。民國五十七年編印《國立臺灣大學善本書目》及民國六十年編印《國立臺灣大學普通本線裝書目》時，僅著錄舊總圖、文學院聯合圖書室（文學院圖書分館前身）及研圖三處收藏之部分和刻本漢籍，此後舊總圖又將「桃木文庫」全部典籍移至研圖，1981 年日本學者鳥居氏根據館藏目錄卡片核對，編製《國立臺灣大學所藏「桃木文庫」目錄》，其中不乏和刻本漢籍。目前，我們已經從《國立臺灣大學善本書目》、《國立臺灣大學普通本線裝書目》及《國立臺灣大學所藏「桃木文庫」目錄》三種書本目錄中挑出和刻本漢籍，編成《國立臺灣大學圖書館館藏和刻本漢籍書目初稿》，以為日後整理本校館藏和刻本漢籍之依據。但願我們這種拋磚引玉的精神，能夠引起臺灣其他館藏單位的共鳴，也許不久的將來，可以完成一部《臺灣公藏和刻本漢籍聯合目錄》。

二、館藏和刻本漢籍的來源

由於本校圖書館現存的古籍絕大部分是接收台北帝國大學的收藏，因此和刻本漢籍的最大來源有二：一為「桃木文庫」，一為「久保文庫」，今分別敘述如下：

（一）桃木文庫

「桃木文庫」原為日本神戶桃木武平設立之桃木書院的舊藏，台北帝國大學經由神戶白雲堂之手，於日本昭和四年（1929）三月三十一日購入，根據舊總圖的記錄，當時共購入 540 部 4,879 冊。但經過了七十多年的時間，當初購買書籍的詳細記錄已無從查尋，且瞭解當時情況的學者已不在人間。民國六十八年，日本東京女子大學日本文學教授鳥居つミ子博士向日本政府申請研究計畫，利用休假期間前來本校圖書館，與館員吳傳財先生合力進行整編「桃木文庫」的工作，迄民國七十一年完成《國立臺灣大學所藏「桃木文庫」目錄》，刊載於日本東京女子大學編印之《日本文學》五十八號，頁 45～74，可供參考。「桃木文庫」中有極少部分為中國出版的漢籍，絕大部分都是和刻本（包括刊本及抄本），其中又分和書與漢籍，和書中又有日文和書及漢文和書，與本文無關。本論文所要介紹的，僅限於和刻本漢籍。「桃木文庫」中的和刻本漢籍，目前可以推定的，約六十餘種。一般學者對於這些藏書似

乎都不甚清楚，但願相關學者在瞭解它的內容與特色後，能夠廣爲利用。「桃木文庫」的圖書目前全部置放於本校圖書館五樓特藏組珍藏室中。

（二）久保文庫

「久保文庫」原爲日本台北帝國大學文政學部東洋文學講座教授久保得二博士的舊藏，日本昭和九年（1934）六月，久保氏去世，其所藏圖書由台北帝國大學收購，據云當時收購之工作乃由東洋文學講座助教授神田喜一郎氏主其事。該文庫全部藏書計 894 部 7,427 冊，由於久保氏爲戲曲學家，又工漢詩，故收藏圖書以中國古典文學爲主，尤多戲曲善本。圖書館藏有《久保文庫藏書目錄》，本目錄乃依據藏書目錄卡片鈔錄而成，故依「久保文庫」序號條例。「久保文庫」的藏書已依四庫分類法，分別著錄於《國立臺灣大學善本書目》及《國立臺灣大學普通本線裝書目》兩部目錄中，其圖書亦分別置放於本校圖書館五樓善本書庫及普通本線裝書庫中。「久保文庫」中，絕大多部分爲中國出版的漢籍，其中以清康熙間排悶齋刊本《溫柔鄉》與《解全貂》兩種，爲罕見秘籍。文庫中之和刻本漢籍，初步統計約一百餘種，成爲本校館藏和刻本漢籍的最大來源。

除了以上所介紹的兩個文庫外，其餘和刻本漢籍的來源，由於年代久遠，又無資料記載，已無從詳考，想必是台北帝國大學時代，由於教學及研究之需，零星收購彙集而成。

三、館藏和刻本漢籍的特色

在《國立臺灣大學圖書館館藏和刻本漢籍書目初稿》所收錄本校館藏四百六十餘部和刻本漢籍中，初步加以歸納分析，略述其特色如下：

（一）內容豐富

本校收藏的和刻本漢籍，其內容遍及經、史、子、集、叢五部書。初步統計經部易類十八部、書類十七部、詩類十六部、禮類十一部、春秋類十二部、四書類三十五部、孝經類十一部、群經總義類四部、小學類二十四部。史部正史類六部、編年類九部、紀事本末類一部、雜史類十部、傳記類十三部、載記類一部、地理類二部、職官類四部、政書類三部、目錄類六部。子部儒家類二十七部、兵家類五部、法家類七部、醫家類五部、藝術類四部、譜錄類一部、雜家類十九部、類書類十五部、小說家類十七部、釋家類四十四部、道家類二十六部。集部楚辭類三部、別集類四十三部、總集類十九部、

詩文評類十八部、詞曲類九部。叢部七部。

除經部樂類，史部別史類、詔令奏議類、史鈔類、時令類、史評類，子部農家類、天文算法類、數術類等，沒有收藏外，其餘各類均有和刻本漢籍，足見本校收藏之內容相當豐富。

（二）多訓讀本

本校收藏的和刻本漢籍絕大部分附有訓讀符號，此乃為日人閱讀漢籍所設計者，構成和刻本之一大特色。較著名的，如日本寬永五年（1628）京都安田安昌刊本藤原惺窩訓點的《易經》、《書經》、《詩經》、《禮記》、《春秋》等五經；日本寬政年間刊本後藤芝山訓點的《易經》、《春秋》、《論語》等；日本刊本山崎嘉訓點《論語集註》、《孟子集註》、《大學或問》及日本天保十四年（1843）刊本《合璧摘要小學本注內外篇》等；日本天保九年（1838）東都書林名山閣刊本益先貝原句讀《小學句讀集疏》；日本明治十五年（1882）東京鳳文館據津藩校本翻刻本山名善讓訓點《資治通鑑》；日本文政九年（1826）文榮堂書房重刊本千葉玄之訓點《重刻莊子南華真經》；日本寬政十年（1798）刊本尾張奏鼎訓讀《楚辭燈》；日本延寶七年（1679）山脇重顯校點《分類補註李太白詩》；日本明治十五年（1882）刊本近藤元粹音釋訓點《文選正文》；日本享保十三年（1728）刊本南紀山鼎句讀《文則》等。

（三）多評注本

館藏中頗多日本人對原書作了校正、評注、增補、詮釋等，這類書籍可以看出中國文化對日本的影響。如日本嘉永二年（1848）尚友堂刊本太久保奎校《遂初堂易論》，日本昭和九年（1934）影印本龜井昭陽撰《毛詩考》，日本寶曆十三年（1763）刊本河野子龍校《儀禮》，日本明治三十六年（1903）井井書屋排印本竹添光鴻會箋《春秋經傳集解》，日本明和三年（1766）東都書林刊本皆川愿評點《春秋非左》，日本嘉永三年（1850）刊本尾張須原屋校《春秋左氏傳》，日本明治四年（1871）賣弘書肆刊本安井衡撰《春秋輯釋》，日本明治五年（1872）稻田佑兵衛刊本安井衡撰《論語集說》，日本抄本大田元貞撰《孟子精蘊》、《孟子考》及《中庸考》，日本抄本佐藤坦撰《孟子欄外書》，日本明治十三年（1880）刊本井上揆一卿纂評《增補蘇批孟子》，日本文政六年（1823）刊本津板孝綽撰《孝經》，日本刊本太田元貞撰《九經談》，以上經部。日本文政十三年（1829）三都書林群玉堂溫故堂青山堂合刊本橫

田惟孝撰《戰國策正解》，日本嘉永三年（1850）詩山堂刊本小畑行蕑訓釋《福惠全書》，日本大正十年（1921）圖書寮排印本森林太郎編《帝諡考》，以上史部。日本文政三年（1820）平安書林水玉堂刊本久保愛增注、豬飼彥博補遺《荀子》，日本寬政六年（1794）興藝館刊本尾張關嘉纂註《說苑》，日本元祿二年（1689）雒陽書肆刊本宇遜菴的撰《忠經集註詳解》，日本正德二年（1712）文海堂刊本三輪希賢註《傳習錄》，日本明治二十二年（1889）久保吉人纂釋標注《小學正本》，日本寬政九年（1797）江都清藜閣刊本平山潛校正《紀效新書》，日本慶應元年（1865）江戶書林玉山堂重刊本安井衡撰《管子纂詁》，日本寬政十年（1798）平安書肆刊本豬飼彥博撰《管子補正》，日本大阪書肆重刊本津田鳳卿撰《韓非子解詁》，日本文政八年（1825）刊本岡崎鵠亭校《十七史蒙求》，日本正德元年（1711）刊本豐臣公定輯《桑華蒙求》，日本文化十三年（1816）東壁堂刊本恩田仲任輯《世說音釋》，日本文政十二年（1829）大阪書肆青木嵩山堂刊本平山高知譯《評論出像水滸傳》，日本寶永六年（1709）大阪書林寶文堂大野木市兵衛刊本德倉昌堅考訂《老子鬳齋口義》，日本元文五年（1740）山城屋茂左衛門刊本白井眞純校《關尹子》，日本文政八年（1825）弘升館刊本巖井文撰《莊子集註》，日本寬政九年（1797）浪華書肆柳原積玉圃刊本秦鼎補《莊子因》，以上子部。日本明治年間青木嵩山堂排印本近藤元粹評《陶淵明集》、《李太白詩醇》、《韓昌黎詩集》、《陸放翁詩醇》及日本大正十四年（1925）大阪田中宋榮堂排印本《蘇東坡詩醇》，日本昭和八年（1933）聲教社排印本上村才六輯注《杜樊川絕句詳解》，日本寬文三年（1663）村上勘兵衛刊本釋一韓譯解《山谷詩集注抄》，日本明治十一年（1878）刊本中島一男編纂《清二十四家詩》，日本嘉永四年（1851）詩山堂刊本小畑行蕑撰《詩山堂詩話》，日本文政二年（1819）江戶山城屋佐兵衛刊本市河世寧編《談唐詩選》，以上集部。日本學者對於漢籍的研究，遍及經、史、子、集四部，範圍廣，程度深，他們對漢籍的校訂、論證、補充和解釋，產生了大量的傳注本、輯補本、評點本等，本校收藏的和刻本漢籍，這一類典籍佔絕大部分，是研究日本漢學的重要資源。

（四）珍稀抄本

本校收藏的和刻本漢籍中抄本數量雖然不多，卻是極有學術研究的價值。如日本抄本清李光地等撰《啓蒙附論》，日本天保四年（1833）稿本一齋先生撰《易學啓蒙圖考》，日本抄本西川直純錄《朱子易說》，日本明治年間

松本豐多抄本安井衡撰《書說摘要》，日本昭和十一年（1936）抄本吳德功撰《戴案紀錄》、《施案紀錄》及《讓台記》，日本抄本元馬端臨撰《封建論》，日本抄本明支允堅撰《梅花度異林》，日本抄本《張天師符法》，日本久保天隨抄本息機子編《元曲逸篇》，日本抄本梁啓超撰《梁任公三種曲》，日本抄本明朱權撰《荊釵記》及清尤侗撰《悔菴樂府》，均為罕見之本。

（五）罕見秘籍

本校收藏之和刻本漢籍，絕大部分為刊本，大都翻刻中國刊本，因此流傳較廣。然其中亦不乏罕見秘籍，如日本承應三年（1654）村上平樂寺重刊鵜信之訓點本明林希元撰《四書存疑》，日本大正十四年（1925）京城府漢陽書院追加訂正再版印行姜敦錫撰《典故大方》，日本寬文年間刊本明戴銑編《朱子年譜外記》，日本昭和十四年（1939）文思樓刊本小澤文四郎撰《儀徵劉孟瞻年譜》，日本寬文二年（1662）刊本明薛瑄撰《從政錄》，日本岡本明玉堂刊本清王澍撰《竹雲題跋》，日本刊本《武侯琴譜》，日本明曆二年（1656）刊天明二年（1782）印本明王世貞編《新刻重校增補圓機活法詩學全書》，日本刊本唐釋寒山明釋梵琦等撰《和三聖詩》，日本寬文五年（1665）藤田六兵衛刊本宋釋行海撰《雪岑和尚續集》以及桃木文庫中的釋家類典籍，雖數量不多，亦彌足珍貴。

四、和刻本漢籍之整理

本論文所附錄之《國立臺灣大學圖書館館藏和刻本漢籍書目初稿》，僅彙整圖書館之《國立臺灣大學善本書目》、《國立臺灣大學普通本線裝書目》及《國立臺灣大學所藏「桃木文庫」目錄》三種書本目錄中之和刻本漢籍，此外，尚有為數不少之和刻本漢籍館藏——如自文學院圖書分館庫房及人類學系系圖書室移入之和刻本漢籍即未收錄於該三部目錄之中，俟圖書館人力可及時，擬以此和刻本漢籍書目初稿為依據，全面整理所有館藏和刻本漢籍後，增訂成《國立臺灣大學圖書館館藏和刻本漢籍書目》，始可窺知圖書館館藏和刻本漢籍之全貌。謹在此略述本校和刻本漢籍典藏概況，並將未來擬進行整理工作之項目條列說明於後。

（一）和刻本漢籍之典藏概況

1.背景與現況

在新館未落成前，臺大和刻本漢籍分散存藏於數處，直至民國八十七年

新館啓用，始將各處和刻本漢籍彙合集中於新館五樓特藏組典藏，在恆溫恆濕的優質環境保存之下，以利管理及讀者參考使用。目前和刻本漢籍館藏分中文及日文線裝書兩大書庫共六小區陳列，多數已收錄於上述之三部書本目錄裡。爲因應本次研討會之議題，且因其中部分書目資料尚未建檔上線，故先行初步將該三部書本目錄中之和刻本漢籍書目彙整成一書目初稿（見附錄），由中可略窺本校和刻本漢籍之大致館藏，亦裨益提供學者專家尋檢利用。

2. 政策與目標

圖書館之中國刻本及和刻本漢籍（以下合稱爲舊刻本漢籍）在內容及版式上相類似，外型皆採線裝式裝訂，其紙質亦以棉紙及宣紙居多，因此有關兩種刻本漢籍之政策與目標也就大致相同，簡列如下：

・將全校各館（室）之舊刻本漢籍集中於特藏組典藏與管理。
・妥善保存維護現藏之舊刻本漢籍，並逐漸攝製或購置微捲。
・蒐藏各種印版之舊刻本漢籍。
・舊刻本漢籍彙合依據經、史、子、集、叢五部分類法排列。
・編製或增訂館藏舊刻本漢籍書目及書錄。
・與相關館藏單位協調合作徵集舊刻本漢籍館藏。
・查訪民間蒐藏舊刻本漢籍者，促請捐贈本館收藏。
・培訓版本目錄及裝裱人才。
・加強與館外相關學術單位合作交流。

（二）和刻本漢籍之整理構想

在稍加了解本館和刻本漢籍館藏概況後，謹就其整理構想之重點，列述如後：

1. 館藏之清點

本館和刻本漢籍自原四處典藏單位彙集於新館五樓特藏組後，暫先分別典藏於中文線裝書及日文線裝書兩大書庫中，又因中文線裝書之分類法不一，故又依原典藏單位分區放置。爲全部彙整於一種分類法排列，需詳加清點整理，該工作需由兩大書庫分別進行之：

（1）中文線裝書庫中之和刻本漢籍

首先依據《國立臺灣大學善本書目》及《國立臺灣大學普通本線裝書目》

二部書目清點和刻本漢籍，僅先以書名、卷數、冊（函）數等項目清點館藏，並標記有無存書。惟因上列二書目中只收錄舊總圖、文學院圖書分館閱覽區及研圖（特藏組前身）館藏，並未收錄人類學系系圖書室、文學院圖書分館庫房之和刻本漢籍，故需全面清點，方可掌握中文線裝書庫中未收錄之和刻本漢籍之館藏。

（2）日本線裝書庫中之和刻本漢籍

繼之依據《國立臺灣大學所藏「桃木文庫」目錄》以同樣方法清點該文庫中和刻本漢籍，本書目只收錄特藏組「桃木文庫」藏書，特藏組其他日本文庫及非文庫類和刻本漢籍皆在未收之列。爲了解日文線裝書庫中和刻本漢籍之全貌，亦需重加清點。

2. 館藏之查核

清點後，已了解和刻本漢籍全部館藏之簡目，接著進行查核工作，針對藏書狀況確實記錄，包括缺書情況及缺書冊次之記錄、已編目及未編目的書目資料之查核更正等事項，完成該工作後始能進行和刻本漢籍館藏記錄之建檔／改檔工作。進行查核係將原卡記錄與書本重新核對之工作，可分成三大部分：

（1）有書有卡

將卡片之書目資料核對原書，不一致時請學者專家審定，同時以經、史、子、集、叢五部分類法校對原分類，亦請學者專家改隸或更正所屬類名，一併於複製之卡片上用紅筆註記。未建檔上線之該修正卡則另置於卡片盒中，達相當數量時再依有無登錄號分別將書及書卡交採編單位登編入藏。

（2）有書無卡

先進行查對工作，確定未編目時，先編草卡，再將草卡交予學者專家審定類別及書目資料後，卡片附於原書中，達相當數量時將書連同卡片轉交採編單位登編。若已收錄書本目錄中，但無卡，則以書本目錄上之記錄編製卡片加以核對與審定。

（3）無書有卡

於卡片上註記，俟全部清點完畢後仍不見該書時，再行查對借書記錄；記錄仍無時，需於卡片上註記「遺失」字樣，同時作爲修改線上記錄之依據。

3. 記錄之建檔／改檔

經查核後,將未編目及未建檔上線之圖書,附上已經過學者專家審定之卡片,送交採編單位登錄及依據卡片記錄建檔。

館藏和刻本漢籍尚有部分館藏未建檔上線,目前陸續依據原卡加緊建檔中。如圖書館進行全面清點及整理和刻本漢籍後,則未經學者專家審定之卡片暫不建檔,一律依據審定卡之書目資料建檔,建檔完畢後將書連同卡片交還特藏組後續。

如已建檔上線之書目資料、類名、館藏地、存書與否等記錄需修正時,則由館藏單位依據修正卡於線上自行修檔,不再經由編目組處理。

4. 書標之重製

和刻本漢籍既已依據政策與中國刻本漢籍逐步彙集,採行經、史、子、集、叢五部分類法,因此在學者專家審定所屬類名後,需換貼重製之書標,以利排序。

5. 架位之重順

(1) 整理日文線裝書庫中之和刻本漢籍時,由於「桃木文庫」是依文庫序號排列,其中之和刻本漢籍之架位不擬更動,但仍需加註經、史、子、集、叢五部分類類名於書本目錄及卡片上;非文庫類之其他和刻本漢籍,則規劃合併於中國刻本漢籍中,依據經、史、子、集、叢五部分類法排列,以利未來將所有和刻本漢籍館藏彙合編成一完整目錄。

(2) 整理中文線裝書庫中之和刻本漢籍,將原藏四單位放置成四區之和刻本及中國刻本漢籍全部彙整於一種分類法——採經、史、子、集、叢五部分類法,依類序排列,方便依類尋書,節省取閱的時間及人力。不再有依中國圖書分類法或國際十進分類法類號排列之混雜情況。

6. 書目／書錄之編輯

(1) 編製館藏和刻本漢籍書目

和刻本漢籍分藏於中文及日文兩線裝書庫中,亦分別部份收錄於中日文兩類線裝書目,未曾編製過完整之館藏和刻本漢籍目錄,今藉此機會,先從圖書館已編製之三部書本書目中挑選和刻本漢籍書目,完成書目初稿,俟重新清點與查核後,將增補之書目資料彙合輯成一完整館藏和刻本漢籍書目以

提供國內外研究者查尋利用。

（2）編製善本和刻本漢籍書錄

和刻本漢籍中屬善本者，有些已是國內稀有之文化瑰寶，甚至於日本本土已失傳。該批珍藏秘籍亟需將其書影加註解說編製成書錄，展示圖書館該批館藏特色，方便讀者前來研究。

（3）參與編製國內和刻本漢籍聯合目錄

聯合目錄不僅是各館館際合作、資源共享的基礎，也是研究者蒐集資料的重要工具，倘經本次研討會後，如國內各館藏單位擬共同編製和刻本漢籍聯合目錄，本校願全力配合完成之。

7. 館藏之重製

（1）先依挑選之善本／孤本之優先順序拍攝微捲

圖書館有些和刻本漢籍已屬罕見秘籍，極具參考利用之學術價值，而其紙張已逐漸脆化。為延展該原件資料之壽命，且可提供讀者複製利用，拍攝微捲是非常必要的。微捲的保存期限已被證實，是一種理想的保存媒體。為長久保存珍貴舊刻本漢籍，依據計劃逐步拍攝微捲是圖書館既定之政策，同時微捲亦為館藏單位擴充館藏、互通有無之理想交贈資源。

（2）重製出版

圖書館對於讀者需求之舊刻本漢籍，已製定規範——以互惠原則提供出版社予以重製出版，既便利流通推廣，亦可兼顧原書得以妥善保存，謹再此建議未來其他館藏單位亦可考慮採行此種利人利己之資料推廣方式。

8. 資料庫之籌建

近年來本校持續執行國科會之數位圖書館／博物館計劃，圖書館已先將珍貴檔案、地圖、臺灣舊照片等資料掃描上網提供查詢，雖然和刻本漢籍尚未列入亟需數位化處理之特藏資料，俟使用率較高之珍貴本土臺灣文獻資料完成數位化處理後，圖書館將考慮進行建置舊刻本漢籍資料庫事宜。

9. 館藏之維護

（1）溫濕度控制

圖書館舊刻本漢籍雖全部典藏於二十四小時空調環境中，以達防熱與防潮效果，但對於溫度 20℃上下、相對濕度 50%～55% 之控制，仍需力求時時留意，以確保優質之典藏環境。

（2）設備改善

目前圖書館特藏組典藏空間已裝置保全之防盜及防火設施，並以樟木櫃放置善本漢籍，且將樟木櫃置於柚木地板上，以調節典藏環境之溫濕度及防範蟲害。樟木櫃底部還安裝四輪，若有危急情況發生，工作人員可迅速將書櫃推離事故現場，善盡維護珍善本漢籍之安全。此外，其他加強維護之措施略述如下：

① 訂製調節溫濕度良好之梧桐木盒放置較為貴重之善本漢籍。

② 普通本和刻本漢籍雖放置於鐵書架上，現已訂製梧桐木隔板放置於鐵隔板上，以維典藏環境之品質。

③ 於舊籍閱讀區架設攝影機，由值班人員監控讀者閱讀過程，以遏阻閱讀時之不當行為致使舊籍遭損，藉以確保舊籍之妥善保管。

（3）出入人員之管理

① 進入善本書庫之人員，一律換穿乾淨之拖鞋，以免由入庫者鞋底攜入室外之污物。

② 進入善本書庫之人員一批次不得過多，以免影響善本書庫之室溫。

（4）修裱維護

① 修補裝訂：和刻本漢籍中僅縫線脫落者，由館員自行修補縫訂，以利翻閱。

② 裱褙重裝：和刻本漢籍中蟲蛀嚴重者，甚或書中多張紙頁黏成一疊，無法逐頁翻開者，則需依賴修裱專家作特殊處理後再重新裱褙，以延展書籍壽命。

③ 換新函套：對於蟲蛀及潮蝕嚴重之書頁，經裱褙後，書本變厚，需換新函套始能妥善保護書冊，亦可穩當站立於書架上，以維觀瞻。

（5）清潔防蟲

對於和刻本漢籍之清潔，除注意維護空氣品質外，週遭環境及書櫃中之清潔亦不容忽視，仍需定期噴灑防蟲劑為宜。

（6）薰蒸殺蟲

對於新入藏之和刻本漢籍，未入館前必先進行薰蒸殺蟲作業，以防範蟲害。

（7）增闢調閱資料閱讀區

和刻本漢籍屬調閱資料之一，為加強維護舊籍，凡閱覽和刻本漢籍讀者

依據本館規定，於調閱資料閱讀區閱覽，只能攜帶紙及鉛筆入內參閱。爲防止讀者不當行爲造成書籍之傷害，除公告相關規定外，並於該區架設監控系統防範之。

（8）增設影印專業人員代印服務

除增闢調閱資料閱讀區外，並增設影印專業人員代印服務。讀者參閱舊刻本漢籍時，善本漢籍原件只能參閱不得影印，已製微捲則自行影印微捲，而普通本漢籍需影印參考時，圖書館爲防止讀者影印時之不當掀頁動作而傷害到舊籍，並保障影印資料之品質，讀者在影印相關規定之範圍內，需將擬影印之舊籍交影印專業人員代印。

10. 合作交流之加強

認知館藏徵集的諸多限制，轉而求諸學術交流與資源共享，已是圖書館經營的趨勢。未來本校將加強與他館學術交流，例如館藏重製品之交換贈送，藉以擴充館藏、互通有無，除便利雙方之讀者外，亦可加速提昇學術研究成果，此乃圖書館館際合作目標之實踐。

五、結　語

圖書館不僅是資料的保存者、整理者，其最終目的是扮演讀者與資料間的中介者、供應者，在讀者需要的時候，適時地提供最適當的所需資料。本校圖書館緣於歷史的淵源，承繼前身日據時代台北帝國大學所蒐藏之和刻本漢籍，其內容豐富，不乏珍本秘籍，爲館藏特色之一。在資料的典藏環境上，自民國八十七年集中移入新圖書館以恆溫恆濕之優質空間保存；在舊刻本漢籍的整理工作上，專業學者與圖書館資料管理者共同規劃進行整編計劃，不僅可以維持舊刻本漢籍整編工作的品質與正確性，同時，也提供版本目錄教學絕佳的印證機會，這也是本校得以結合教學與實務，兼具地利與人和的特色之處。此外，我們願呼籲國內和刻本漢籍聯合目錄的編製，以及館藏和刻本漢籍重製出版的重要，前者是研究人員查尋資料、按圖索驥的依據，亦是圖書館合作擴充館藏的基礎；而後者則是兼顧保存珍籍及推廣研究的兩全途徑。最後衷心祈盼和刻本漢籍的整編工作，能由一館進而推衍至國內各館，甚而國際間各館藏單位的全面館際合作，讓世界各地的漢學研究者都能便捷地查索所需資料！（本文爲「第三次兩岸古籍整理研究學術研討會」論文，漢學研究中心，2001 年 4 月）

附錄：國立臺灣大學圖書館館藏和刻本漢籍書目初稿

經部

易類

易經不分卷二冊，日本藤原惺窩訓點，日本寬永五年（1628）京都安田安昌刊本。

周易二十四卷八冊，宋程頤傳，朱熹本義，日本慶安元年（1648）刊本。

周易二十四卷十三冊，宋程頤傳，朱熹本義，日本享保九年（1724）京都今村八兵衛刊本。

周易九卷略例一卷十冊，魏王弼、晉韓康伯注，略例魏王弼撰，唐邢璹注，據日本足利學校藏室町末期抄本攝影本。

又一部存七卷略例一卷八冊，魏王弼、晉韓康伯注，略例魏王弼撰，唐邢璹注，據日本足利學校藏室町末期抄本攝影本。

周易本義十二卷五冊，宋朱熹撰，日本寬政二年（1790）刊本。

易學啓蒙通釋二卷二冊，宋胡方平撰，日本弘化三年（1846）刊本。

周易本義通釋十二卷輯錄雲峰文集易義一卷七冊，元胡炳文撰，日本享和二年（1802）據《通志堂經解》翻刻本。

易本義附錄纂註啓蒙翼傳十五卷四冊，元胡一桂撰，日本文化十一年（1814）據《通志堂經解》翻刻本。

又一部十五卷四冊，元胡一桂撰，日本文化十一年（1814）據《通志堂經解》翻刻本。

又一部十五卷四冊，元胡一桂撰，日本文化十一年（1814）據《通志堂經解》翻刻本。

周易宗義十卷十冊，明程汝繼撰，日本影寫明萬曆三十七年（1609）刊本。

易經蒙引存十卷十冊，明蔡清撰，日本據明刊翻刻本。

啓蒙附論二卷一冊，清李光地等撰，日本抄本（即《周易折中》卷二十一、二十二）。

遂初堂易論一卷一冊，清潘耒撰，日本太久保奎校，日本嘉永二年（1848）尚友堂刊本。

易經改正音訓二冊，日本後藤芝山點，日本寬政二年（1790）刊本。

易學啓蒙圖考一卷一冊，附錄啓蒙說，日本一齋先生撰，川田興補，日本天保四年（1833）稿本。

朱子易說，日本西川直純錄，日本抄本。

書類

書經不分卷二冊，日本藤原惺窩訓點，日本寬永五年（1628）京都安田安昌刊本。

尚書十三卷六冊，舊題漢孔安國傳，日本天明八年（1788）清原氏刊本。

隸古定尚書殘卷不分卷一冊，舊題漢孔安國傳，日本昭和三年（1928）日本東方學會據敦煌石室本暨唐寫本影印本。

古文尚書十三卷六冊，舊題漢孔安國傳，日本昭和十四年（1939）京都東方文化研究所據東京內野氏皎亭文庫藏舊鈔影印本。

尚書正義二十卷二十冊，舊題漢孔安國傳，唐孔穎達疏，日本弘化四年（1847）熊本文庫覆刊宋八行本。

尚書正義定本二十卷八冊，舊題漢孔安國傳，唐孔穎達等疏，日本昭和十八年（1943）東方文化研究所排印本。

尚書正義二十卷附解題一卷十八冊，唐孔穎達等撰，解題，日本內藤虎次郎撰，日本昭和四年（1929）大阪每日新聞社據宋刊單疏影印本。

又一部二十卷附解題一卷十八冊，唐孔穎達等撰，解題，日本內藤虎次郎撰，日本昭和四年（1929）大阪每日新聞社據宋刊單疏影印本。

書經集註六卷六冊，宋蔡沈撰，日本享保九年（1724）京都今村八兵衛刊本。

書集傳六卷六冊，宋蔡沈撰，日本慶應二年（1866）刊本。

尚書集傳纂疏六卷六冊，元陳櫟撰，日本文化八年（1811）刊本。

書蔡氏傳輯錄纂註六卷五冊，元董鼎撰，日本文化十一年（1814）據《通志堂經解》翻刻本。

又一部六卷六冊，元董鼎撰，日本文化十一年（1814）據《通志堂經解》翻刻本。

書蔡氏傳旁通十卷五冊，元陳師凱撰，日本據豫章朱萬初校正刊本。

書經講義會編十二卷十五冊，明申時行撰，日本延寶二年（1674）刊本。

書說摘要四卷四冊，日本安井衡撰，日本明治年間（1868～1870）松本豐多抄本。

尚書十三卷二冊，日本松崎明復據唐開成石經校定縮刻本。

詩類

毛詩鄭箋二十卷四冊，漢毛亨傳，漢鄭玄箋，日本延享四年（1747）刊本。

毛詩存十六卷（闕卷九至卷十二）四冊，漢毛亨傳，漢鄭玄箋，日本寬延二年（1749）刊本。

又一部二十卷二十四冊，漢毛亨傳，漢鄭玄箋，據日本足利學校藏室町時代鈔攝影本。

又一部存七卷（卷十二至卷十八）七冊，漢毛亨傳，漢鄭玄箋，據日本京都大學藏舊鈔攝影本。

又一部二十卷二十冊，漢毛亨傳，漢鄭玄箋，據日本龍谷大學藏舊鈔攝影本。

毛詩古訓傳二十卷二十冊，漢毛亨傳，漢鄭玄箋，據日本古梓堂文庫藏清原宣賢手鈔攝影本（封題《舊鈔本毛詩》）。

毛詩正義存十七卷（原闕卷一至卷七）九冊，唐孔穎達等撰，日本昭和十一年（1936）東方文化學院據宋刊單疏影印本。

詩經集註八卷八冊，宋朱熹撰，日本慶應元年（1865）大阪書林積玉圃宋榮堂三刻本。

又一部十五卷八冊，宋朱熹撰，日本刊本。

詩集傳綱領一卷一冊，宋朱熹撰，日本抄本。

詩集傳名物鈔八卷八冊，元許謙撰，日本文化十年（1813）據《通志堂經解》翻刻本。

詩經備考二十四卷六冊，明鍾惺、韋調鼎撰，日本文政十二年（1829）刊本。

毛詩蒙引二十卷十冊，明陳子龍撰，日本寬文十二年（1672）刊本。

詩經正解三十三卷三十三冊，清姜文燦等撰，日本安政五年（1858）刊本。

詩經不分卷二冊，日本藤原惺窩訓點，日本寬永五年（1628）京都安田安昌刊本。

毛詩考三十六卷十一冊，日本龜井昭陽撰，日本昭和九年（1934）影印本。

禮類

儀禮十七卷五冊，漢鄭玄注，日本河野子龍校，日本寶曆十三年（1763）刊明治元年（1929）積玉圃補刊本。

又一部十七卷三冊，日本松崎明復據唐開成石經校定縮刻本。

新定松氏儀禮圖二卷二冊，宋楊復撰，日本松安校定本。

禮記正義存八卷（卷六十三至卷七十）二冊，唐孔穎達等撰，日本昭和四年（1929）東方文化學院據甲斐久遠寺藏宋刊單疏影印本。

又一部存八卷（卷六十三至卷七十）二冊，唐孔穎達等撰，日本昭和四年（1929）東方文化學院據甲斐久遠寺藏宋刊單疏影印本。

身延本禮記正義殘卷校勘記二卷一冊，唐孔穎達等撰，校勘記，日本東方文化學院編撰，日本昭和六年（1931）東方文化學院排印本。

又一部殘卷校勘記二卷一冊，唐孔穎達等撰，校勘記，日本東方文化學院撰，日本昭和六年（1931）東方文化學院排印本。

禮記集說三十卷十五冊，元陳澔撰，日本享保九年（1724）京都今村八兵衛刊本。

禮記不分卷四冊，日本藤原惺窩訓點，日本寬永五年（1628）京都安田安昌刊本。

禮記四卷四冊，日本慶應三年（1865）刊本。

禮記陳氏集說補正三十八卷九冊，清納蘭性德撰，日本享和二年（1802）據《通志堂經解》翻刻本。

春秋類

春秋經傳集解三十卷（館藏卷一至卷十六）八冊，晉杜預撰，唐陸德明音義，日本竹添光鴻會箋，日本明治三十六年（1903）井井書屋排印本。

春秋左氏傳校本三十卷十五冊，晉杜預注，日本秦鼎校，日本嘉永三年（1850）刊本。

春秋正義三十六卷十二冊，唐孔穎達等奉敕撰，日本昭和六年（1931）東方文化學院據正宗寺舊鈔單疏本影印本。

音點春秋左傳詳節句解校本存二十六卷（缺卷二十七以下）六冊，元朱申撰，日本野村煥等校，日本岡安書房刊本。

左傳註解辨誤二卷補遺一卷附古器圖二卷二冊，明傅遜撰，日本延享三年（1746）刊本。

春秋集傳大全三十七卷卷首一卷三十冊，明胡廣等撰，明虞大復校，日本刊本。

春秋非左二卷一冊，明郝敬撰，日本皆川愿評點，日本明和三年（1766）東都書林刊本。

春秋不分卷一冊，日本藤原惺窩訓點，日本寬永五年（1628）京都安田安昌刊本。

春秋左傳異名考一卷附春秋姓名辨異一卷一冊，明閔光德撰，日本延享三年（1746）刊本。

春秋左氏傳（校本）十五冊，日本尾張須原屋校，日本嘉永三年（1850）刊本。

左傳輯釋二十五卷二十一冊，日本安井衡撰，日本明治四年（1871）賣弘書肆刊本。

春秋（改正音訓再刻），日本後藤芝山點，日本寬政年間（1789～1800）刊本。

四書類

南宗論語十卷附考異一卷二冊，魏何宴集解，《考異》，日本仙石政和撰，日本文化八年（1811）據南宗寺版翻刻本。

天文板論語十卷二冊，魏何晏集解，日本大正五年（1916）據天文二年版影刊本。

正平版論語十卷附札記一卷解題一卷四冊，魏何晏集解，《札記》，日本市野光彥撰，《解題》，日本安井小太郎撰，日本大正十一年（1922）東京斯文會據正平十九年堺浦道祐居士刊本影印，《札記》據三村氏藏重訂版影印本。

正平版論語集解十卷附正平版論語集解考一卷六冊，魏何晏集解，附錄，日本武內義雄等撰，日本昭和八年（1933）大阪正平版論語刊行會據正平版影刊本。

（縮臨古本）論語集解二冊，魏何晏集解，日本天保八年（1837）津藩有造館刊本。

論語義疏十卷附校勘記一卷六冊，梁皇侃撰，《校勘記》，日本武內義雄撰，日本大正十三年（1924）大阪懷德堂紀念會刊本。

論語注疏二十卷十冊，魏何晏集解，宋邢昺疏，日本享和元年（1801）

忠雅堂刊本。

　　又一部存十八卷八冊，魏何晏集解，宋邢昺疏，日本忠雅堂、松雲堂訓點本。

論語筆解二卷一冊，唐韓愈撰，日本寶曆十一年（1761）刊本。

論語集註存八卷三冊，宋朱熹撰，日本山崎嘉點，日本刊本。

論語（新刻改正）四冊，宋朱熹註，日本後藤芝山點，日本刊本。

論語正義二十四卷八冊，清劉寶楠撰，日本東京文求堂據清同治五年（1866）原刻影刊本。

　　又一部二十四卷八冊，魏何晏集解，清劉寶楠正義，日本東京文求堂據清同治五年（1866）原刻影刊本。

論語鈔一冊，日本服部宇之吉編，日本昭和五年（1930）東京富山房印行。

論語集說六卷六冊，日本安井衡撰，日本明治五年（1872）稻田佑兵衛刊本。

孟子外書四卷附補遺一卷一冊，宋劉攽注，《補遺》，日本豬飼彥博輯，日本寬政二年（1790）手抄本。

孟子集註十四卷四冊，宋朱熹撰，日本山崎嘉點，日本刊本。

〔標注〕孟子集注七卷四冊，宋朱熹撰，日本帆足先生標註，日本刊本。

孟子十四卷四冊，宋朱熹集注，日本後藤芝山點，日本寬政六年（1794）刊本。

孟子繹解七冊，日本皆川愿淇園撰，日本寬政九年（1778）北村四郎兵衛刊本。

孟子精蘊不分卷四冊，日本大田元貞撰，日本抄本。

孟子欄外書二冊，日本一齋居士（佐藤坦）撰，日本抄本。

孟子考七卷四冊，日本大田元貞撰，日本抄本。

增補蘇批孟子三卷三冊，宋蘇洵批，日本井上揆一卿纂評，日本明治十三年（1880）刊本。

大學或問一卷一冊，宋朱熹撰，日本山崎嘉點，日本刊本。

古本大學一卷附大學問一卷一冊，明王守仁注，日本明治十五年（1882）京都府刊本。

中庸考二冊，日本大田元貞撰，日本抄本。

四書六卷四冊，宋朱熹集注，日本明治十一年（1878）貳書堂據高見岱訓點本校刊本。

四書纂疏二十六卷九冊，宋趙順孫撰，日本文化十三年（1816）據《通志堂經解》翻刻本。

四書存疑十四卷考異一卷十四冊，明林希元撰，日本承應三年（1654）村上平樂寺重刊鵜信之訓點本。

四書知新日錄存三卷四冊，明鄭維嶽撰，日本據明潭城余彰德刊翻刻本。

〔欽定〕四書解義存六卷八冊（第二冊至第九冊），清聖祖御撰，日本大鄉穆標注，日本明治十三年（1880）脩道館排印本。

四書松陽講義十二卷八冊，清陸隴其撰，日本文政十一年（1828）刊本。

四書正解二十七卷二十七冊，清吳荃撰，日本刊本。

四書大全四十一卷四十五冊，清汪份輯，日本嘉永七年（1854）千鍾房翻刻本。

四書本義匯參論語十五卷中庸三卷孟子十四卷卷首一卷十三冊，清王步青撰，日本據清敦復堂刊翻刻本。

四書章句集注附考四卷一冊，清吳志忠撰，日本文化十一年（1814）刊本。

孝經類

古文孝經一卷一冊，舊題漢孔安國傳，日本昭和六年（1831）足利學校遺蹟圖書館據舊鈔影印本。

  又一部一卷一冊，舊題漢孔安國傳，日本昭和六年（1831）足利學校
  遺蹟圖書館據舊鈔影印本。

古文孝經孔傳（即《標註古文孝經》）一卷一冊，舊題漢孔安國傳，日本太宰純音校，日本山世璠標註，日本文化十二年（1815）嵩山房重刊本。

孝經一卷一冊，唐玄宗注，日本藤原憲校，日本寬政十二年（1800）宛委堂刊本。

孝經一卷一冊，唐玄宗注，日本寬政十二年（1800）據舊鈔卷子影印本。

孝經一卷附解說一冊，唐玄宗注，日本長澤規矩也解說，日本昭和七年（1932）東京日本書誌學會據北宋刊影印本。

孝經一卷一冊，唐玄宗注，日本菅原爲德校，日本文化五年（1808）平安堺屋伊兵衛信成刊本。

孝經一卷一冊，唐元行沖奉敕撰，日本寬政十二年（1800）刊本。

孝經刊誤一卷附考一卷二冊，宋朱喜撰，日本寬政二年（1790）川上軒刊本。

孝經大義一卷一冊，宋朱熹刊誤元董鼎註，日本寬文七年（1667）刊本。

孝經發揮一卷一冊，日本津板孝綽撰，日本文政六年（1823）刊本。

群經總義類

九經談十卷四冊，日本太田元貞撰，日本刊本。

　又一部十卷四冊，日本太田元貞撰，日本文化元年（1804）大阪河內屋太助刊本。

五經文字三卷三冊，唐張參撰，日本松崎明復據唐開成石經本校定縮刻本。

〔鉤摹石本〕五經文字三卷三冊，唐張參撰，日本松崎明復據唐開成石經本校定縮刻本。

小學類

爾雅三卷附音釋三卷校譌一卷二冊，晉郭璞注，唐陸德明音義，校譌日本松崎明復撰，日本天保十五年（1844）羽澤石經山房據宋鈔影印本。

廣雅疏義二十卷十三冊，清錢大昭撰，日本昭和十五年（1940）東京靜嘉堂文庫據清鈔影印本。

方言藻二卷一冊，清李調元撰，日本山田校，日本明治三十八年（1905）排印本。

說文解字眞本十五卷十冊，漢許愼撰，宋徐鉉等奉敕校定，日本文政九年（1826）昌平學據汲古閣版重刊本。

大廣益會玉篇三十卷五冊，梁顧野王撰，宋陳彭年等重修，日本慶長間（1596～1614）覆刊元至正南山書院刊本。

玉篇存二卷（卷八、卷二十四）二捲，梁顧野王撰，日本昭和十年（1935）東方文化學院據古鈔捲子影印本。

　又一部存一卷（卷九）一捲，梁顧野王撰，日本昭和七年（1932）東方文化學院據唐鈔捲子影印本。

又一部存卷十八之後分一捲，梁顧野王撰，日本昭和十年（1935）東方文化學院據古鈔捲子影印本。

又一部存一卷（卷二十二）一捲，梁顧野王撰，日本昭和九年（1934）東方文化學院據延喜抄本影印本。

又一部存一卷（卷二十七）一捲，梁顧野王撰，日本昭和十六年（1883）據高山寺藏古抄本影印本。

又一部存一卷（卷二十七）一捲，梁顧野王撰，日本昭和八年（1933）東方文化學院據高山寺藏古鈔捲子影印本。

大廣益會玉篇三十卷五冊，梁顧野王撰，宋陳彭年等重修，日本昭和八年（1933）東京嚴松堂古典部據慶長本影印本。

會玉篇大全（一名《增續大廣益會玉篇大全》）十卷三冊，梁顧野王撰，日本毛利貞齋註，日本嘉永七年（1854）大阪書刊本。

千字文考證不分卷一冊，梁周興嗣編次，日本高岡秀成考證，日本寬政二年（1790）千鍾房刊本。

又一部不分卷一冊，清孫謙益原注，日本茅原東學刪定並譯文，日本昭和十一年（1936）東京東學社排印本。

六書精蘊六卷附音釋一卷十三冊，明魏校撰，日本享保十二年（1727）潭龍寮重刊本。

字考不分卷一冊，明黃元立續訂，日本慶安間（1596～1614）翻刻明刊本。

字考正誤不分卷一冊，明黃元立續訂，日本森慶造校，日本明治四十五年（1912）東京民友社渡邊爲藏石印本。

字貫提要不分卷十冊，清王錫侯撰，日本刊本。

古今韻會舉要小補三十卷三十冊，明方日升編，日本正保五年（1648）村上平樂寺刊本。

廣韻雋五卷一冊，明袁鳴泰撰，日本刊本。

康熙字典四十一冊，清張玉書編，日本安永七年（1778）覆刻本。

增補十五音六卷六冊，不著撰人，日本昭和十二年（1937）臺灣嘉義捷發漢書部石印本。

高郵王氏集外文不分卷一冊，清王念孫、王引之同撰，日本昭和十一年（1936）東方文化研究所油印本。

史部

正史類

呂后本紀第九（即「史記殘卷第九」）一冊，漢司馬遷撰，日本昭和十年（1935）東京古典保存會據古抄本影印本。

史記評林一百三十卷五十冊，明凌稚隆輯，日本延保二年（1674）八尾基四郎刊本。

史記評林一百三十卷五十冊，明凌稚隆輯，明李光縉增補，日本石川鴻齋校，日本明治年間東京印刷會社印行。

漢書評林一百卷二十冊，明凌稚隆輯，日本明曆四年（1658）松堂刊本。

又一部一百卷二十冊，明凌稚隆輯，日本明曆三年（1657）刊本。

漢書正誤四卷二冊，清王峻撰，清錢大昕校定，日本昭和十三年（1938）據清乾隆六十年頤慶堂版影印本。

編年類

資治通鑑二百九十四卷一百四十八冊，宋司馬光撰，元胡三省音注，日本天保七年（1836）津藩有造館校刊本。

又一部二百九十四卷一百冊，宋司馬光撰，元胡三省音注，日本明治年間東京印刷會社排印本。

又一部二百九十四卷三十冊，宋司馬光撰，元胡三省音注，日本山名善讓訓點，日本明治十五年（1882）東京鳳文館據津藩校本翻刻本。

綱鑑易知錄存卷一至卷九十二五十五冊，清吳乘權等撰，日本嘉永二年（1849）浪華梅花書屋刊本。

支那通史七卷五冊，日本那珂通世編，日本明治二十一至二十四年（1888～1891）東京都中央堂刊本。

又一部四卷五冊，日本那珂通世編，日本明治二十三年（1890）東京都中央堂刊本。

又一部一冊，日本那珂通世編，石印本。

續支那通史三冊，日本山峰畯臺撰，石印本。

宋元通鑑一百五十七卷四十八冊，明薛應旂撰，日本萬延元年至元治元年（1860～1864）江戶玉巖堂刊本。

紀事本末類

吳錄（一名《出蜀記》）二卷二冊，宋范成大撰，日本寬政五年（1793）
重刊本。

雜史類

國語定本二十一卷六冊，吳韋昭注，日本文化七年（1810）滄浪居刊本。

又一部二十一卷六冊，吳韋昭注，日本文化七年（1810）滄浪居刊本。

戰國策正解十卷十三冊，日木橫田惟孝撰，日本文政十二年（1829）三
都書林群玉堂溫故堂青山堂合刊本。

貞觀政要十卷存六冊，唐吳兢撰，元戈直輯，日本文政元年（1818）天
游園刊本。

又一部十卷十冊，唐吳兢撰，元戈直輯，日本文政六年（1823）刊本。

又一部十卷十冊，唐吳兢撰，元戈直輯，日本文政六年（1823）刊本。

揚州十日記一卷附嘉定屠城紀略一卷二冊，清王秀楚撰，附清朱子素撰，
日本齋藤南溟校，日本天保五年（1834）自修館刊本。

戴案紀錄二卷二冊，民國吳德功撰，日本昭和十一年（1936）抄本。

施案紀錄一卷一冊，民國吳德功撰，日本昭和十一年（1936）抄本。

讓臺記二卷二冊，民國吳德功撰，日本昭和十一年（1936）抄本。

傳記類

典故大方四卷一冊，姜敩錫撰，日本大正十四年（1925）京城府漢陽書
院追加訂正再版印行。

唐才子傳十卷五冊，元辛文房撰，日本正保四年（1647）刊本。

歷代畫史彙編七十二卷卷首一卷附錄二卷二十冊，清彭蘊燦纂，日本明
治十五年（1822）長洲彭氏東京刊本。

林姓宗親錄，林清墩編，日本昭和十二年（1937）台北林姓祖廟內印本。

宋元明清書畫明賢詳傳，日本山本悌二郎、紀成虎一撰，日本刊本。

列仙傳二卷附例仙傳考異一冊，漢劉向撰，日本寬政五年（1793）刊
本。

古列女傳（即《列女傳》）八卷續列女傳三卷八冊，漢劉向撰，續，不著
撰人，日本承應三年（1654）水玉堂刊本。

朱子行狀一卷一冊，宋黃榦撰，朝鮮李滉輯注，日本正德二年（1712）

平安壽文堂刊本。

朱子年譜三卷附外記二卷一冊，明葉公回輯，日本寬文六年（1666）大坂書房刊本。

朱子年譜外記二卷，明戴銑編，日本寬文年間（1661～1672）刊本。

儀徵劉孟瞻年譜不分卷附錄一卷校勘記一卷二冊，日本小澤文四郎撰，日本昭和十四年（1939）文思樓刊本。

明畫錄八卷五冊，清徐泌撰，日本文化十四年（1817）刊本。

入蜀記六卷二冊，宋陸游撰，日本寬政六年（1794）京都刊本。

載記類

吳越春秋六卷六冊，漢趙曄撰，日本寬延二年（1749）皇都書舖向陽堂聚文堂刊本。

地理類

上海繁昌記三卷三冊，清葛元煦撰，日本明治十一年（1878）日本藤堂良駿據日本石印本訓點本。

平山堂圖志十卷卷首一卷四冊，清趙之璧撰，日本天保十四年（1843）官刊本。

職官類

唐六典三十卷八冊，唐玄宗御撰，唐李林甫等奉敕注，日本天保七年（1836）刊本。

大唐六典三十卷十冊，唐玄宗御撰，唐李林甫等奉敕注，日本近衛家熙校，日本昭和十年（1935）京都帝國大學文學部據享保九年（1724）本重刊本。

四譯館則二十卷二冊，清袁懋德編，日本昭和三年（1928）京都帝國大學文學部東洋史研究室影印本。

福惠全書三十二卷十八冊，清黃六鴻撰，日本小畑行蘭訓譯，日本嘉永三年（1850）詩山堂刊本。

政書類

封建論一卷一冊，元馬端臨撰，日本抄本。

從政錄一卷一冊，明薛瑄撰，日本寬文二年（1662）刊本。

帝諡考，日本森林太郎編，日本大正十年（1921）圖書寮排印本。

目錄類

國史經籍志六卷十冊，明焦竑撰，清徐象橒校，日本曼山館據徐象橒梅隱書屋活字印本重刊本。

官版彙刻書目十卷附外集一卷十六冊，清顧修編，《外集》，日本松澤麥撰，日本文政三年（1820）刊本。

古文舊書考四卷附古今書刻四卷四冊，日本島田翰撰，《古今書刻》，明周弘祖撰，日本明治三十八年（1905）鉛印本。

圖書寮漢籍善本書目四冊，日本昭和五年（1930）印本。

學古發凡八卷六冊，日本高田忠周纂，日本大正八年（1919）東京說文樓影印本。

竹雲題跋四卷四冊，清王澍撰，日本岡本明玉堂刊本。

子部

儒家類

孔子家語十卷五冊，魏王肅注，日本寬永十五年（1638）風月宗智刊本。

荀子增注二十卷附補遺一卷十一冊，唐楊倞注，日本久保愛增注，《補遺》，日本豬飼彥博撰，日本文政三年（1920）平安書林水玉堂刊本。

荀子增註二十卷附補遺十一冊，唐楊倞注，日本山世璠編，日本久保愛增注，《補遺》日本豬飼彥博撰，日本文政十年（1827）（補遺序）平安書林水玉堂刊本。

晏子春秋八卷五冊，舊題周晏嬰撰，日本元文元年（1736）刊本。

    又一部四卷五冊，黃之寀校，日本元文元年（1736）植村藤右衛門等刊本。

新序十卷二冊，漢劉向撰，明程榮校，日本金華平玄仲訓點，日本享保二十年（1735）東京書林嵩山房刊本。

說苑纂註（封面題《劉向說苑纂註》）二十卷十冊，漢劉向撰，日本尾張關嘉纂註，日本寬政六年（1794）興藝館刊本。

忠經一卷一冊，舊題漢馬融撰，漢鄭玄注，日本昭和十一年（1936）文求堂書店據汲古閣刊本影印。

忠經集註詳解一卷一冊，漢馬融撰，漢鄭玄集註，明余昌年訂，日本宇逷菴的解議，日本元祿二年（1689）雒陽書肆刊本。

潛夫論十卷五冊，漢王符撰，日本天明七年（1787）浪華六藝堂刊本。

文中子中說（即《文中子》）十卷附補傳一卷四冊，隋王通撰，宋阮逸註，《補傳》宋司馬光撰，日本深田氏校正，日本元祿八年（1695）阪府書林修文堂刊本。

又一部十卷附補傳一卷四冊，隋王通撰，宋阮逸註，日本深田氏校正，日本文化三年（1806）東京松雲堂重刊本。

帝範二卷附臣軌二卷四冊，唐太宗撰，日本寬文八年（1668）刊本。

近思錄集解十四卷六冊，宋朱熹、呂祖謙撰，葉采集解，日本延寶六年（1678）大阪吉野屋權兵衛刊本。

北溪先生字義詳講三卷一冊，宋陳淳撰，日本寬文八年（1668）刊本。

朱書抄略三卷一冊，日本山崎嘉右衛門校，日本延寶八年（1680）刊本。

傳習錄三卷附錄一卷四冊，明王守仁撰，日本三輪希賢註，日本正德二年（1712）文海堂刊本。

又一部三卷附佐藤一齋欄外書三冊，明王守仁撰，日本南部保城編輯，日本明治三十六年（1903）東京肆松堂訂正參版刊本。

義府一卷，日本廣瀨建撰，日本嘉永元年（1848）刊本。

王陽明傳習錄三卷，明王守仁撰，日本南部保城編，明治三十六年（1903）東京松山堂刊本。

顏氏家訓二卷附考證一卷二冊，北齊顏之推撰，《考證》，宋沈揆撰，日本文化七年（1810）京師葛西市郎兵衛刊本。

又一部二卷附考證一卷二冊，北齊顏之推撰，《考證》，宋沈揆撰，日本文化七年（1810）京師葛西市郎兵衛刊本。

小學句讀集疏十卷十一冊，宋朱熹撰，日本益軒貝原句讀，日本竹田定直編，日本天保九年（1838）東都書林名山閣刊本。

合璧摘要小學本注內外篇二卷二冊，宋朱熹撰，日本山崎嘉點校，日本天保十四年（1843）刊本。

增訂標注小學正本二卷二冊，宋朱熹撰，日本久保吉人纂釋標注，日本明治二十二年（1889）目黑氏刊本。

自警蒙求三卷一冊，日本藤澤南岳撰，日本元治元年（1864）泊園社刊本。

東宮勸讀錄一卷附雜錄一卷二冊，宋楊萬里撰，日本天章禪師校，日本

慶應四年（1857）兩白堂刊本。

兵家類

魏武帝注孫子三卷一冊，魏曹操撰，日本岡白駒訓點，日本寶曆十四年
（1764）京都書肆刊本。

武侯琴譜不分卷一冊，不著撰人，日本刊本。

孫吳副詮孫子副詮十三篇吳子副詮六卷二冊，日本佐藤一齋撰，日本天
保十三年（1842）東都書林文淵堂刊本。

孫子十家註十三卷附敘錄一卷遺說一卷四冊，宋吉天保輯，清孫星衍、
吳人驥同校，《敘錄》，清畢以珣撰，日本嘉永六年（1853）重刊本。

紀效新書十八卷六冊，明戚繼光撰，日本平山潛校正，日本寬政九年
（1797）江都清藜閣刊本。

法家類

管子纂詁二十四卷十二冊，日本安井衡撰，日本慶應元年（1865）江戶
書林玉山堂重刊本。

又一部二十四卷十二冊，周管仲撰，日本安井衡纂詁，日本慶應元年
（1865）江戶書林玉山堂重刊本。

管子補正二卷二冊，日本豬飼彥博著，日本寬政十年（1798）平安書肆
刊本。

韓非子（封面題《韓非子全書》）二十卷十冊，周韓非撰，日本寬政七年
（1795）大阪書林刊本。

韓非子解詁（封面題《校正韓非子解詁全書》）二十卷卷首一卷卷末一卷
附錄一卷十冊，周韓非撰，日本津田鳳卿解詁，日本大阪書肆重刊本。

評釋韓非子全書二十卷十冊，周韓非撰，日本藤澤南岳校疏，日本明治
十七年（1884）東京溫古書屋刊本。

韓非子識誤三卷二冊，清顧廣圻撰，日本弘化二年（1845）刊本。

醫家類

醫方類聚二百六十六卷一百九十八冊，不著撰人，日本文久元年（1861）
學訓堂仿朝鮮活字本刊本。

神農本草經三卷附神農本草經考異一卷二冊，魏吳普等述，清孫星衍、
孫馮翼同輯，《考異》，日本森立之撰，日本昭和八年（1933）刊本。

紹興校定經史證類備急本草二十八卷七冊，宋王繼先等同校，日本和田欣之介編，日本昭和四十六年（1971）東京春陽堂書店影印本。

痧脹玉衡書三卷後卷一卷三冊，清郭志邃撰，日本享保八年（1723）皇都書肆尚書堂尚德堂尚友堂刊本。

傷寒論正義一卷，日本吉益猷修夫撰，日本文化四年（1807）刊本。

藝術類

書法類釋二卷附十體源流不分卷二冊，日本大任致遠輯，日本弘化二年（1845）松筠堂刊本。

支那南畫大成十六卷十六冊，日本興文社編，日本昭和十至十一年（1935～1936）東京編者影印本。

支那南畫大成續集不分卷六冊，日本興文社編，日本昭和十一至十二年（1936～1937）東京編者影印本。

支那墨蹟大成十卷附錄十二冊，日本興文社編，日本昭和十二至十三年（1937～1938）東京編者影印本。

譜錄類

素園石譜四卷四冊，明林有麟撰，日本大正十三年（1924）圖本叢刊會刊本。

雜家類

墨子全書六卷六冊，周墨翟撰，明茅坤校，日本寶曆七年（1757）城東書坊據涵春樓藏宋版刊本。

〔經訓堂本〕墨子十六卷五冊，周墨翟撰，清畢沅校注，日本天保六年（1835）江戶千鍾房刊本。

又一部十六卷五冊，周墨翟撰，清畢沅校注，日本明治三十七年（1904）刊本。

（改正）淮南鴻烈解二十一卷十冊，漢劉安撰，漢高誘注，明茅坤評，日本寬政十年（1798）浪花書林炭屋五郎兵衛等刊本。

陳眉公重訂野客叢書十二卷六冊，宋王楙撰，日本承應二年（1653）京師風月莊書坊重刊《寶顏堂秘笈》本。

野客叢書十二卷六冊，宋王楙撰，日本承應二年（1653）刊本。

新刊鶴林玉露十八卷九冊，宋羅大經撰，日本慶安元年（1648）林甚右

衛門刊本。

草木子四卷四冊，明葉子奇撰，日本寬文九年（1669）刊本。

文海披沙八卷八冊，明謝肇淛撰，日本寶曆九年（1759）皇都書林山形屋利兵衛刊本。

舜水朱氏談綺三卷四冊，明朱之瑜述，日本安積覺編，日本寶永五年（1708）刊本。

群書治要存四十七卷四十七冊，唐魏徵等編，日本天明七年（1787）尾張國校刊本。

三餘偶筆十六卷八冊，清左暄撰，日本天保十二年（1841）刊本。

筆疇樵談不分卷一冊，不著撰人，日本天保十五年（1844）一方堂活字本。

蘇齋筆記十六卷五冊，清翁方綱撰，日本昭和八年（1933）古典刊行會據手稿本影印本。

　　又一部十六卷五冊，清翁方綱撰，日本昭和八年（1933）古典刊行會據手稿本影印本。

輟耕錄三十卷八冊，元陶宗儀撰，日本皇都書林弘簡堂刊本。

五雜組十六卷十六冊，明謝肇淛撰，日本寬文元年（1661）刊本。

　　又一部十六卷八冊，明謝肇淛撰，日本寬文元年（1661）刊，寬政七年（1795）修補本。

博物志十卷一冊，晉張華撰，宋周日用等注，日本天和三年（1683）藤右衛門刊本。

類書類

新刻事物紀原十卷十一冊，宋高承撰，明胡文煥校正，日本明曆二年（1656）刊本。

新編古今事文類聚前集六十卷後集五十卷四十冊，宋祝穆撰，日本明曆二年（1656）洛陽武村氏刊本。

增續會通韻府群玉三十八卷三十八冊，元陰時夫撰，明包瑜續，日本延寶三年（1675）刊本。

新刻重校增補圓機活法詩學全書二十四卷十四冊，明王世貞編，日本明曆二年（1656）刊，天明二年（1782）印本。

新刊校正增補圓機詩韻活法全書十二卷六冊，明王世貞編，日本明曆二

年（1656）刊，天明二年（1782）印本。

十七史蒙求十六卷四冊，宋王令纂，日本岡崎鵠亭校，日本文政八年（1825）刊本。

續蒙求八卷二冊，明柳希春撰，日本萬治二年（1659）刊本。

重廣會史一百卷二十冊，宋無名氏撰，日本昭和三年（1928）東京育德財團據東京前田氏藏宋本影印本。

蒙求拾遺三卷三冊，日本江廣保輯，日本寶曆二年（1752）江戶書肆嵩山房十林新兵衛刊本。

（新撰自註）桑華蒙求三卷三冊，日本豐臣公定輯，日本正德元年（1711）刊本。

皇朝蒙求三卷三冊，日本山下直溫撰，日本明治十四年（1881）刊本。

佩文韻府、韻府拾遺，佩文韻府一百零六卷韻府拾遺一百零六卷一百冊，《佩文韻府》清張玉書等編，《韻府拾遺》清汪灝等撰，日本明治三十三年（1990）東京博文館刊本。

〔御製〕佩文韻府、韻府拾遺，佩文韻府一百零六卷韻府拾遺一百零六卷附索引七冊，《佩文韻府》清張玉書等編，《韻府拾遺》清汪灝等撰，《索引》日本大槻如電編，日本明治四十一年（1908）東京吉川弘文館鉛印本。

又一部，佩文韻府一百零六卷韻府拾遺一百零六卷附索引七冊，《佩文韻府》清張玉書等編，《韻府拾遺》清汪灝等撰，《索引》日本大槻如電編，日本明治四十一年（1908）東京吉川弘文館鉛印本。

續聯珠詩格十二卷二冊，日本釋教存快行編，日本釋持戒醇淨校，日本文政十三年（1830）刊本。

小說家類

世說新語補二十卷十冊，劉宋劉義慶撰，梁劉孝標注，明何良俊增，明王世貞刪定，明張文柱校注，日本安永八年（1779）京都林權兵衛等刊本。

世說音釋十卷五冊，日本恩田仲任輯，日本文化十三年（1816）東璧堂刊本。

世說講義十六卷十冊，日本田中大藏撰，日本文化十三年（1816）修道館藏板。

世說撮鈔四卷四冊，劉宋劉義慶撰，日本寶曆十三年（1763）平安書肆文泉堂刊本。

剪燈新話句解四卷二冊，明瞿佑撰，滄洲訂正，垂胡子集釋，日本慶安元年（1648）京都林正五郎刊本。

剪燈餘話七卷四冊，明李昌祺撰，日本元祿五年（1692）京都林九兵衛刊本。

　　又一部七卷四冊，明李昌祺撰，日本元祿五年（1692）京都九兵衛刊本。

梅花度異林十卷六冊，明支允堅撰，日本抄本。

太平清話二卷二冊，清陳繼儒撰，日本慶應元年（1865）官刊本。

（奇文觀止）本朝虞初新志三卷三冊，日本菊池純撰，日本依田百川評點，日本明治十六年（1883）東京書估文玉圃刊本。

搜神記二十卷　卷一至卷附後記五冊，晉干寶撰，《後記》晉陶潛撰，日本文政三年（1820）刊本。

冥報記三卷三冊，唐唐臨撰，日本明治四十三年（1910）山城據高山寺舊抄本影印本。

　　又一部三卷三冊，唐唐臨撰，日本明治四十三年（1910）山城據高山寺舊抄本影印本。

山海經十八卷，晉郭璞注，日本前川文榮堂刊本。

笑府不分卷一冊，明馮夢龍撰，日本刊本。

（習文楷梯）譯準笑話一冊，日本津阪東陽撰，日本文政九年（1826）山形屋傳右衛門刊本。

評論出像水滸傳（封面題《金聖歎批評水滸傳》）四卷十一回四冊，元施耐庵撰，日本平山高知譯，日本文政十二年（1829）大阪書肆青木嵩山堂刊本。

釋家類

大智度論附大智度論要義條目集一百零三卷五十三冊，龍樹菩薩撰，日本寬文元年（1661）刊本。

一代經律論釋法數（大藏法數）六十八卷二十五冊，釋寂照撰，日本蓍屋宗八刊本。

大明三藏法數五十卷二十五冊，釋一如撰，日本慶安五年（1651～1652）

吉町八尾勘兵衛刊本。

華嚴一乘教分記輔宗匡眞鈔十冊，釋鳳潭撰，日本享保十六年（1731）
河南四郎右衛門刊本。

華嚴五教章復古記十二冊，釋師會撰，日本寬文九年（1669）前川茂右
衛門刊本。

華嚴原人論讀解三冊，釋冏鑑撰，日本明治十年（1877）東都時宗大教
院刊本。

華嚴遊心法界記，釋法藏撰，日本享保十三年（1728）平左衛門刊本。

新譯華嚴經七處九會頌，釋澄觀撰，日本文化二年（1805）藤井左兵衛
刊本。

華嚴經文義綱目，釋法藏撰，日本元祿八年（1695）丁字屋九郎右衛門
刊本。

華嚴五教止觀·華嚴一乘十玄門，釋杜順、智儼撰，日本元祿九年（1696）
赤井長兵衛刊本。

華嚴金師子章，釋法藏撰，日本寬政七年（1795）丁字屋刊本。

華嚴一乘教分記，釋法藏撰，日本寬永四年（1627）村上平樂寺刊本。

金師子章光顯鈔二冊，釋高弁撰，日本承應二年（1653）武村市兵衛刊
本。

華嚴經旨歸，釋法藏撰，日本明曆二年（1656）水田榮治郎刊本。

華嚴孔目章四冊，釋智儼撰，日本元祿十四年（1701）宜風坊刊本。

華嚴五十要問答二冊，釋智儼撰，日本元祿八年（1695）刊本。

大乘法界無差別論疏，釋法藏撰，日本正德元年（1711）文台屋刊本。

傍科羽翼原人論，釋冏鑑、大榮、圓通撰，日本文政七年（1824）東都
吉田久兵衛刊本。

大乘起信論，釋馬鳴撰，日本寬永九年（1632）藤井文政堂刊本。

大乘起信論別記，釋法藏撰，日本藤井佐兵衛刊本。

本朝高僧傳，釋師蠻、加納（美濃）撰，日本寶永四年（1707）盛德寺
刊本。

元享釋書徵考三十卷十六冊，釋師鍊撰，日本天和二年（1682）村田刊
本。

元享釋書，釋師鍊撰，日本寬永元年（1624）小島家富刊本。

華嚴經文義綱目，釋法藏撰，日本元祿七年（1694）刊本。

華嚴教傳記五卷二冊，釋法藏撰，日本刊本。

華嚴遊心法界記一冊，釋法藏撰，日本保享十三年（1728）秋田屋刊本。

華嚴孔目一乘唯識章一冊，釋明道撰，日本文化九年（1812）葛西市郎兵衛刊本。

修華嚴奧旨妄盡還源觀一冊，釋法藏撰，日本慶安年間（1648～1651）刊本。

維摩經略疏垂裕記五冊，釋智圓撰，日本享保十三年（1728）長谷川市郎兵衛刊本。

三教指歸文筆解知鈔三冊，釋印融撰，日本寬永八年（1631）中野市右衛門刊本。

古筆拾集鈔六冊，釋印融撰，日本正保三年（1646）佐右衛門刊本。

忍澂和尚行業記二冊，釋珂然撰，日本享保十二年（1727）華頂山刊本。

集成光明善導大師別傳纂註不分卷二冊，釋葵翁撰，日本寬政八年（1796）和泉屋刊本。

弘法大師正傳三卷四冊，釋高演撰，日本天保五年（1834）刊本。

金剛般若波羅蜜經三冊，釋惠能撰，日本刊本。

拾遺雲門即道禪師語錄一冊，釋大樹編，日本天明元年（1781）刊本。

〔校訂〕法苑珠林一百卷十五冊，唐釋道世撰，日本松岡了嚴校訂，日本明治十九至二十二年（1886～1889）法苑珠林出版所排印本。

一切經音義二十五卷七冊，唐釋玄應撰，日本山田孝雄輯，日本昭和七年（1932）東京西東書房據大治抄本影印本。

　　又一部二十五卷附天平實本卷第六斷簡一卷慧琳音義佚文一卷索引一卷七冊，唐釋玄應撰，日本山田孝雄輯併撰索引，日本昭和七年（1932）東京西東房影印本。

　　又一部一百卷五十冊，唐釋慧琳撰，日本元文三年（1738）京都獅谷白蓮社刊本。

　　又一部一百卷二十五冊，唐釋慧琳撰，日本昭和六年（1931）京城帝國大學法文學部據朝鮮慶尚南道海印寺藏版重印本。

續一切經音義十卷五冊，遼釋希麟撰，日本延享三年（1746）刊本。

大唐大慈恩寺三藏法師傳十卷附考異十卷索引一卷四冊，唐釋慧立撰，

唐釋彥悰述，《考異》、《索引》日本宇都宮清吉撰，日本昭和七年（1933）東方文化學院京都研究所據高麗藏本影印本。

又一部十卷附考異十卷（缺索引）三冊，唐釋慧立撰，唐釋彥悰述，《考異》、《索引》日本宇都宮清吉撰，日本昭和七年（1933）東方文化學院京都研究所據高麗藏本影印本。

道家類

王注老子道德經二卷附考異、考正、考二冊，魏王弼註，唐陸德明音義，日本宇惠考訂，日本明和七年（1770）江都書肆千鍾堂花說堂刊本。

評註老子道德經二卷二冊，宋蘇轍、元吳澄註，日本木山塢吉編，日本明治二十六年（1893）東京松山堂刊本。

老子鬳齋口義二卷一冊，宋林希逸撰，日本明曆三年（1657）刊本。

老子鬳齋口義二卷二冊，，宋林希逸撰，日本德倉昌堅考訂，日本寶永六年（1709）大書林寶文堂大野木市兵衛刊本。

鼇頭註釋林註老子道德經二卷二冊，宋林希逸撰，日本延寶二年（1674）刊本。

又一部二卷二冊，宋林希逸撰，日本延寶二年（1674）刊本。

老子道德經（封面題《老子集說》）二卷一冊，日本渡政輿注，日本昭和五年（1930）東京文求堂據拜經堂本重刊本。

老子億二卷附解說一卷三冊，明王道撰，解說日本無名氏撰，日本昭和七年（1933）東方育德財團據尊經閣藏明安如山校刊本影印本。

關尹子一卷一冊，舊題周尹喜撰，日本白井眞純校，日本元文五年（1740）山城屋茂左衛門刊本。

張註列子八卷四冊，舊題周列禦寇撰，晉張湛注，日本寬政三年（1791）松山堂書店據明世德堂本翻刊本。

列子鬳齋口義八卷四冊，宋林希逸撰，日本萬治二年（1659）刊本。

莊子存七卷（卷二十三、二十六、二十七、二十八、三十、三十一、三十三）七捲，周莊周撰，晉郭象注，日本昭和五至六年（1930～1931）東方文化學院據山城高山寺藏舊鈔影印本。

又一部存七卷（卷二十六、二十七、二十八、三十、三十一、三十三）七捲，周莊周撰，晉郭象注，日本昭和五至六年（1930～1931）東方文化學院據山城高山寺藏舊鈔影印本。

（補義）莊子因六卷，清林雲銘撰，日本秦鼎補，日本寬政九年（1797）
浪華書肆柳原積玉圃刊本。

莊子集註十卷，周莊周撰，日本巖井文集註，日本文政八年（1825）弘
升館刊本。

南華眞經注疏解經三十四卷十三冊，晉郭象注，唐成玄英疏，日本萬治
四年（1661）中野宗左衛門刊本。

重刻莊子南華眞經（封面題《訓點郭注莊子》）十卷十冊，晉郭象注，日
本千葉玄之訓點，日本文政九年（1826）文榮堂書房重刊本。

　　又一部十卷五冊，晉郭象注，日本千葉玄之訓點，日本天明三年（1783）
　　文榮堂書房重刊本。

鬳齋莊子口義十卷卷末一卷十冊，宋林希逸撰，日本寬文五年（1665）
刊本。

獨見附標補義莊子因六卷卷首一卷六冊，清林雲銘撰，《獨見》，清胡文
英撰，日本寬政九年（1797）浪華書肆柳原積玉圃刊本。

　　又一部六卷卷首一卷六冊，清林雲銘撰，《獨見》，清胡文英撰，日本
　　寬政九年（1797）浪華書肆柳原積玉圃刊本。

標注補義莊子因六卷卷首一卷六冊，清林雲銘撰，日本秦鼎補義，日本
東條保標注，日本明治二十三年（1890）刊本。

解莊內篇八卷外篇九卷雜篇七卷二十四冊，日本宇津木益夫撰，日本明
治十四至十五年（1881～1882）爰止居刊本。

全文抱朴子內篇四卷外篇四卷八冊，晉葛洪撰，明愼懋官校，日本辰已
感明齋重訂，日本享保十一年（1726）皇都書肆梁文堂桐華軒合刊本。

張天師符法二卷一冊，不著撰人，日本刊本。

有象列仙全傳九卷八冊，明王世貞編，日本慶安三年（1650）京都藤田
庄右衛門翻明新安汪雲鵬校刊本。

集部

楚辭類

楚辭辯證二卷一冊，宋朱熹撰，日本傳抄宋慶元己未（1199）刊本。

楚辭燈四卷四冊，清林雲銘撰，清林沅芷校，日本尾張秦鼎讀，日本寬
政十年（1798）刊本。

又一部四卷一冊，清林雲銘撰，清林沅芷校，清楊攀梅重訂，日本文政七年（1824）補刊本。

別集類

陶淵明集八卷卷末一卷，晉陶潛撰，日本近藤元粹評，日本明治三十八年（1905）青木嵩山堂排印本。

又一部八卷一冊，晉陶潛撰，日本近藤元粹評訂，日本昭和三十八年（1963）青木嵩山堂印本。

寒山詩一卷附豐干禪師錄拾得詩三冊，唐釋寒山子撰，日本寬文十一年（1671）江戶嶋惣兵衛刊本。

寒山詩闡提記聞三卷三冊，唐釋寒山子撰，閭丘胤編，日本釋白隱（慧鶴）注，日本延享三年（1746）刊本。

寒山詩集鈔五卷五冊，唐釋寒山撰，日本本內以愼注，日本元祿十四年（1701）刊本。

寒山詩集一卷，附豐干拾得詩，唐釋寒山、釋豐干、釋拾得同撰，昭和三年（1928）東京審美書院株式會社影印本。

寒山詩講義不分卷一冊，日本若生國榮撰，日本大正六年（1917）光融館鉛印本。

和三聖詩不分卷一冊，唐釋寒山、明釋梵琦等撰，日本刊本。

唐王右丞詩集六卷三冊，唐王維撰，明顧可久註，日本正德四年（1714）京都萬屋喜兵衛刊本。

分類補註李太白詩二十五卷，唐李白撰，元楊齊賢集註，明蕭士贇補註，日本山脇重顯校點，日本延寶七年（1679）刊本。

李太白詩醇五卷，唐李白撰，日本近藤元粹評，日本明治三十九年（1906）東京青木嵩山堂排印本。

韋蘇州集十卷四冊，唐韋應物撰，日本文政三年（1820）官刊本。

杜詩偶評四卷三冊，清沈德潛撰，日本嘉永五年（1852）官板書籍發行所刊本。

韓文四十卷外集十卷遺文一卷六冊，唐韓愈撰，唐李漢輯，明游居敬校，日本嘉永七年（1854）重刊本。

唐韓昌黎集四十卷外集十卷附錄一卷二十六冊，唐韓愈撰，明蔣之翹注，日本萬治三年（1660）京都中江久四郎刊本。

唐韓昌黎集四十卷外集十遺文一卷附錄一卷四十冊，唐韓愈撰，明蔣之翹注，日本萬治三年（1660）秋田屋平左衛門刊本。

韓昌黎詩講義二卷二冊，日本上村才六編注，日本昭和十一年（1936）聲教社排印本。

韓昌黎詩集十一卷一冊，唐韓愈撰，日本近藤元粹評訂，日本明治四十三年（1910）東京青木嵩山堂排印本。

唐柳河東集四十五卷遺文一卷外集二卷三十六冊，唐柳宗元撰，明蔣之翹輯注，日本寬文四年（1664）京都秋田屋平左衛門刊本。

唐柳河東集四十五卷遺文一卷外集二卷三十六冊，唐柳宗元撰，明蔣之翹輯注，日本寬文四年（1664）秋田屋平左衛門刊本。

柳文四十三卷附別集二卷外集二卷附錄一卷六冊，唐柳宗元撰，明游居敬校，日本安政四年（1827）重刊本。

李長吉歌詩四卷外集一卷三冊，唐李賀撰，宋吳正子箋註，宋劉辰翁評點，日本文政元年（1818）官刊大字本。

杜樊川絕句詳解不分卷一冊，唐杜牧撰，日本上村才六輯注，日本昭和八年（1933）聲教社排印本。

王半山詩箋注五十卷八冊，宋王安石撰，明李璧注，日本天保七年（1836）據官板重刊本。

陸詩意註六卷三冊，宋陸游撰，日本市何寬齋意註，日本明治四十三年（1910）香雨書屋排印本。

陸放翁詩醇六卷六冊，日本近藤元粹選評，日本明治四十二年（1909）青木嵩山堂排印本。

林和靖詩集二卷二冊，宋林逋撰，日本貞享三年（1686）茨木多左衛門刊本。

蘇東坡詩醇六卷六冊，宋蘇軾撰，日本近藤元粹選評，日本大正十四年（1925）大阪田中宋榮堂排印本。

山谷詩集二十卷一冊，宋黃庭堅撰，日本寬永十二年（1635）刊本。

山谷詩集注抄二十卷卷首一卷二十冊，宋黃庭堅撰，任淵注，日本釋一韓譯解，日本寬文三年（1663）村上勘兵衛刊本。

晦庵先生朱文公文集一百卷續集十一卷別集十卷目錄二卷五十六冊，宋朱熹撰，日本正德元年（1711）壽文堂刊本。

晦庵先生朱文公別集十卷，館藏卷四至卷十存二冊，宋朱熹撰，日本正德元年（1711）壽文堂刊訓點本。

雪岑和尚續集二卷一冊，宋釋行海撰，日本寬文五年（1665）藤田六兵衛刊本。

元遺山詩鈔二冊，金元好問撰，日本垣內保定纂，昭和四十一年（1966）東京青木嵩山堂排印本。

　　又一部二卷二冊，金元好問撰，日本垣內保定纂，明治四十一年（1966）
　　東京青木嵩山堂排印本。

蕉堅稿一卷附錄一卷二冊，明絕海國師撰，明釋慧大歲編，日本京都文求書堂據明永樂元年（1403）西山招慶禪院本重刊本。

順渠先生文錄十二卷四冊，明王道選，日本昭和七年（1932）東京育德財團翻刻本。

擬寒山詩一卷一冊，明釋隱元撰，釋道澄錄，日本寬文六年（1666）刊本。

壯悔堂文集十卷附遺稿一卷卷首一卷十一冊，清侯方域撰，清徐作肅等評點，日本萬延二年（1861）重刊本。

二十七松堂文集十六卷十冊，清廖燕撰，日本文久二年（1862）日本東京書肆刊本。

海珊詩鈔十一卷補遺二卷附明史雜詠四卷四冊，清嚴遂成撰，日本昭和二年（1927）日本名古屋雅聲社活字本。

晚香園梅詩不分卷一冊，清林潭撰，清陳元輔注，日本安政二年（1855）刊本。

　　又一部不分卷一冊，清林潭撰，清陳元輔注，日本安政二年（1855）
　　刊本。

總集類

文選正文十三冊，梁蕭統編，日本文政十一年（1828）風月堂刊本。

文選正文十二卷十二冊，梁蕭統編，日本近藤元粹音釋訓點，日本明治十五年（1882）刊本。

（九條家藏舊抄本）文選存二十一卷，梁蕭統編，日本近藤元粹音釋訓點，日本昭和年間印本。

評苑改點文選傍訓大全十五卷十冊，明王象乾刪訂，日本元祿十一年

（1698）大田權右衛門刊本。

瀛奎律髓四十九卷十冊，元方回編，日本寬文十一年（1671）刊本。

精選唐宋千家聯珠詩格二十卷十冊，元于濟、蔡正孫同編，日本天保二年（1831）大阪刊本。

經史論存十五卷十五冊，日本關義臣編纂，日本明治二十年（1887）溫故堂刊本。

〔王荊公〕唐百家詩選存十卷四冊，宋王安石輯，日本昭和十一年（1936）東京靜嘉堂文庫據宋刊本影印本。

唐詩鼓吹十卷五冊，金元好問編，元郝天挺註，日本寶永七年（1710）古川三郎兵衛刊本。

（新增箋註）三體詩（一名《新增唐賢絕句三體詩法》）二十卷三冊，宋周弼撰，元釋圓至註，日本後藤松陰考訂，日本安政三年（1856）江戶大學據玉山堂、宋榮堂、文海堂合梓版翻刻本。

唐詩正聲二十二卷四冊，明高棅編，明吳中珩校訂，日本文政三年（1820）刊本。

廣唐賢三昧集十卷十冊，清王士禎輯，清文昭錄，日本明治四十三年（1910）東京西東書房影印本。

金詩選四卷四冊，清顧奎光編，日本天保七年（1836）江左書林玉山堂刊本。

昭代選屑三十卷七冊，明李本緯編，日本文政三年（1820）刊本。

經世文編抄二十一冊，清賀長齡輯，日本嘉永元年（1848）津藩有造館聚珍本。

（二十四家選本）清二十四家詩三卷三冊，日本中島一男編纂，日本明治十一年（1878）書肆刊本。

又一部三卷三冊，日本中島一男編纂，日本明治十一年（1878）北村四郎兵衛等刊本。

又一部三卷三冊，日本中島一男編纂，日本明治十一年（1878）刊本。

詩文評類

文則二卷一冊，宋陳騤撰，日本南紀山鼎句讀，日本享保十三年（1728）刊本。

文章一貫二卷一冊，明高琦、吳守素編，日本寬永二十一年（1644）風

月宗智刊本。

詩人玉屑二十一卷十冊，宋魏慶之撰，日本正德二年（1712）瀨尾源兵衛刊本。

精選古今名賢叢話詩林廣記前集十卷後集十卷十二冊，宋蔡正孫撰，日本寬文八年（1668）刊本。

天廚禁臠三卷一冊，宋釋惠洪撰，日本寬文十年（1670）銅駝坊長尾平兵衛刊本。

名賢詩評二十卷一冊，明俞允文編，日本鵜飼金平眞昌訓點，日本寬文九年（1669）刊本。

藝苑卮言六卷六冊，明王世貞撰，日本賴煥校，日本延享三年（1746）刊本。

詩藪內編六卷外編六卷雜編六卷續編二卷三冊，明胡應麟撰，日本貞享三年（1686）武村新兵衛刊本。

文體明辨六十一卷目錄七卷附錄十六卷存四十一冊，明徐師曾撰，日本刊本。

文體明辨六十一卷目錄六卷附錄十四卷存四十七冊，明徐師曾撰，日本寬文三年（1663）京都刊本。

文體明辨六十一卷首一卷目錄六卷附錄十四卷存四十三冊，明徐師曾纂，日本寬文十三年（1673）伊東氏刊本。

甌北詩話十二卷四冊，清趙翼撰，日本文政十一年（1828）玉巖堂刊本。

詩法纂論十卷續編五卷四冊，清朱飲山撰，《續編》清游藝輯，日本岸田吟香訓點，日本明治十七年（1884）小野湖山校樂善堂書房刊本。

詩山堂詩話一卷一冊，日本小畑行蕑撰，日本嘉永四年（1851）詩山堂刊本。

拙堂文話八卷續文話八卷八冊，日本齋藤謙撰，日本文政十三年（1830）《續》天保七年（1836）浪華書林享屋淺二郎刊本。

五山堂詩話十卷補遺五卷，日本池無弦撰，日本文化四年（1807）刊本，《補遺》天保三年（1832）江戶書肆玉山堂刊本。

談唐詩選一卷一冊，日本市河世寧編，日本文政二年（1819）江戶山城屋佐兵衛刊本。

吉光集一冊，陳懷澄輯，昭和九年（1934）嘉義蘭記圖書局石印本。

詞曲類

唐宋十家詞不分卷附元人詞三種八冊，不著輯人，日本明治二十三年
（1890）日本手抄本。

嬌紅記二卷一冊，明劉東生撰，日本昭和三年（1928）據明宣德十年（1435）
刊本影印本。

元曲逸篇三種不分卷一冊，息機子編，日本久保天隨抄本。

梁任公三種曲不分卷一冊，梁啓超撰，日本抄本。

元雜劇二種，臧懋循編校，明治四十四年（1911）京都山田茂助刊本。

荊釵記不分卷一冊，明朱權撰，日本手抄本。

紫釵記、南柯夢記、邯鄲夢記六卷六冊，明湯顯祖撰，日本手抄本。

橘浦記二卷二冊，明許自昌撰，日本昭和四年（1929）東京九皐會據明
萬曆刊本影印本。

補春天傳奇不分卷二冊，清槐南小史撰，日本明治十三年（1880）東京
刊本。

叢部

昌平叢書，日本享和元年至文久三年（1801～1863）刊，明治四十二年
（1909）東京松山堂彙印本。

拜經堂叢書十種六十二卷十冊，清臧琳、臧庸同撰，日本昭和十年（1935）
東方文化學院京都研究所據清乾隆嘉慶間臧氏刊本影印本。

又一部十種六十二卷十冊，清臧琳、臧庸同撰，日本昭和十年（1935）
東方文化學院京都研究所據清乾隆嘉慶間臧氏刊本影印本。

巾箱小品十三種十三卷四冊，清無名氏輯，日本文久三年（1863）翻刻
本。

浙西六家詩鈔六種六卷六冊，清吳應和、馬洵同選，日本嘉永六年（1853）
刊本。

古今雜刻三十種三十卷五冊，元無名氏輯，日本大正三年（1914）京都
帝國大學文科大學據元本影印本（京都帝國大學文科大學叢書第二）。

悔菴樂府（一名《西堂樂府》）五種五卷一冊，清尤侗撰，日本大正十一
年（1922）手抄本。

臺灣大學所藏中日鈔本的學術價值

　　臺灣大學收藏的中文善本古籍中有六十一種是中日鈔本，其中十種爲日本鈔稿本，一種爲朝鮮稿本，數量雖然不多，卻不乏未經刊刻之本，且爲海內外孤本。本文擬介紹本校收藏鈔稿本的內容，分析這些鈔稿本的學術價值，並建議鈔稿本的整理與兩岸的合作。

一、鈔本的內容

　　六十一種鈔稿本中，經部十二種、史部十七種、子部二十五種、集部七種。分別列舉如下：

1. 《周易宗義》十卷十冊，明程汝繼撰，日本影寫明萬曆三十七年刊本。
2. 《易學啓蒙圖考》一卷一冊附錄《啓蒙說》，日本一齋先生撰，川田興補，日本天保四年稿本。
3. 《尚書義考》二卷二冊，清戴震撰，鈔本。（書影一）
4. 《禹貢通解》不分卷一冊，不著撰人，稿本。
5. 《詩集傳綱領》一卷一冊，宋朱熹撰，日本鈔本。（書影二）
6. 《詩經備考》二十四卷六冊，明鍾惺、韋調鼎撰，日本文政十二年（1829）鈔本。
7. 《春秋經傳辨疑》一卷一冊，明童品撰，藍格舊鈔本。
8. 《筆記律呂新書說》存中、下二卷二冊，不著撰人，舊鈔本。
9. 《大學集解》一卷一冊，清陳世佶撰，清初東海陳氏手稿本。
10. 《四書補遺正誤》不分卷二冊，清王致聰撰，鈔本。

11.《彙雅》三卷三冊，明張萱編，傳鈔明萬曆三十三年清眞館刊本。

12.《爾雅一切註音》十卷十冊，清嚴萬里纂輯，藍格鈔本。

13.《金小史》八卷四冊，明楊循吉撰，傳鈔本。

14.《皇朝編年備要》三十卷三十二冊，宋陳均撰，清清白草廬鈔本。

15.《南宋雜事詩》七卷二冊，清沈嘉轍等撰，清烏絲欄寫本。

16.《甲申日記》八卷附錄一卷八冊，明不著撰人，鈔本。

17.《華夷變態》三十五卷八十冊，不著撰人，日本昭和十一年吉村又雄鈔本。

18.《漢事會最人物志》三卷二冊，清惠棟輯，清吳清如傳鈔黃蕘圃藏本。（書影三）

19.《昭忠祠列傳續集》一卷一冊，清不著撰人，紅格鈔本。

20.《國朝循吏傳》四卷四冊，清國史館官撰，清鈔本。（書影四）

21.《歷代寶案》一集存四十一卷目錄二卷二集存一百八十六卷目錄二卷三集十三卷別集存三卷二百四十九冊，琉球蔡鐸、程順則等輯，鈔本。

22.《校正韓汝慶先生朝邑志》不分卷一冊，明韓邦靖撰，清王元啓校，傳鈔清乾隆三十九年重刊本。

23.《校正康對山先生武功縣志》三卷一冊，明康海撰，清孫景烈校註，傳鈔清乾隆二十六年武功知縣瑪星阿刊本。

24.《瓊州府志》十二卷十四冊，清張岳崧撰，鈔本。

25.《異域瑣談》四卷一冊，清椿園七十一著，稿本。

26.《遠印度探訪游覽記》十卷十冊，法國晃西士加尼撰，不著譯人，清光緒間鈔本。

27.《封建論》一卷一冊，元馬端臨撰，日本鈔本。（書影五）

28.《彙纂各國條約洋務成案事宜》十二卷十二冊，清不著編人，清光緒間鈔本。
又一部存卷一至卷十。

29.《怡雲仙館藏書目錄第三編》十卷十冊，清陳善撰，鈔本。

30.《朱子治家格言試帖》一卷一冊，清補過書龕主人撰，清道光八年朱格鈔本。

31.《六經原委》六卷六冊，不著撰人，鈔本。

32. 《大唐開元占經》一百二十卷三十六冊，唐瞿曇悉達撰，明萬曆丁卯鈔本。

33. 《林下星占奇術》四十五卷八冊，不著撰人，鈔本。

34. 《棗林雜俎》不分卷五冊，明談遷撰，清鈔本。

35. 《前聞記》一卷一冊，明祝允明撰，舊鈔本。

36. 《十洲記》一卷一冊，舊題漢東方朔撰，藍格舊鈔本。

37. 《梅花度異林》十卷六冊，明支允堅撰，日本鈔本。

38. 《新民公案》四卷四冊，明不著撰人，傳鈔明萬曆間刊本。

39. 《文始眞經言外經旨》九卷一冊，舊題周尹喜撰，宋陳顯微注，鈔本。

40. 《新編世緣幻鑑》八卷八冊，明觀物菴撰，黃貞文註評，朝鮮鈔本。

41. 《張天師符法》二卷一冊，不著撰人，日本鈔本。

42. 《養性延命錄》二卷附錄二卷附錄六種一冊，梁陶宏景撰，明藍格鈔本。

43. 《洞靈眞經》三卷一冊，唐王士元撰，宋何粲注，明藍格鈔本。

44. 《仙苑編珠》三卷一冊，唐王松年撰，明藍格鈔本。

45. 《疑仙傳》三卷一冊，宋王簡撰，明藍格鈔本。

46. 《海陵三仙傳》一卷一冊，宋王禹錫撰，明藍格鈔本。

47. 《漸悟集》二卷二冊，宋馬鈺撰，玉函山房藏舊鈔本。

48. 《七眞仙傳》一卷一冊，金張邦直撰，明藍格鈔本。（書影六）

49. 《海客論》不分卷一冊，元李光元撰，鈔本。

50. 《大道論》一卷一冊，元周固樸撰，玉函山房舊藏傳鈔《道藏》本。

51. 《武當福地總眞集》三卷附《武當紀勝集》一卷四冊，元劉道明撰，舊鈔本。

52. 《甘水仙源錄》十卷二冊，元李道謙撰，明藍格鈔本。

53. 《古仙指南玉書賦》一卷一冊，明羅達卿註，學古齋鈔本。（書影七）

54. 《潛性窮淵》一卷一冊，明涵谷子撰，鈔本。

55. 《楚辭辯證》二卷一冊，宋朱熹撰，日本傳鈔宋慶元己未刊本。

56. 《巴西文集》一卷六冊，元鄧文原撰，清鈔本。

57. 《梁溪先生文集》三十八卷附錄六卷二十八冊，宋李綱撰，鈔本。

58.《閑閑老人滏水集》二十卷附錄一卷四冊，金趙秉文撰，鈔本。

59.《雙溪醉隱集》六卷六冊，元耶律鑄撰，清乾隆四十九年傳鈔翰林院《永樂大典》本。（書影八）

60.《揭曼碩詩集》三卷三冊，元揭傒斯撰，鈔本。

61.《鳴鶴餘音》九卷一冊，元彭致中編，明藍格鈔本。

二、鈔本的學術價值

（一）經學方面

臺灣大學收藏的經部十二種鈔稿本中，除了有幾部已有刊本傳世外，其餘大部份均無刊本傳世，如《易學啓蒙圖考》、《尙書義考》、《禹貢通解》、《詩集傳綱領》、《筆紀律呂新書說》、《大學集解》、《四書補遺正誤》、《爾雅一切註音》等八書，均未見兩岸的藏書目錄著錄，當爲海內外孤本，對於研究經學中各類門的學問，具有參考的價值。

（二）史學方面

臺灣大學收藏的史部十七種鈔稿本中，最有價值的是一部外國史《歷代寶案》，此係琉球王朝歷代外交文書及其文稿之集成，其中有關中國者佔十分之九以上，此爲中琉關係史研究之一大原始資料寶庫。此外雜史類的《華夷變態》，傳記類的《漢書會最人物志》、《昭忠祠列傳續集》、《國朝循吏傳》，地理類的《遠印度洋探訪游覽記》，政書類的《封建論》、《彙纂各國條約洋務成案事宜》，目錄類的《怡雲仙館藏書目錄第三編》等，均無刊本傳世，亦不見他處收藏，當爲海內外孤本。

（三）子書方面

臺灣大學收藏的鈔本中，子部的數量最多，共二十五部，除儒家類《朱子治家格言試帖》，醫家類的《六經原委》，術數類的《林下星占奇術》，雜家類的《前聞記》，小說家類的《新民公案》及《新編世緣幻鑑》等，均爲孤本外，最具有特色的是道家類的著作，如《張天師符法》、《七眞仙傳》、《海客論》、《大道論》、《古仙指南玉書賦》、《濬性窮淵》等，均不見有其他刊本傳世，亦不見他處收藏；又如《洞靈眞經》、《甘水仙源錄》二書，《中國古籍善本書目》所著錄者均爲清抄本，亦無刊本傳世，對於研究道藏的學者，這無疑是一批珍貴的資料。

（四）文集方面

　　臺灣大學收藏的鈔本中，集部藏量最少，且較無特色，罕見本僅有《雙溪醉隱集》。

三、鈔本的整理與兩岸的合作

　　臺灣大學對於鈔本的整理，最早是 1972 年影印出版《歷代寶案》。到目前攝成微捲的有：《尚書義考》、《禹貢通解》、《詩集傳綱領》、《大學集解》、《四書補遺正誤》、《漢書會最人物志》、《昭忠祠列傳續集》、《國朝循吏傳》、《瓊州府志》、《遠印度洋探訪游覽記》、《封建訥》、《彙纂各國條約洋務成案事宜》、《怡雲仙館藏書目錄第三編》、《六經原委》、《大唐開元占經》、《林下星占奇術》、《新民公案》、《新編世緣幻鑑》、《張天師符法》、《養性延命錄》、《仙苑編珠》、《漸悟集》、《七眞仙傳》、《海客論》、《大道論》、《甘水仙源錄》、《古仙指南玉書賦》、《濬性窮淵》。整理的工作，仍在繼續進行中。臺灣其他收藏古籍的單位有中央圖書館、故宮博物院圖書館、中央研究院傅斯年圖書館、臺灣師範大學圖書館、私立東海大學圖書館等，亦收藏不少鈔稿本。中國大陸收藏古籍的單位更多，鈔稿本的藏量難以數計，若能將未經刊刻傳世之鈔稿本加以整理，則兩岸可以合作出版《未刊刻鈔稿本叢書》，這才是兩岸古籍整理研究學術研討會的實質意義與具體成果。（本文爲「海峽兩岸古籍整理與傳統文化研究討論會」論文，北京：北京大學，1998 年 5 月）

書影一

尚書義考卷二

帝曰咨四岳朕在位七十載汝能庸命巽朕位岳曰否

德忝帝曰明明揚側陋師錫帝曰有鰥在下曰虞舜

帝曰俞予聞如何岳曰瞽子父頑母嚚象傲克諧以孝

烝烝乂不格姦帝曰我其試哉

爾雅朕我也忝辱也師眾也錫賜也俞然也諧和也

烝進也格至也試用也

陸氏德明曰朕馬云我也巽馬云讓也 黄氏度曰暘以木

巽火火出吞不也虞氏舜名也馬云舜諡也舜死後

賢臣錄之匡子為諱故變名曰諡

書影二

詩集傳綱領

朱熹

大序曰詩者志之所之也在心為志發言為詩心之所
志而詩所○情動於中而形於言言之不足故嗟嘆
以言志也○情動於中而形於言言之不足故嗟嘆
之嗟嘆之不足故詠歌之詠歌之不足不知手之舞
之足之蹈之也
○情發於聲聲成文謂之音治世之音安以樂其政
和亂世之音怨以怒其政乖亡國之音哀以思其民
困聲不止於言凡嗟嘆詠歌皆是也成文謂其清濁
高下疾徐疏數之節相應而和也然情之所感不

懼愛惡欲謂之七情形見永長也
情者性之感於物而動者也喜怒憂
謂之七情形見永長也

—687—

書影三

漢事會最人物志卷上　元和惠棟錄

高帝

潛夫論五德志曰含始吞赤珠赴曰玉英生漢龍感女

媼劉季興

孫暘之述畫曰漢高祖被圍七日陳平使能畫作美女

送與冒頓閼氏恐冒頓勝漢其寵必衰說冒頓解圍於

白登水注　水經濕

河圖曰帝劉季日角戴勝斗胸龍股長七尺八寸昌光

出軫五星聚井期之興天授圖地出道于張兵矜書班

注圖傳　後漢

書影四

國朝循吏傳目錄

卷一

白登明

畢振姬

方國棟

趙廷標

湯家相

崔宗泰

張宗沐

書影五

封建論　　　　　　　馬端臨

封建莫知其所從始也、禹塗山之會號稱萬國湯受命時、尚三
千國周定勢特之對、凡千七百七十三國至春秋之時見於經
傳者、僅一百六十五國、而蠻夷戎狄亦在其中、蓋古之國至多、
後之國泊寡、國多則土宜促、國少則土宜曠而夷考其故則不一
然試以殷禂世世言之、殷禂蓬遷成湯八遷史云為自商而砥石、
自砥石而復居商丈檀商帝亳圈棄至文玉亦屢遷史以為自

書影六

書影七

上清中元聖立教存書示人　　　　　　　　　桐汪後學羅　　注

世人皆有長生之道但器德凉薄莫能深察慈悲勸衆

是以古聖大世天寶你書垂訓文王孔子相傳周易之

書明此道也黃帝老子相傳金丹之書明此道也釋迦

磨相傳大乘之書明此道也聖人慈悲方便仍引後人

欲人人皆明此道同登聖境實衆生之階後中庸曰天

命之謂性率性之謂道修道之謂教蓋人人知已之有

性即不知其出於天人知事之有道而不知其由於性

聖人公之有教而不知固吾所固有而裁之也下文使其後

歸於朱即天命之謂也近取諸身即率性之謂也指

象帝於虚無即修道之謂也

書影八

雙溪醉隱集卷一

賦　　　　　元　耶律鑄　著

天香臺賦

余作此賦會姪子肇遞傳誦詠往往質問其所疑余時
有痰癥音義之疾未閒及為酒所困倦於應對因命書
史為音注應其請以示之

雙溪醉隱嘉邂西園而杜私門之請倦賽樓遊縱適放言愜高
踏養恬之勝地葆光頤真之靈境綠野斯營素意是遣一花一
草親移自植計日成趣唯天香臺牡丹為盛婉若屋仙亂檣雲
錦珠樹相鮮瓊枝相映英華外發風標天挺精彩相挼逸態橫
出儼保靈和恩華榮命含情延引流風廻穴流風一作挾風廻穴鑄逆
風不定貌也競笑應識人逕庭莊子大有逕庭遞救定功蓋吳人呼救為別與他定功同事云
善日迴穴郎竟笑應識幽

從東亞文獻的保存
談中國大陸漢籍的收藏、整理與利用

一、前　言

　　「東亞文獻系列講座」是由「東亞文明研究中心」所設之「東亞文獻研究室」策劃的。根據研究室召集人鄭吉雄教授所撰〈東亞文獻系列講座緣起及概略〉一文，東亞地區應該包括中國大陸、臺灣、韓國、日本及越南。凡是與以上各區域相關之圖書資料，均可稱爲東亞文獻。二十世紀以來，漢學、東方研究、遠東、東亞等概念在全球逐漸興起。以東亞研究爲主題的著作也愈來愈多，不勝枚舉。因此，如何整理保存東亞文獻，成爲當今重要的課題。

　　漢籍是世界上最重要的文化資產之一，近數十年來，世界各國對於漢學研究，蔚成風氣，相關資料之搜集亦不遺餘力，此項漢學資源是東亞文獻不可或缺之一環，更是東亞人文社會學者從事學術研究的重要基礎。中國大陸是漢籍收藏的重鎮，近年來，我對漢學資源的調查，非常有興趣，於是我決定從中國大陸著手，花了幾年的時間，將研究成果編撰《中國大陸古籍存藏概況》一書〔註1〕，以下從收藏與整理利用兩方面加以說明。

二、中國大陸漢籍的收藏

　　根據《中國古籍善本書目》一書中所列藏書單位共分二十八區，將近八百個圖書館，全國藏書數量相當可觀，想對它做全面性的調查，可能需要十

〔註1〕臺北：國立編譯館，2002 年 12 月初版。

年以上的時間。因此我編撰《中國大陸古籍存藏概況》僅收錄比較著名或比較有特色的五十個館，其中有二十二個公共圖書館，二十三個大學圖書館及五個專門圖書館。以下分區加以介紹：

（一）北　京

1. 北京圖書館（現改為中國國家圖書館）

館藏古籍 82,571 種、1,957,544 冊，善本 23,225 種、約 30 萬冊。

館藏特色：

(1) 善本中諸如宋、元、明、清各代之刻本，或是套印本、抄本、活字本，其數量和質量都是全國之冠。

(2) 內容方面，該館收藏的地方志總數為 6,066 種 93,009 卷。為全國之冠。

(3)《永樂大典》現存於世界各地 370 餘冊，北館藏 161 冊，其數量是現今所有收藏單位最多的。

(4) 該館藏有鄭振鐸藏書 10 萬冊，其中歷代詩文別集、總集、詞曲、小說、彈詞、寶卷、版畫和各種有關政治、經濟史料等文獻，總數達 7,740 種。

(5) 其他如清廷昇平署劇本 609 種，是研究近代戲曲史的重要文獻資料。

2. 首都圖書館

館藏善本 2,301 種、247,931 冊。

館藏特色：

(1) 小說、戲曲、俗文學的古籍較多，最著名是藏有「清蒙古車王府藏曲本」，是現今「曲本」收藏最多的圖書館，共 1,600 餘種、4,400 餘冊。

(2) 首圖設有北京地方文獻部，專門從事北京地方文獻的收集、整理，設有專藏庫，收藏相關圖書 5,307 種、17,331 冊。

3. 北京大學圖書館

館藏古籍 15 萬種、150 萬冊，善本 1 萬餘種、10 萬冊。

館藏特色：

(1)「馬氏專藏」，集馬廉不登大雅之堂藏書 928 種、59,691 冊；主要

是戲曲小說，其中稀見的珍本祕籍甚多。

（2）「李氏專藏」，集李盛鐸木犀軒藏書 8,983 種、58,269 冊。

（3）善本中有大量清代名人的批校本及精抄本。

（4）地方志，有 4,000 餘種。

4. 清華大學圖書館

館藏古籍 3 萬種、30 萬冊，善本 4,000 種。

館藏特色：

（1）《楚辭》的注釋解說達 7、80 種。

（2）有關《易經》方面的專著多達 118 種。

（3）歷代杜詩研究著作多達 80 種。

（4）「劉半農藏書」，其中多古代戲曲小說，尤以插圖本戲曲小說最爲精美，且有劉氏手寫題跋批注。

5. 中國人民大學圖書館

館藏古籍 25,000 餘種、40 萬冊，善本 1,671 種、18,921 冊。

館藏特色：

（1）經部小學類，計 360 種。

（2）史部傳記類，計 3,000 餘種，其中總傳、家譜、年譜共 1,200 種。

（3）史部地理類，計 3,900 種，其中方志 2,400 餘種。

（4）集部明清別集類，計 2,500 餘種。

6. 故宮博物院圖書館

館藏古籍 40 萬冊。

館藏特色：

（1）該館收藏清代內府刻本是全國數量最多、質量最好的單位。

（2）明清內府的寫書本，其中有一部唐人吳彩鸞寫本《刊謬補缺切韻》，乃稀世孤本，至今乃保留清代內府龍鱗裝原貌，是研究中國古代書籍裝幀的寶貴實物資料。

（3）故宮收藏的醫書古籍甚多，收入《中國醫書聯合目錄》者有 300 餘種。

（4）所藏《嘉興藏》，是傳世《嘉興藏》中最完好的一部。

（5）文集中有享譽海內外的傳世孤本《唐音統籤》，是一部唐代詩歌總集。

（6）值得特別一提的是故宮尚存有相當數量的「禁燬書」及「四庫存目書」。

（二）上　海

1. 上海圖書館

館藏善本 25,000 餘種、15 萬餘冊。

館藏特色：

（1）歷代名人手札，有 2,000 種、9,000 餘冊。

（2）地方志 5,400 種、9,000 餘冊。

（3）家譜 9,000 餘種、10 萬餘冊。

（4）年譜 2,000 餘種。

（5）名人檔案文獻 10 萬餘件。

（6）此外，上海圖書館還有許多專藏。

2. 復旦大學圖書館

館藏古籍 36 萬餘冊，善本 7,000 餘種、6 萬餘冊。

館藏特色：

（1）《詩經》類圖書，包括各種版本及歷代各家評注共計 720 種。

（2）清人詩文集計 3,000 餘種。

（3）地方志 2,000 餘種。

（4）清代史原始史料相當豐富。

（5）彈詞約有 400 餘種。

（6）《淮南子》一書包括各種版本及各家校注共 40 餘種。

3. 華東師範大學圖書館

館藏古籍 27 萬餘冊，善本 3,000 餘種、2 萬餘冊。

館藏特色：

（1）目錄書總計 1,450 餘種。

（2）地方志計 3,000 餘部。

（3）「愚齋特藏」，除明版書約 500 餘部、地方志 600 多種外，還有不少清末歷史人物的著述，是研究中國近代史的重要資料。

4. 上海辭書出版社圖書館

館藏古籍 20 萬冊。

館藏特色：

（1）地方志，約 2,600 餘部，2 萬餘冊。

（2）別集 2,000 餘種。

（3）「西諦藏書」，其中《楚辭》各種評注本約 90 種。

（三）天 津

1. 天津圖書館

館藏古籍約 3 萬種、285,800 餘冊，善本約 7,000 餘種。

館藏特色：

（1）地方志 3,600 餘種、近 5,000 餘部。

（2）明清詩文集近 3,000 種，其中頗多稀見之本。

（3）歷代活字印本書籍 700 餘種。

（4）明清刻本及抄本小說近 900 餘種，已設明清小說專庫保管。明清寶卷約 120 種、200 餘部，對研究明清歷史、民間宗教及俗文學等有特殊的價值。

2. 南開大學圖書館

館藏古籍 16,000 種，善本 1,900 餘種、3 萬冊。

館藏特色：

（1）清人詩文集中，頗多罕見本。

（2）明清學者稿本 40 餘種，明清抄本 300 餘種。還有不少名人批校題識本。

3. 天津師範大學圖書館

館藏古籍 1 萬餘種，善本 600 餘種。

館藏特色：

（1）清人別集約 1,200 種。

（2）明清小說近 200 種。

（3）天津鄉人著作近 100 種，還有天津的出版物及天津地方史料。

（四）內蒙古

1. 內蒙古自治區圖書館

館藏古籍 16,000 種、10 萬冊。

館藏特色：

（1）醫書類約 1,000 餘種。

（2）佛學著作有 1,000 多種。

（3）清人文集近 2,000 種。

（4）館藏學術價值最高的地方文獻，有關內蒙古地方的古籍文獻有 600 餘種、5,000 餘冊。

2. 內蒙古大學圖書館

館藏古籍 1,200 餘種、11 萬冊。

館藏特色：

（1）蒙古學古籍文獻。

（2）地方志的收藏達 1,000 餘種。

3. 內蒙古師範大學圖書館

館藏古籍 6,000 餘種、8 萬冊。

館藏特色：

（1）俗文學作品，如寶卷 23 種、潮州歌冊 26 種及湖牵歌書戲文（湖南俗曲歌本）80 餘種。

（五）遼寧、吉林（東北）

1. 遼寧省圖書館

館藏古籍 20 萬冊。

館藏特色：

（1）清殿本，與北京博物院圖書館是中國大陸收藏殿本最多的兩家圖書館。

（2）該館由於歷史及地理因素，收藏日本、朝鮮出版的漢文古籍較多。

（3）內容方面，收藏東北地方文獻最為突出，質量較高，有許多珍貴版本，甚至是海內孤本。

2. 大連圖書館

館藏古籍 15,000 餘種、20 餘萬冊。

館藏特色：

（1）地方志，共 2,000 餘種。

（2）明清小說，收藏在善本中就有 150 多種，已於 1986 年 5 月成立「明清小說研究中心」。

(3) 以專題性、地區性的文獻資料體系而著稱於世，如「滿蒙文庫」、「猶太文庫」、「東洋文庫」等。

3. 遼寧大學圖書館

館藏古籍 7,479 種、163,464 冊。

館藏特色：

(1) 清代史料 300 餘種。

(2) 滿洲八旗文獻。

(3) 遼、瀋地方文獻，遼寧地方人物資料（族譜及詩文集）。

4. 吉林省圖書館

館藏古籍 36 餘萬冊，善本 1,520 種、19,134 冊。

館藏特色：

(1) 中醫古籍線裝書 1,498 種。

(2) 寶卷 789 種，數量僅次於上海圖書館。

(3) 唐人寫經本《佛說無量壽觀經》及《大乘無量壽經》兩種。

5. 吉林大學圖書館

館藏古籍 35,000 種、40 餘萬冊，善本 3,500 種、33,000 餘冊。

館藏特色：

(1) 地方志及鄉土資料計 4,060 種、28,374 冊。

(2) 宗譜藏量大，計 1,038 種、8,913 冊。

(3) 金石及考古方面古籍 1,046 種。

(4) 佛藏古籍 250 餘種，道藏古籍 30 餘種。

(5) 明清別集計 5,000 餘種。

(6) 通俗小說 1,500 餘種。

(7) 叢書近 2,000 種。

(8) 清代禁燬書 36 種。

（六）陝西、甘肅（西北）

1. 陝西省圖書館

館藏古籍 40 萬冊，善本 2,800 餘種、53,000 餘冊。

館藏特色：

(1)《磧砂藏經》（南宋紹定本）共 5,594 卷、46,761 冊，在全國各圖

書館中收藏最富。

(2) 地方志，特別是陝西地方志是館藏的另一特色，線裝地方志 1,530
餘部、12,400 餘冊，其中陝西地方志 270 餘種、710 餘部，約 1,500
冊。

2. 甘肅省圖書館

館藏古籍 10,778 種、385,215 冊，善本 1,259 種、24,142 冊。

館藏特色：

(1) 藏有相當數量的抄本、稿本及校本文獻。

(2) 最有館藏特色者是陝西、甘肅、青海、寧夏、新疆五省的西北地方
文獻，計 12,487 種、近 4 萬冊，成為研究西北學的文獻基地。

(3) 敦煌遺書及中外有名的敦煌學文獻，使該館成為海內外研究敦煌學
的資料中心之一。

(4) 1966 年文溯閣《四庫全書》由瀋陽移至蘭州，現藏於該館。

（七）山　東

1. 山東省圖書館

館藏古籍 4 萬種、60 萬冊，善本 5,300 種、12 萬冊。

館藏特色：

(1) 「海源閣書庫」2,540 部、33,600 餘冊，占海源閣總藏量的百分之
七十。詳見《山東省圖書館藏海源閣書目》。

(2) 「易廬《易》學圖書專藏」，盧松安的《易》學圖書，計 1,064 種、
3,734 冊，詳見《易廬易學書目》。

(3) 齊魯地方文獻，蒲松齡等人著作。

2. 山東大學圖書館

館藏古籍 21,777 種、30 萬冊，善本 1,923 種、19,471 冊。

館藏特色：

(1) 地方志 2,340 種。

(2) 金石學古籍 857 種。

(3) 清代文集 2,054 種。

(4) 收購張鏡夫「千目廬」收藏的書目 1,040 種，其中以百餘種傳抄本
最為珍貴，已建立專藏。

3. 山東省博物館

館藏古籍 10 萬餘冊，善本 1,700 餘種。

館藏特色：

（1）山東地方文獻多，精品亦多，許多齊魯名賢遺著。

（2）海源閣精華遺珍。

（3）出土文獻：臨沂銀雀山漢代竹簡。

（4）宋代抄刻本佛經，乃海內罕見者。

（八）江蘇、浙江

1. 南京圖書館

館藏古籍 150 萬餘冊，善本 1 萬種。

館藏特色：

（1）宋元刻本近 200 種，其中以集部爲多。

（2）明刻本近 5,000 種。

（3）大量的明清稿本，名人批校題跋本。

2. 蘇州市古籍館

館藏古籍 27 萬冊，善本 1,851 種、3 萬餘冊。

館藏特色：

（1）地方志中江蘇省的方志有百種以上。

（2）具有史料價值的抄稿本。

（3）家譜 138 種，已形成規模，編有家譜目錄。

（4）清人文集有 2,091 部、8,038 冊，近百部爲稿本。

（5）戲曲小說已成專藏。

3. 南京大學圖書館

館藏古籍 3 萬部、30 萬冊，善本 1,671 種、18,921 冊。

館藏特色：

（1）地方志 4,437 種、計 40,828 冊，孤本有 40 種。

（2）抄本近 400 種。

4. 浙江圖書館

館藏古籍 834,700 餘冊，善本 149,480 冊。

館藏特色：

（1）地方文獻：《明文案》黃宗羲編，列入《全燬書目》。

（2）浙江地方志 713 種。

（3）四庫存目、禁燬書目的史籍及明人詩文集。

（九）安徽、江西、福建

1. 安徽大學圖書館

館藏古籍 1 萬種、12 萬餘冊，善本 500 餘種、7,000 餘冊。

館藏特色：

（1）稿本如（清）章夢卿輯《池上詩存》，池郡明清詩集傳世甚稀，賴此稿略存大概。

（2）善本中有少數孤本及稀見本。

2. 江西省圖書館

館藏古籍 27,182 種、約 60 萬餘冊，善本 2,000 餘種、約 3 萬餘冊。

館藏特色：

（1）江西地方文獻：江西地方志 625 種、1,025 部，江西歷代人物著作及其研究著作共計 739 種、1,000 餘部，加上其他文獻，總計近 3,000 種，已構成特藏。

（2）家譜 400 餘種。

（3）清人文集 1,100 餘種、1,500 餘部。

3. 江西師範大學圖書館

館藏古籍 5,000 餘種、1 萬餘冊，善本 369 種、9,046 冊。

館藏特色：

（1）地方文獻：地方文獻總集，如《江右古文選》、《皇明江西詩選》；地方文學別集：如《文山先生全集》、《臨川文集》。

（2）特種文獻：地方志、山水志、專志等。輿圖類圖書、族譜類圖書。

4. 廈門大學圖書館

館藏古籍 15 萬冊，善本約 1,000 種、1 萬餘冊。

館藏特色：

（1）收藏不少有學術史料價值的稿本、抄本，特點是作者和作品內容多為福建、臺灣兩省，頗具文獻價值。

（2）比較齊全的收藏了有關研究鄭成功和臺灣的線裝古籍。

（3）臺灣地區的方志有 85 種之多，且各種版本俱全。

（4）臺灣的清代刻本。

（十）湖北、湖南

1. 湖北省圖書館

館藏古籍 46,000 種、45 萬冊，善本 2,800 餘種、約 3 萬冊。

館藏特色：

（1）地方志 5,300 餘種，有不少孤本、稿本或稀見本。

（2）清人文集近 4,000 種。

（3）文字、聲韻、訓詁古籍近 1,400 種，有不少稿本、抄本和批校本。

（4）中醫、中藥文獻多達 5,296 種。

2. 武漢大學圖書館

館藏古籍 20 萬餘冊，善本 811 種、13,185 冊。

館藏特色：

（1）鎮館之寶：《文山先生文集》，為《四庫全書》底本；《讀史方輿紀
要》，國內孤本；《援韓野紀》為手稿本，研究中日甲午戰爭之重要
文獻。

3. 湖南省圖書館

館藏古籍 62 萬餘冊，善本 5,000 餘種、5 萬餘冊。

館藏特色：

（1）湖南經學家著作，數百種之多。

（2）湖南史地著作約有千餘種。

（3）廣收湖南地方儒家著作 400 餘種。

（4）中醫藥著作 1,000 多餘種及湘籍名醫的抄稿本數十種。

（5）湖南各寺院僧人著作近百種。

（6）湘人詩文著作約有 2,000 種。

（7）清末民初湘人書札。

（8）湖南家族譜 1,128 種、1,269 部、4,000 餘冊。

（9）地方志 2,100 餘種、2,490 部、23,614 冊，湖南方志 410 種、1,090
餘部、14,800 餘冊。

(10) 清人文集 4,550 餘部，21,635 冊、其中湘人詩文集約 1,500 種、1,600 部。

（十一）廣東、廣西

1. 中山圖書館

館藏古籍約 52,000 餘種、386,000 餘冊，善本 2,314 種、22,660 冊。

館藏特色：

(1) 廣東文獻專藏古籍線裝 7,811 種、37,868 冊，廣東地方志 454 種，族譜 470 種。

(2) 清史專藏，有 550 種、11 萬餘冊。

(3) 孫中山文獻專藏。

2. 中山大學圖書館

館藏古籍 2 萬種、30 萬冊，善本 2,270 種、2 萬餘冊。

館藏特色：

(1) 抄本《車王府曲本》。

(2) 名家批校本，如康有爲批校《二程全書》。

(3) 廣東地方文獻，經部 78 種、史部 463 種、子部 136 種、集部 1,200 多種。

3. 廣西師範大學圖書館

館藏古籍 1 萬餘種、120 萬冊，善本 660 種、8,452 冊。

館藏特色：

(1) 地方文獻，涉及 21 個省，共 510 種、7,108 冊。

(2) 康有爲藏書，古籍 1,911 種、2 萬餘冊，善本有 204 種。

（十二）四　川

1. 四川圖書館

館藏古籍 50 萬餘冊，善本 2,300 餘種、5 萬餘冊。

館藏特色：

(1) 四川地方文獻：歷代蜀人著述數千種、10 萬多冊；四川各種方志 600 餘種、3 萬多冊；四川地方戲曲唱本 500 餘種、近千冊。

(2) 家譜、族譜共 460 多種、5000 餘冊，川譜占百分之九十。

(3) 清人詞集共 2,000 多種、3,000 餘冊。

（4）中醫古籍約 1,500 多種、2 萬餘冊。

2. 重慶圖書館

館藏古籍約 3 萬餘種、50 萬餘冊，善本 2,500 餘種、5 萬餘冊。

館藏特色：

（1）明代刊本相當可觀，爲四川省之冠，共 1,540 餘種、32,000 多冊。

（2）清初抄本、清代稿本，數量大、書品佳，頗有特色。

（3）清代著名學者批校、批點、題跋的本子。

（4）地方志共有 1000 多種、2 萬餘冊，其中四川方志有 400 餘種。

3. 四川大學圖書館

館藏古籍 1 萬餘冊、30 萬餘冊，善本約 1,000 種、3 萬餘冊。

館藏特色：

（1）地方志 1,000 多種、3 萬餘冊，僅四川省的各種方志就有 500 多種、約 2 萬冊，其中清末抄、稿本鄉土志就有 20 多種。

4. 四川師範大學圖書館

館藏古籍 1 萬餘種、15 萬冊，善本 300 餘種、5,000 餘冊。

館藏特色：

（1）清抄本較有特色，約 40 種、100 多冊。

（2）清順治二年（1645）抄本《清初皇父攝政王起居注》，爲海內孤本。

（3）名人稿本及批校本。

5. 西南師範大學圖書館

館藏古籍 1 萬餘種、約 13 萬冊，善本 200 餘種、4,000 餘冊。

館藏特色：

（1）明刻本較多，近 200 種、4000 冊。

（2）大部頭、多卷帙的古籍較多，如《藝文類聚》、《白孔六帖》等類書。

6. 成都杜甫草堂博物館

館藏古籍 1,000 餘種、約 10 萬冊，善本約 180 種、約 2,000 餘冊。

館藏特色：

（1）收藏以唐代杜甫的詩文以及後人整理研究有關的古籍爲主，其中明

刻杜詩之書名有 20 種，版本則超過 30 種。

7. 眉山三蘇祠文物管理所

館藏古籍約 200 種、3 萬冊，善本 50 餘種、1,000 餘冊。

館藏特色：

(1) 館藏大多是蘇氏父子的詩文集，僅蘇軾的詩文集便多達 30 餘種版本。

(2) 三蘇合刻本。

（十三）貴州、雲南

1. 貴州省圖書館

館藏古籍 15,228 種、20 萬餘冊。

館藏特色：

(1) 貴州地方文獻 1,100 餘種，其中方志 200 種。

(2) 最具特色的古兵書 29 種。

2. 雲南圖書館

館藏古籍 19,267 種、50 萬冊，善本 1,626 種、38,426 冊。

館藏特色：

(1) 南詔大理寫本佛經。

(2) 雲南地區刻本。

(3) 佛教典籍，歷代編印的《大藏經》及雲南單刻的佛經。

(4) 地方志共 1,239 種，雲南方志 318 種。

3. 雲南大學圖書館

館藏古籍 7,200 餘種、16 萬餘冊，善本 900 餘種。

館藏特色：

(1) 外國刻本，除高麗本、和刻本外，還有兩種安南刻本《大越史約》（1906）及《越史要》（1914），二書版刻、行款、裝幀與中國刻書無異，仍保持了中國刻書風格。

(2) 雲南地方文獻，有不少方樹海的著作，以稿、抄本傳世，其中有些是雲南地方名人的年譜。

三、中國大陸漢籍的整理與利用

（一）藏書目錄的編纂

1. 館藏目錄

分善本目錄、普通線裝書目、地方志目錄、叢書目錄等。

（1）善本目錄

《北京圖書館古籍善本書目》，1987 年書目文獻出版社鉛印本。

《首都圖書館館藏善本書目》，1983 年出版。

《北京大學圖書館館藏古籍善本書目》，1999 年北京大學出版社出版。

《清華大學圖書館善本書目》，2003 年清華大學出版社出版。

《中國人民大學圖書館古籍善本書目》，1991 年中國人民大學出版社出版。

《中國科學院圖書館藏中文古籍善本書目》，1994 年科學出版社出版。

《南開大學圖書館館藏古籍善本書目》，1986 年出版。

《天津師範大學圖書館館藏善本書目》，1979 年出版。

《大連圖書館古籍善本書目》，1986 年排印本。

《吉林省古籍善本書目》，1989 年學苑出版社出版。

《甘肅省圖書館善本書目》，1989 年出版。

《南京大學圖書館館藏古籍善本圖書目錄》，1980 年出版。

《浙江圖書館古籍善本書目》，2002 年浙江教育出版社。

《中山大學圖書館古籍善本書目》，1982 年出版。

《四川大學圖書館古籍善本書目錄》，1992 年出版。

《四川省古籍善本聯合目錄》，1990 年四川辭書出版社出版。

（2）普通線裝書目

《北京圖書館北京古籍總目》，現已出版目錄類、古器物學門、文字學門、自然科學門。

《中國人民大學圖書館線裝書目錄》，1960 年鉛印本。

《南開大學圖書館藏線裝目錄》集部：別集分冊，1989 年出版。集部：中國古典分冊，1991 年出版。子部，1992 年出版。

《南京大學圖書館中文舊籍目錄續編》，1989 年出版。

（3）地方志目錄

《中國人民大學圖書館地方志目錄》，1987 年鉛印本。

《上海圖書館地方志目錄》，1979 年印行。

《天津圖書館館藏地方志目錄》，1983 年印行。

《山東省地方志聯合目錄》，1981 年鉛印本。

《南京大學圖書館館藏地方志目錄》，1980 年左右出版。

《四川省地方志聯合目錄》，1982 年印本。

《四川省圖書館館藏地方志目錄》，1960 年鉛印本。

《四川省圖書館地方志目錄》，1994 年印本。

《四川大學圖書館地方志目錄》，1994 年四川大學出版社出版。

（4）叢書目錄

《四川大學圖書館叢書目錄》，1994 年四川大學出版社出版。

（5）其 他

《中國人民大學圖書館家譜目錄》，1985 年鉛印本。

《清代內府刻書目錄解題》，1995 年紫禁城出版社出版。

《吉林大學圖書館館藏・東北地方文獻書目》，未詳。

《山東省圖書館藏海源閣書目》，1999 年齊魯書社出版。

《廣東文獻（古籍）聯合書目》，未詳。

2. 聯合目錄

分省聯合目錄及全國性的古籍目錄。

（1）省聯合目錄

《四川省高校圖書館古籍善本聯合目錄》，1994 年出版。

《四川省古籍善本聯合目錄》，1990 年四川辭書出版社出版。

（2）全國性聯合目錄

《中國古籍善本書目》。

《中國地方志聯合書目》。

《中國叢書綜錄》。

《中國叢書廣錄》（湖北）。

《全國中醫圖書聯合目錄》。

《中國所藏和刻本漢籍書目》。

《中國所藏高麗古籍綜錄》。

《漢蒙文圖書聯合目錄》。

（二）從事匯編工作

1. 資料匯編

《唐人軼事匯編》。

《石刻中的唐人資料研究》。

《全唐詩文作者匯考》。

《清代碑傳文綜錄》。

《東北宗譜選編》。

《中華野史叢編》。

《甘肅河西地區物產資源資料匯編》。

《甘肅隴南地區物產資源資料匯編》。

《甘肅中部乾旱地區物產資源資料匯編》。

《太平天國資料匯編》。

《寒山寺志彙編》。

《范仲淹資料新編》。

《江西近現代地方文獻資料匯編》。

《中國歷代書院志》。

2. 小說叢編

《古本小說集成》。

《古本小說大系》。

《明末清初小說選刊》。

《近代小說大系》。

《紅樓夢續書選》。

3. 斷代詩文總匯

《全唐五代詩》。

《全宋詩》。

《全宋文》。

《全元戲曲》。

《全元文》。

《全明詩》。

《全明文》。

《全清詞》。

4. 編纂叢書

分綜合性叢書及專門性叢書。

（1）綜合性叢書

《續修四庫全書》。

《四庫全書存目叢書》。

《古逸叢書三編》。

《中國公共圖書館古籍文獻珍本彙刊》。

《中國文獻珍本叢書》。

《叢書集成續編》。

（2）專門性叢書

《中國兵書集成》。

《官箴叢書》。

《中華蒙學集成》。

《四庫禁燬書叢刊》。

《鄉土志叢編》。

《吳中文獻小叢書》。

《中國科學技術典籍通彙》。

《中國地方志集成》。

《宋元方志叢刊》。

《天一閣明代方志選刊》。

《中國西北稀見方志》。

（三）古籍的標點、校注、整理與出版

1. 北京市民族古籍出版規畫小組以首都圖書館收藏的《清蒙古車王府藏曲本》中的抄本《子弟書》為底本，加以標點和校勘，於 1994 年輯成《清蒙古車王府藏子弟書》，收錄《子弟書》297 種，由國際文化出版公司出版。首都圖書館館藏《清蒙古車王府藏子弟書》重新歸類整理，共收曲本 1,600 餘種，與北京古籍出版社聯合出版。

2. 中國人民大學圖書館曾於 1993 年點校館藏《夢中錄》，由中華書局出版；又於 1994 年由該校出版社出版《盦史選注》。

3. 北京故宮博物院圖書館利用館藏舊籍、書稿，整理標注出版了《清宮

述聞及續編》、《酌中志》等。

4. 天津圖書館曾點校出版了部分館藏明清小說，如《明月臺》、《風流悟》、《北魏奇史閣孝列傳》、《精訂綱鑑二十一史通俗衍義》及《武則天外史》等。

5. 遼寧省春風文藝出版社，於八十年代將大連圖書館館藏明清小說，加以標點校注，先後出版了點校本《後水滸傳》、《後西遊記》、《平山冷燕》、《警世陰陽夢》、《歸蓮夢》、《春柳鶯》、《醒風流》等四十餘種。

6. 吉林圖書館曾利用館藏進行標點、校釋，整理出版了《黑龍江先民傳》、《雪覃居醫約》、《野叟曝言》等專書。

7. 吉林大學圖書館曾點校出版館藏《菜根譚》、《金瓶梅》、《柳崖外編》等。

8. 西北大學圖書館曾標點、校勘、整理出版館藏《十四經絡歌訣圖》、《孫思邈保健著作五種》、《宋明兩代十九名人年譜》等。

9. 蘇州市古籍館曾點校整理館藏《康熙崑山縣志稿》，1994年由江蘇科學技術出版社出版。

10. 南昌大學圖書館曾標點、注釋館藏海內孤本《學庸管窺》、《大學管窺》、《中庸管窺》等。

11. 湖北省圖書館曾標點校注楊守敬的《歷代經籍存佚考》、《漢書二十一家注》。

12. 武漢大學圖書館曾點校出版館藏稿本《援韓野紀》。

13. 湖南岳麓書社曾點校整理出版湖南圖書館藏《船山遺書》、《曾國藩全集》、《左宗棠全集》、《魏源全集》、《曾紀澤遺集》等一百餘種。該館又有明、清、民國間小說數百部，部分已由出版社點校出版。

14. 廣東省中山圖書館曾校點出版館藏《乾隆嘉應州志》和《程鄉縣志》，又與古文獻研究所合作點校館藏海內孤本《粵大記》。

15. 廣西師範大學圖書館曾整理出版館藏《粵西詩載》、《廣西通志》等。

16. 四川省圖書館曾標點出版館藏《遵生八箋》、《四川郡縣志》、《蜀水經》、《錦里新編》等。

17. 雲南大學圖書館曾整理編撰館藏《中國西南少數民族圖譜》。

此外，尚有歷代詩文集的校注，如《陶淵明集編年箋注》、《李太白全集編年校釋》、《杜甫全集校釋》、《韓愈集校注》、《柳宗元集校注》、《蘇軾全集

校注》、《康有爲集》、《王國維全集》等。

（四）影印善本古籍

中國大陸有些圖書館選擇館藏善本古籍，影印出版，以廣流傳。

1. 北京圖書館在三十年代，曾編輯出版了一部《國立北平圖書館善本叢書》第一集。1987 年以後，又陸續出版了《北京圖書館古籍珍本叢刊》、《北京圖書館珍本小說叢刊》、《北京圖書館稿本叢刊》等。

2. 首都圖書館影印的善本古籍有：《清車王府藏曲本粹編》、《明清抄本、孤本戲曲叢刊》、《古本小說版畫圖錄》、《唐詩選畫本》等。

3. 北京大學圖書館與出版單位合作，先後影印了《館藏稿本叢刊》、《館藏善本醫書》、《館藏善本叢書》。

4. 清華大學圖書館館藏古籍已被影印出版的有 1985 年水利電力出版社出版的《治水筌蹄》，1990 年上海古籍出版社出版的《尊古齋古玉圖譜》、《尊古齋金石文字》、《尊古齋陶佛留眞》等。

5. 北京故宮博物院圖書館曾利用館藏影印了《善本書影初、續編》、《天祿琳琅叢書》十五種，及其他善本書多種。該館又與中華書局等單位合作，利用館藏部分實錄，影印出版《清歷朝實錄》，與海南出版社合作影印出版《故宮珍本叢書》。

6. 上海圖書館早在四十年代就影印出版《合眾圖書館叢書》第一、二集，多爲清代先哲未刻稿本與抄本。該館從五十年代末至六十年代初，先後影印出版三十餘種館藏善本，如宋刻本《孫子》、《唐鑑》、《孔叢子》，明刻本《松江府志》，清刻本《（康熙）臺灣府志》，稿本《古刻叢鈔》等。1978 年至今，上海圖書館曾影印館藏元刻本《農桑輯要》、明寫本《永樂大典》（郎字韻一冊）。該館又先後與中華書局、上海古籍出版社、上海書店等出版社合作影印館藏孤本祕籍，如宋刻本《東觀餘論》、《杜荀鶴集》、《嘉祐集》、《王荊公唐百家詩選》，元刻本《顏氏家訓》、《文心雕龍》，稿本《玉函山房輯佚書續編》、《讀史方輿紀要》等。

7. 華東師範大學圖書館曾先後影印出版館藏《絕妙好詞》、《唐詩畫譜》、《淳熙三山志》、《機緣集》、《皇明詩選》、《歷代名臣奏議選》等二十餘種。1995 年上海古籍出版社曾用該館收藏的清道光七年（1827）殿本《康熙字典》影印出版，此本乃王引之等學者校訂改正之本，提供

讀者最佳版本。

8. 上海辭書出版社圖書館曾影印館藏明萬曆卓氏刻本《海錄碎事》、明嘉靖十五年（1536）錫山秦汴刻本《錦繡萬花谷》、明萬曆六年（1578）初印本《類雋》、明萬曆四十三年（1651）徐氏自刻本《喻林》，清康熙五年（1666）及康熙二十七年（1688）刻本《字彙、字彙補》等書。

9. 天津圖書館與天津古籍出版社合作，影印出版明朱絲欄抄本《百家詞》及《天津稀見方志叢刊》。又該館館藏康有為手書原稿《大同書》半部與上海博物館藏半部合為完璧，由江蘇古籍出版社影印出版。此外，還影印出版了明刻本《密勿稿》、清稿本《火戲略》等。

10. 遼寧圖書館收藏清康熙蒲氏手稿本《聊齋誌異》，曾於 1952 年由北京文學古籍刊行社影印出版。

11. 吉林大學圖書館曾影印出版館藏《史書纂略》、《周中丞疏稿》、《莆陽文獻》、《揚州府志》等。

12. 1934 年佛教書局曾影印出版陝西省圖書館藏《磧砂藏經》，1962 年陝西圖書館與西安古舊書店合作，將北京圖書館藏孤本明弘治十七年（1504）刻《延安縣志》影印出版，1964 年上海古籍書店將陝西省圖書館藏孤本方志明天順三年（1459）刻本《襄陽郡志》影印出版。

13. 1986 年山東齊魯書社影印出版山東圖書館藏海內孤本明萬曆刻本《袞州府志》。

14. 揚州廣陵古籍刻印社於八十年代至九十年代初，先後影印蘇州市古籍館館藏善本，如明萬曆二十九年（1601）萃慶堂刻本《昭代典則》，明末刻本《皇明從信錄》、《皇明世法錄》，明萬曆三十三年（1605）刻本《皇明留臺奏議》，清康熙二十一年（1682）楊霖汀青閣刻本《古今釋疑》，稿本《緣督廬日記》。

15. 1989 年中國兵書出版社曾影印出版浙江圖書館館藏明天啟刻本《武備志》等。

16. 湖北人民出版社曾影印出版湖北省圖書館藏明刻孤本《黃鶴樓集》。

17. 武漢圖書館與武漢古籍書店合作影印出版《古籍匯編》。

18. 揚州廣陵古籍刻印社曾影印湖南圖書館館藏明刻本《三才圖繪》，清刻本《六典通考》、《俚語徵實》、《長沙鄉土志》等十數種。又該館館藏曾國藩、左宗棠等信札，早在清末民國間就已影印行世。

19. 廣東省中山圖書館曾影印出版該館館藏《道光間廣東防務未刊文牘》。

20. 八十年代至九十年代初巴蜀書社曾影印出版四川省圖書館藏《古今圖書集成》、《（嘉慶）四川通志》、《蜀鑑》、《讀紅樓夢隨筆》等。

21. 四川大學圖書館曾影印館藏《野史集成》一書，由四川大學出版社出版。

（五）利用專藏從事古籍的整理與研究

1. 清華大學圖書館利用館藏，從五十年代起進行的科技史研究已獲得了一些成果，曾編輯出版了《中國科技史資料選編》，目前正在編輯《中國機械工程發明史》（第二編）及《中國古代農業機械發明史》。

2. 中國人民大學圖書館於 1986 年成立了古籍整理研究所，從事古籍的整理與研究工作，曾將館藏清人筆記稿本整理而成《柳弧》一書，由北京中華書局出版。

3. 華東師範大學利用館藏古籍的特點，編製專題性的書目索引，如《天一閣明代地方志選刊人物傳記資料索引》。

4. 天津圖書館有明清小說專庫。

5. 內蒙古大學利用圖書館收藏的蒙古學古籍文獻從事蒙古學的研究，且編著以該館館藏為主的《蒙古學漢文古籍書目提要》，此書收錄漢文古籍中有關蒙古學的書目 3,000 餘種。該館又編有《蒙元版刻綜錄》一書。

6. 內蒙古師範大學亦設有蒙古學研究室，從事蒙古學研究。

7. 大連圖書館館藏明清小說，頗多善本，於 1986 年 5 月成立了明清小說研究中心。

8. 吉林圖書館亦有學者利用館藏寶卷，從事研究工作。

9. 甘肅省圖書館利用館藏編輯出版了《西北地方文獻索引》、《絲綢之路文獻敘錄》、《西北民族宗教史料文摘》。目前正在籌畫成立「西北文獻研究中心」，以甘肅省圖書館為基地，邀請西北五區文獻專家參加，發展有關西北古籍之整理出版與研究、西北文獻學研究，並編輯《西北文獻總目提要》之大型書目，建立「西北文獻數據庫」。

10. 山東大學圖書館從 1983 年開始，利用該圖書館的專藏，從事書目的編製工作，已經出版或即將出版，或刊載於其他書刊者有《清史稿藝文志拾遺》、《近代出版家張元濟》、《山東藏書家史略》、《山東文獻書目》、《海源閣書目五種》、《古籍版本書影知見錄》、《元代書目所知錄》

等；油印本有《古籍目錄版本校勘文選》、《影印善本古籍及古籍善本書影書名索引》等；已有書稿，尚未出版者有《古籍版本手冊》、《玉函山房藏書簿錄》、《歸樸堂藏書考》、《文登于氏藏書考》、《劉燕庭藏書目》、《山東文獻書目補編》、《版本目錄百種提要》、《四庫存目標注》、《兩漢文獻總目》、《文淵閣書目考》、《中國古代書目總錄》、《諸史藝文志匯目》、《千目廬書跋輯存》、《漢書藝文志研究資料匯編》、《版本目錄學參考資料選輯》、《歷史書籍目錄學參考資料選輯》、《中國古代文學書目總目》等。

11. 山東省博物館於 1980 年成立古籍研究小組，其任務是選擇學術價值高又罕見的古籍，進行輯錄、校點、注釋等研究工作，目前已整理出版了《雙行精舍書跋輯存》、《周易要義》、《說文解字義證》、《蔡中郎集校勘記》、《王萊友年譜》、《聽雨樓隨筆》、《秋橙叢話》、《許瀚日記校注》等書。

12. 南京大學圖書館對館藏古籍內容的學術研究正在積極開展，近年已以不同形式發表過一些論文，也參加過《河北地方志提要》等專著的撰寫工作，並進行《山堂肆考》版本探源及《圖繪寶鑑》的校勘與研究。

13. 蘇州大學圖書館利用館藏編輯專題資料與索引，如《清史稿人名索引》、《中國歷代人物圖像索引》、《中國歷代竹枝詞》、《歷代筆記書論彙編》等。

14. 安徽大學圖書館利用館藏古籍，參與《漢語大詞典》及《安徽古籍叢書》的編撰。

15. 廈門大學圖書館曾利用館藏整理編輯《鄭成功年譜長編》、《閩臺關係中的方志類編》、《臺灣方志學講稿》、《福建文獻書目》等。

16. 中山大學圖書館利用館藏，已經整理出版了《獨漉堂集》、《紅杏山房集》、《車王府曲本菁華》、《車王府曲本選》、《子弟書》、《廣州城坊志》、《六瑩堂集》、《南園前後五先生集》、《嶺南歷代詩選》、《嶺南歷代詞選》、《嶺南歷代文選》等。

17. 成都杜甫草堂博物館曾利用館藏編輯過《杜詩版本目錄》。

18. 雲南大學教授方國瑜曾利用圖書館館藏編纂《雲南史料叢刊》、《雲南史料目錄概說》等。

（本文原載《東亞文獻研究資源論集》，台灣學生書局，2007 年 12 月）

韓國收藏中國古籍的現況

　　中國古籍是世界上最重要的文化遺產之一，目前世界各國對於漢學研究，蔚成風氣，相關資料之搜集亦不遺餘力，此項漢學資源是東亞文獻不可或缺的一環，更是東亞人文社會學者從事學術研究的重要基礎。韓國因與中國相連，自古交流頻繁，因此漢籍東傳韓國者爲數甚夥，其中頗有中土早已亡佚，幸賴東傳韓國而見存者。深入調查結果，韓國收藏中國古籍的單位，比較重要的有：國立中央圖書館、奎章閣、韓國學中央研究院藏書閣、成均館大學東亞學術院尊經閣、高麗大學中央圖書館、延世大學中央圖書館、嶺南大學中央圖書館。此外尚有國會圖書館、國史編纂委員會、首爾大學中央圖書館等多處。本文就以上單位收藏漢籍的現況作出論述，並介紹各單位如何整理利用這些珍貴的漢籍，希望能爲海內外學者提供具體的資訊，對相關之學術研究有所裨益。

一、國立中央圖書館

　　國立中央圖書館於 1945 年創立。到 2002 年底爲止，該圖書館存藏古籍共有 249,616 冊：韓國本有 161,601 冊。據該館《外國古書目錄》，所藏中國本古籍有經部 261 種、史部 769 種、子部 652 種、集部 248 種。四部之中，史、子二部的數量佔 70% 以上。就版本形式而言，所藏中國本以木版本爲主，共有 1,328 種。其次是新活字本 217 種、石印本 137 種、影印本 115 種。此外，尚有少數寫本、木活字本等。就出版年代而言，清刊本（尤其是光緒刊本）與民國刊本較多，明刊本也爲數不少。另外值得一提的是，在這些中國本古籍中，有許多藏書印，其中有朝鮮時代名臣和學者四十人，如閔維、

金命喜、李錫卿等。這些藏書印在我們查考該館所藏中國本古籍如何流入朝鮮時可提供一個線索。

除中國本外，韓國本中也有不少珍品，如〔元〕胡一桂撰《十七史纂古今通要》殘本卷十七一冊。此本於朝鮮太宗三年（1403）以朝鮮最早之活字癸未字刊印，就韓國的鑄字技術和雕版發展史研究而言，具有很高的價值，故被指定爲韓國國寶第 148-2 號。此本著錄於《四庫全書》，歷代藏書目錄所著錄的幾乎是元刊本或影元本。《中國古籍善本書目》僅著錄兩本元刻本和一本丁丙跋本清抄本，臺灣地區並無藏單行本，可見其傳世的版本並不多，則此韓國刊本的文獻價值自不待言。

該館古籍藏書目錄有《古書目錄》（著錄爲韓國本）及《外國古書目錄》兩種。據兩種目錄可知，至 1973 年爲止，該圖書館共收藏約十八萬冊的古書，每年持續增加。這批古書在 1945 年以前由日本人來整理，1946 年以後依據韓國十進分類表（朴奉石所編）來整理。此外，該圖書館自 1970 年至 1973 年逐年出版《古書目錄》，第一卷和第二卷收錄 1945 年以前的古書；第三卷收錄 1945 年以後蒐集的；第四卷收錄「勝溪文庫」、「義山文庫」，以及管理轉換、新採訪的圖書和殘本等。又，1976 年至 1979 年，該館共出版四冊《國立中央圖書館所藏外國古書目錄（中國‧日本篇）》。自 1970 年至 1973 年間，該館出版了《國立中央圖書館善本解題》四冊，爲讀者提供了有利的工具書。如第四冊彙集了該館所藏七十七種韓國古代文人著作之解題，內容包括書誌事項、內容目次、著者介紹以及刊印資料等。但是，四冊所收錄的只是全部館藏古籍的一部分，故該館再推動於 2003 年至 2008 年間，出版其他古籍的善本解題，第五冊即於 2003 年 12 月出版。

該館設置了古典運營室，專門管理所藏古書。我們又透過該館網站可查詢瞭解該館的沿革、主要工作項目，並得以檢索所藏資料，其中文網址爲 http://www.nl.go.kr/nlch/index.htm。次者，該館將主要所藏資料數位化，建立資料庫，透過國家電子圖書館網站（www.dlibrary.go.kr）開放給一般讀者使用。其目錄資料以文字形式；全文資料以影像形式來開發。主要檢索項目爲書名、作者、索引語、目次等，至 2003 年底爲止，共收錄 68,896 冊，10,244,755 面。

二、奎章閣

奎章閣原爲收藏歷代皇家文獻之所。至今甌藏頗豐，計有各種古籍圖書

273,956 冊（件）。據《奎章閣圖書韓國本綜合目錄》和《奎章閣圖書中國本綜合目錄》合計，中國古籍共有 7,530 種 87,963 冊。奎章閣所藏，不乏很有價值的中國古籍，茲舉兩種以見之：

（一）《夾註名賢十抄詩》，編者未詳，朝鮮文宗二年（1452）密陽府使李伯常重刊本，三卷三冊。此書是高麗時期韓國人所編的一部唐詩選集，共收作品 300 首。其中未見於《全唐詩》者達 183 首之多。此書不僅有功於輯逸，且能使學者瞭解唐人文集流傳和散逸情形，以及中國和高麗文化交流的狀況。

（二）《型世言》十一冊，四十五回正文，乃海內外孤本。《型世言》是一部明代崇禎年間刊行的話本小說集，全稱《崢霄館評定通俗演義型世言》，在中國已失傳，其殘文僅見於《幻影》、《三刻拍案惊奇》等書。學者以前對此書一無所知，導致明代通俗小說之研究出現不少未能解決的問題。奎章閣所藏一部完整的初刻本，填補了古代白話小說史上的一個空白。

自奎章閣設立以來，韓國本和中國本圖書即分開整理、收藏。中國本以四部分類，藏於「皆有窩」的四個書庫〔註1〕；韓國本則藏於西庫。現存《奎章總目》（1781）四卷三冊的《皆有窩書目》選擇中國本中的重要典籍，加以分類和解題。有關韓國本的目錄，當時已有《西庫書目》、《鏤板考》、《群書標記》等。1873 年以後，陸續編《閱古觀書目》、《西庫書目》、《奎章閣書目》（1905）等書目，又編纂以書名音序為準的索引《內閣藏書彙編》。大約 1888年，為得到新刊書籍的資料，曾據上海十六個書店的圖書目錄編製了《上海書莊各種書籍圖帖書目》。1909 年 11 月，奎章閣編《帝室圖書目錄》。1910年朝鮮被日本合併之後，奎章閣的圖書歸朝鮮總督府所有，期間出版了《朝鮮圖書解題》（1919）和《朝鮮總督府古圖書目錄（中國圖書）》（1921）兩個目錄。

1965 年，首爾大學校東亞文化研究所編《奎章閣圖書韓國本總目錄》。1981 年，東亞文化研究所編《奎章閣圖書韓國本綜合目錄》。1994 年又出版《奎章閣圖書韓國本綜合目錄》修正版三卷。1972 年，奎卓閣出版《奎章閣圖書中國本總目錄》。鑒於當時預算和人力之不足，1982 年又出版《奎章閣圖書中國本綜合目錄》以為補正。

另外，奎章閣編《奎章閣韓國本圖書解題集》（1978～1987）八冊，收錄

〔註 1〕按：所謂「皆有窩」，有朝鮮所藏中國書籍不遜於中國之意。

13,062 種古籍。1991 年始，刊行《奎章閣資料叢書》。1994 年至 1999 年，出版《奎章閣韓國本圖書解題續集・史部》一至六冊。2000 年，又出版《奎章閣韓國本圖書解題續集・經、子部》第一冊。1993 年始，陸續出版《奎章閣所藏文集解說》，收錄《奎章閣圖書韓國本綜合目錄》中的別集類。

1977 年始，出版學術年刊《奎章閣》，第一輯至第二十四輯的原文資料以上載於官方網站（http:/kyujanggak.snu.ac.kr/bha/kyu-ji.htm）。此外，奎章閣已於 1997 年完成所藏圖書目錄的電子資料庫，並在進行所有資料的電子化以及全文資料庫的開發。

三、韓國學中央研究院「藏書閣」

藏書閣所藏古書共有 107,927 冊；其中，藏書閣移館圖書共有 82,749 冊（韓國本 42,662 冊、中國本 27,313 冊、和刻本 12,874 冊）；一般古書 23,122 冊；文庫本古書 2,056 冊。所藏漢籍有七種被指定爲韓國寶物，包括在十一世紀末依據宋板而刊印的《大方廣佛華嚴經疏》殘本、高麗刊《藥師琉璃光如來本願功德經》、高麗後期刊《梵網經盧舍那佛說菩薩心地戒品》殘本、高麗末刊《大佛頂陀羅尼》等。此外，藏書閣藏有豐富的皇室關係資料、繪畫相關資料、拓本以及從文化財管理局遞藏的古文書。

據《藏書閣圖書中國版總目錄》，「藏書閣」共收錄 1,200 種 25,839 冊中國本古籍，主要是元明清刊本。如元至正二十三年刊本〔宋〕蔡沈撰《書集傳》七卷、明萬曆刊本〔明〕楊時喬撰《周易古今文全書》二十一卷、萬曆四十五年刊本〔明〕汪邦柱、江栴等撰《周易會通》十二卷、明崇禎三年汲古閣刊本《毛詩註疏》二十卷等，皆有甚高的文獻價值。韓國刊本中國古籍方面，如古活字本《刪補文苑楂橘》二卷所收〔明〕胡汝嘉〈韋十一娘傳〉在中國失傳已久，足以爲目下明代小說之研究補苴罅漏。

藏書閣所藏古籍之內容，見於《韓國古小說目錄》（1983）、《藏書閣李王室古文書目錄》（1987）、《藏書閣拓本目錄》（1991）、《藏書閣圖書日本版總目錄》（1993）、《藏書閣圖書韓國本解題輯・地理類（1）》（1993）、《藏書閣圖書韓國本解題輯・軍事類》（1993）、《藏書閣圖書解題》I（史部、子部、集部）（1995）等目錄與解題。相關文獻方面，則有以下三類：

（一）月刊《國學資料》第一至四十號（1972 年 2 月～1981 年 7 月），記載藏書閣所藏貴重本或孤本的解題。

（二）季刊《精神文化研究》自第三十四號（1988）開始，有〈本院所藏稀貴資料解題〉專欄介紹所藏善本書。

（三）該院在 1996 年出版了《藏書閣的歷史與資料的特性》，讀者從中可瞭解「藏書閣」的沿革與其所藏古籍資料的內容。

已出版的藏書閣資料主要以韓國人著作爲主。計有《古文書集成》第十至十四集、金英云《呈才舞圖笏記》（韓國城南，韓國精神文化研究院，1994）、鄭求福等《江北日記‧江左輿地記‧俄國輿地圖》數種。

韓國學中央研究院的網址爲 http://www.aks.ac.kr。此網站介紹該院的院史、學術研究活動以及該院附設「韓國學研究所」等內容。「藏書閣」電子圖書館的網址爲：http://www.aks.ac.kr/aks_services.asp?URL=http://lib.aks.ac.kr，此網站的內容可包含「藏書閣」簡介、所藏資料現況、組織介紹、相關規定、全文資料庫等內容。

四、成均館大學東亞學術院尊經閣

尊經閣設立於朝鮮時代，其部分藏書於二戰後歸成均館大學中央圖書館所有。韓戰以後，尊經閣全力購買古籍，如今其藏書已達到二十五萬餘冊，其中古籍資料大約有七萬冊，包含「檀汕文庫」、「梧齋文庫」、「劍如文庫」、「曹元錫文庫」、「晚溪文庫」、「青岡文庫」、「玄潭文庫」、「友松文庫」、「六宜堂文庫」、「雨田文庫」、「重齋文庫」、「省軒文庫」、「丘庸文庫」、「觀川齋文庫」等十四個個人文庫本的漢籍。此外，近年尚有孫泳準、金東煜、鄭鎭國、宮博史等人寄贈圖書。

尊經閣所藏不乏珍本異籍。最值得一提的是朝鮮刊本《五臣註文選》。存五十冊，朝鮮正德四年（1509）刊本。缺卷十一至十七、二十五至二十七。卷首爲呂延祚〈進集注《文選》表〉和蕭統〈文選序〉。書寫格式爲「文選卷第一」，空四格書「賦甲」。次行「京都上」，空一格書「班孟堅西都賦一首」。第三行齊前行「班孟堅」書「東都賦一首」。第四行同前書「張平子西京賦一首」。與李善注本及六臣注本不同，五臣注本是先錄〈進表〉後錄蕭統〈序〉。又李善注本既以一卷分爲二卷，所以每卷僅列一篇，因此沒有子目，五臣注本則不同，每卷均有子目，此當爲昭明《文選》舊式。書中有黃正德己巳十二月跋。至於文體分類，此本「移」、「難」兩類目均標出，共有三十九類，與李善注本以及六臣注本的文體分類共有三十七類有所出入，而與臺

灣國家圖書館所藏南宋紹興三十一年（1131）陳八郎刻本《五臣注文選》一致。但是此本與陳八郎刻本，除了文體分類相同之外，其分歧甚多，絕非同一系統。

　　成均館大學編纂過《古書目錄・第一輯》（1979）、《第二輯》（1981）、《第三輯》（2002），其收錄範圍爲尊經閣所藏的全部東裝本——即由韓國人、中國人、日本人所撰的刊本與寫本，以及古書之外的拓本類、書畫類、古文書類等。另外，尊經閣本來擔任東亞學術資料中心的角色，因此近年致力建構電子資料庫。讀者現在可於尊經閣網站 http://east.skku.ac.kr 上搜尋尊經閣所藏圖書一萬餘條的目錄及四十一萬餘葉的一般古書與古文書的原文資料，此外，尊經閣還計劃蒐集東洋學學術資料以及成均館大學東亞學術院附屬機構的研究成果，將之輸入電子資料庫。

五、高麗大學圖書館

　　至 2003 年 3 月 1 日爲止，高麗大學圖書館所藏漢籍共有 98,978 冊，其中貴重書籍有 5,268 冊。就韓國而言，該圖書館所藏漢籍的數量與質量頗爲可觀。除舊藏本外，還有「石州文庫」、「薪菴文庫」、「景和堂文庫」、「華山文庫」、「晚松文庫」、「公亮文庫」、「癡菴文庫」等捐贈本。該圖書館藏有三種中國古籍被韓國政府列爲國寶與寶物。現分述之。

　　《龍龕手鏡》，〔遼〕釋行均撰。殘本一冊，卷第三、四。高麗羅州牧刊本。此本原爲朝鮮全羅南道順天古刹松廣寺舊藏，後歸韓國近代著名文學家崔南善。《龍龕手鏡》中國所存最早版本爲南宋浙刊本，現藏臺灣國立故宮博物院。但此宋本並非遼本的原貌，惟高麗刊本可窺見遼版面貌，而且在校勘質量方面優於南宋浙刊本。

　　《洪武正韻譯訓》，〔明〕宋濂等奉敕選、朝鮮世宗命譯訓。朝鮮端宗三年（1455）活字本。原十六卷八冊，現存十四卷七冊，缺一、二卷一冊。此書乃成三問、申淑舟等於朝鮮世宗二十七年（1445）奉敕撰，以韓文來音解《洪武正韻》。就當時漢字音的研究而言，此書具有很高的文獻價值。

　　《中庸朱子或問》，〔元〕倪士毅輯釋、朱平仲校訂，一冊。高麗恭愍王二十年（1371）晉州牧刊本。此本爲覆元刊本，從中可窺見元刊本的特色。

　　高麗大學圖書館自 1966 年開始，出版了《高麗大學校藏書目錄叢書》，我們可利用這些目錄來掌握該圖書館所藏中國古籍的內容與特色。其主要藏

書目錄有《石州文庫目錄》、《薪菴文庫漢籍目錄》、《景和堂文庫目錄》、《華山文庫漢籍目錄》、《晚松文庫目錄》、《貴重圖書目錄》、《公亮文庫目錄》、《癡菴文庫漢籍目錄》、《漢籍目錄（舊藏)》、《漢籍目錄綜合索引》等。《漢籍目錄綜合索引》爲高麗大學校藏書目錄第十九輯。此目錄爲上述其他目錄的綜合索引，收錄古籍達十萬六千餘冊。圖書館舊館二樓設立了「特殊資料管理部漢籍室」，管理保存貴重書漢籍 5,268 冊、其他漢籍 98,000 餘冊、古文書 6,600 件、古地圖與一般中國圖書以及影印書籍 71,000 餘冊等資料，並提供閱覽服務。該圖書館網址爲 http://library.korea.ac.kr。爲紀念創校一百週年，該圖書館自 2001 年起分三階段推動開發「貴重書 Digital 書庫」。其網址爲 http://163.152.81.89/arbook。第一階段目前已完成，包含漢籍 493 冊、期刊 930 冊。

六、延世大學圖書館

延世大學中央圖書館所藏漢籍達到 8,763 種 65,400 餘冊。其中不乏各種古活字本、珍本以及貴重寫本，其中許多善本及檔案等貴重資料，往往爲其他重要圖書館所無。除舊藏本外，又有「默容室文庫」、「綏堂文庫」、「庸齋文庫」、「元氏（Underwood）文庫」、「佐翁文庫」、「濯斯文庫」、「韓相億文庫」、「海觀文庫」、「鷺山文庫」等捐贈本。該館所定的善本標準以西元 1910 年爲準，據《延世大學校中央圖書館古書目錄》第二集，所收錄貴重古籍至 949 種。

該館所藏漢籍以朝鮮本爲最多。舉例而言，甲寅字金屬活字本（1440 年刊印)《唐柳先生集》（殘)、明正統戊辰（1448）年端陽伊府刊本《釋迦如來十地修行記》、1455 年間甲寅字金屬活字本《洪武正韻》、1516 年丙子字本《文苑英華》、嘉靖甲寅（1554）清州牧刊本《延平李先生師弟子答問》、隆慶二年（1568）平安道順安法興寺刊本《景德傳燈錄》等，皆爲朝鮮善本。然中國本方面，也有如親筆手寫本《翁方綱書帖》者。

1986 年，延世大學許璧教授發表《韓國延世大學中央圖書館所藏中文善本書目》（上、下)，雖收錄古籍 422 種，但並不完備。可參閱《延世大學校中央圖書館古書目錄·第一集》（1977）和《第二集》（1987)。《第一集》收錄館藏古籍（韓國本、中國本、和刻本)，然未收錄將近兩萬餘件的古文書。《第二集》收錄了《第一集》所遺漏的古書以及 1977 年至 1986 年間蒐集的

古書 5,324 種 18,892 冊。此外，讀者可利用該館網站（http://library.yonsei.ac.kr/dlsearch/TGUI/Theme/Yonsei/main.asp）檢索該圖書館所藏古籍的題目、作者等項目以及一部分原文資料庫。

七、嶺南大學圖書館

1997 年 5 月，嶺南大學圖書館舉辦了「古書‧古文書展示會」，作為創校五十週年紀念活動之一；同年 9 月設置「古書室」，致力於古書與古文書的蒐集和整理，除刊印《古書目錄》外，又設立了各種文庫，如「汶坡文庫」、「東濱文庫」、「凡父文庫」、「陶南文庫」、「斗山文庫」、「竹下文庫」、「味山文庫」、「牧泉文庫」、「南齋文庫」、「東陵文庫」、「默窩文庫」、「琢窩文庫」、「友山文庫」、「晚村文庫」、「一如文庫」、「羅山文庫」、「東淵文庫」等，以管理所蒐集的古書。到 2003 年 9 月 1 日為止，該館共收藏古籍 65,573 卷，此外尚存藏古文書、古地圖等，讀者可在室內閱覽或複印。

該館所藏「一般漢籍」共有 25,000 冊，其中中國本古籍的數量甚少，而清代以前刊本尤少。這是因為自十七世紀末以來，朝鮮政壇為老論一黨把持，嶺南士林幾乎全遭排斥，無機會出使中國、接觸中國古籍的緣故。一般漢籍與「汶波」、「韶庭」、「凡父」、「陶南」等文庫本古籍都是嶺南地方出身或居住嶺南地方的藏書家舊藏，而「東濱文庫」的古籍則是從全國各地蒐集而來。

「東濱文庫」是東洋史學家金庠基舊藏，其中有批資料在研究韓國金屬活字印刷術、木版印刷術以及中國的印刷術方面頗有價值。藏書以中國本為多，且不乏宋本、元本、明本等善本。金庠基選擇善本，進行了鑑定的工作，在每本書中寫識文，敘述其鑑定的內容。值得注意的是，有些古籍是中、韓圖書交流研究的寶貴資料，如明刊本《新編古今事文類聚》，每卷首安明神宗寶印者，可見此本為明神宗的御藏本；明刊本《論語》，其中有「徽王之寶」，可見此本曾是明徽王的所藏本。

該館先後出版了《藏書目錄（漢古籍篇）》（1973，收錄「東濱文庫」藏書）、《藏書目錄（續編‧漢古書篇）》（1980）、《味山文庫古書目錄》（2000）、《嶺南大學校圖書館所藏古書目錄‧南齋文庫第一輯》（2002）等。而 2003年出版的《嶺南大學校圖書館所藏古文書目錄‧南齋文庫第二輯》共收錄 4,264 種 6,100 冊，包含韓國人、中國人、日本人撰寫的刊本與寫本。刊行年

代方面，所謂古書以 1910 年爲其下限，還包括 1945 年前所刊行漢文、韓文（古語）、日文、蒙文、滿文等各種東方語文的東裝本。紙版目錄以外，讀者可上嶺南大學圖書館的網站（http://slima.yu.ac.kr/SlimaDL/）檢索該圖書館所藏古書的內容。

八、其　他

國會圖書館成立於 1952 年，目前藏書量已達 150 萬卷。2000 年 7 月以後，全國與國會圖書館合作交流的圖書館也可從網上利用該館所藏 340 萬件書志資料以及 4,300 萬頁的原文資料（http://www.nanet.go.kr）。1995 年，該館出版《古書目錄》，收錄 1994 年以前入藏的線裝本古書 2,387 種 13,962 卷。

國史編纂委員會設立於 1946 年。1983 年，出版《古書目錄》，共收錄 4,175 種 19,569 冊：古書 2,134 種 12,989 冊、中樞院（以前日本總督府的中樞院）圖書 1,508 種 4,773 冊、古籍影印本 299 種 902 冊、影寫本 234 種 905 冊。讀者可上其網站（http://kuksa.nhcc.go.kr）檢索相關內容。

首爾大學校中央圖書館本爲奎章閣之上級機構。1992 年奎章閣獨立，目前該館漢籍古書的入藏時間遂以此年爲上限。該館古文獻資料室藏有資料 620 冊，如〔後秦〕鳩摩羅什《思益梵天所問經》寫本一冊、〔明〕淨善《禪林寶訓》刊本一冊、〔明〕候繼國《日本風土記》寫本一冊、〔比利時〕南懷仁《坤輿全國》清康熙十三年（1674）刊本八冊、清高宗命編《御題平定伊犁回部全圖》，銅版畫二十五冊等。該館網站爲：http://library.snu.ac.kr。

釜山大學校圖書館目前藏書超過 100 萬卷。古籍方面，韓、日、中國本皆有，並設置古典資料室以保管整理。到 2004 年 7 月爲止，收藏漢籍古書達 16,696 冊、古文書 3,932 件。其中珍本有《訓蒙字會》、《正色圖》、《瀛奎律髓》、《大東輿地圖》、《嶠南教育雜誌》等。該館網站爲：http://pulip.pusan.ac.kr。

全南大學校圖書館古典資料室藏有古籍二萬餘冊。1990 年，該校圖書館出版了《全南大學校圖書館收藏古書目錄（I）》。讀者可利用該館網站（http://library.chonnam.ac.kr 或者 http://cyberchips.chonnam.ac.kr）搜尋相關漢籍內容。

慶尙大學校中央圖書館於 2001 年設立了漢籍資料室文泉閣，管理所藏 28,757 冊漢籍，其中包括韓國文集、古書影印本以及戶籍謄本等古文書。

1996 年，出版《慶尙大學校圖書館漢籍室所藏漢籍目錄》，著錄達 12,633
冊。讀者可至慶尙大學中央圖書館（http://library.gsnu.ac.kr）和文泉閣（http://
203.255.20.163）網站，檢索相關內容。

東國大學校中央圖書館舊藏古書在韓戰時幾乎全部散逸。現藏古書全係
戰後搜集者，佛教資料尤爲完備。1981 年，出版《古書目錄》。相關內容現可
於該館網站（http://lib.dgu.ac.kr）查檢。1985 年，該校設立佛教學資料室，至
今藏書已有四萬餘卷。其網址爲：http://lib.dgu.ac.kr/bu/bul.htm。

梨花女子大學校中央圖書館至 1980 年末共收藏 32.8 萬卷的圖書，然古
籍數量不多，大部分是近年搜集的。1981 年，《梨花女子大學校圖書館古書目
錄》出版，共收錄 2,277 種古書。該館網址爲：http://ewha.ac.kr。

啓明大學校童山圖書館有「碧梧古文獻室」，專門收集與管理古文獻。到
2004 年 3 月爲止，其中「國學資料室」主要收藏韓、中、日漢籍，「貴重本
室」收藏 700 冊的貴重本書，而「木板室」則收藏李源周所捐贈木板 560 板。
該文獻室已完成收藏資料的書志與原文數據庫，讀者可上該圖書館的網站
（http://kimsweb.keimyung.ac.kr）檢索相關資料。

忠南大學校中央圖書館目前藏書資料有 110 萬冊。1993 年，該館出版了
《古書目錄》，收錄所藏線裝書 3,250 種 17,000 餘冊。其中朝鮮中宗二十七年
（1532）刊本《韓文正宗》殘本一冊、朝鮮成宗五年（1474）刊本《莊子鬳
齋口義》殘本二冊、朝鮮成宗十四年（1483）刊本《須溪校本陶淵明詩集》
一冊等，均甚具研究價值。該館網站爲：http://168.188.11.60/dlsearch/TGUI/
Theme/Chungnam/main.asp。

九、結　語

本文扼要說明了韓國存藏中國古籍的現況、所藏古籍的文獻價值以及其
整理與利用等問題，而實際上，韓國存藏中國古籍的藏書機構不僅是上述這
些單位。但是限於客觀的條件，如有些藏書機構還沒有有效地整理所藏古籍
而出版相關目錄；有些藏書機構的藏書目錄早已絕版而難以獲得，致使本文
無法談及其他藏書機構所藏中國古籍的相關內容。

（本文原載《新世紀圖書館》，「中國古典文獻學及中國學術的總體發展國際
學術研討會」專欄，2006 年第一期，上海）

韓國收藏漢籍中的文學文獻

　　文學文獻的搜集、整理與利用，是研究文學的重要課題。中國歷代的文學文獻，數量相當龐大。除了集部之外，經部的《詩經》、史部的《史記》、子部的《莊子》及小說等，也都富有極高的文學價值，並且在文學史上佔有相當重要的地位。中國古代的文學文獻依其創作的體裁，可分爲古典詩歌文獻、古典散文文獻、古典小說文獻、古典戲曲文獻及古典文學批評文獻五大類。上述文獻除了存藏於中國大陸及臺灣外，亦有爲數不少的文獻流傳到世界各地，並爲各國圖書館所珍藏。因此，調查古典文學文獻典藏的現況，確有其必要性。

　　韓國因與中國相連，自古交流頻繁，因此漢籍東傳韓國者爲數甚夥。其中頗有中土早已亡佚，幸賴東傳韓國而見存者。據調查，韓國收藏中國古籍的單位中比較重要的有：國立中央圖書館、奎章閣、韓國學中央研究院藏書閣、成均館大學校東亞學術院尊經閣、高麗大學校中央圖書館、延世大學校中央圖書館、嶺南大學校中央圖書館。本文就以上單位收藏漢籍中的文學文獻，加以論述，並說明其在研究文學方面的重要性。

一、國立中央圖書館

　　國立中央圖書館於 1945 年創立。到 2002 年底爲止，該圖書館存藏古籍共有 249,616 冊：韓國本有 161,601 冊。據該館《外國古書目錄》，所藏中國本古籍有經部 261 種、史部 769 種、子部 652 種、集部 248 種。在文學文獻方面，最引人注目的莫過於兩種版本的《刪補文苑楂橘》：

（一）《刪補文苑楂橘》

《刪補文苑楂橘》二卷，該館藏兩種：一爲古活字本（芸閣印書體字）；一爲寫本。此書收錄歷代傳奇小說名篇二十種，其中有三種爲明代作品，大致在朝鮮英祖年間（1725～1776）中編選的。其中有〈韋十一娘傳〉，其作者爲胡汝嘉，是明代著名的文學家，字懋禮（又作茂禧），南京鷹揚衛人。嘉靖三十二年（1553）進士，曾官翰林編修，因言事遭貶，出爲河南布政使參議。著有《沁南集》、《倩園集》及雜劇《紅線記》等傳世。這部小說爲劍俠傳奇的代表性作品，在中國失傳已久，這部小說的出現可補明代小說研究上的一個重要環節。〔註 1〕據此可見，國立中央圖書館所藏中國古籍的文獻價值。

二、奎章閣

奎章閣原爲收藏歷代皇家文獻之所。至今收藏頗豐，計有各種古籍圖書273,956 冊。據《奎章閣圖書韓國本綜合目錄》和《奎章閣圖書中國本綜合目錄》合計，中國古籍共有 7,530 種 87,963 冊。該館收藏文學文獻包括詩、文、小說，現舉例如下：

（一）《型世言》

《型世言》是一部明代崇禎年間刊行的話本小說集，全稱《崢霄館評定通俗演義型世言》，《奎章閣圖書中國本綜合目錄・集部・小說類》著錄，今存十一冊，無總序、目錄、插圖，僅存四十五回正文。此本在中國已經失傳，只有經過改編託名的《幻影》、《三刻拍案驚奇》等書的殘本傳世。以前人們對《型世言》一無所知，導致在研究明代通俗小說，尤其是話本小說時，遺留下不少未能解決的問題。奎章閣卻收藏一部完整的初刻本，填補了古代白話小說史上的一個空白。〔註 2〕此本是海內外孤本。

（二）《新鐫全像包孝肅公百家公案演義》

《新鐫全像包孝肅公百家公案演義》，五冊。版匡高二三・六公分，寬一

〔註 1〕 王汝梅、薛洪勣，〈初論在韓國新發現的劍俠小說〈韋十一娘傳〉〉，《吉林大學社會科學學報（長春）》1994 年第三期，頁 49～53。

〔註 2〕 相關內容可參看陳慶浩；〔明〕陸人龍著、覃君點校：《型世言》（北京：中華書局，1993 年），「前言」部分，頁 1～11；張啓成，〈首部《型世言》校注本述評〉，《貴州文史叢刊》1999 年第四期，1999 年 11 月，頁 66～70。

五・四公分。前有饒安完熙生書于萬卷樓的序，紀年爲丁酉，據相關研究斷爲萬曆二十五年（1597），比日本蓬左文庫所藏萬曆二十二年刻本《新刊京本通俗演義全像百家公案全傳》僅晚三年，內容基本相同，但文字則修改得較爲通順。〔註3〕此本是海內外孤本。

（三）《夾註名賢十抄詩》

《夾註名賢十抄詩》，編者未詳，朝鮮文宗二年（1452）密陽府使李伯常重刊本，三卷三冊。此本在韓國高麗忠肅王六年（1337）安東府曾刊行過，今無傳本。奎章閣藏本，四周雙欄，版匡高二四・五公分，寬一六・八公分。每半葉十行，每行二十字。版心大黑口，黑魚尾。此書是高麗時期韓國人所編的一部唐詩選集，書中收錄了中晚唐三十位詩人（其中包括四位新羅人）的作品，全部爲七言律詩，每人十首，共三百首。在三百首詩中，未見於《全唐詩》的作品達一百八十三首之多。這部選集不僅收錄了唐代一些著名詩人，如白居易、賈島、張祐、張籍、羅隱、皮日休、章孝標等人的逸詩，而且還收錄《全唐詩》遺漏的作品。其收錄逸詩的情況如下：劉禹錫一首、白居易四首、張籍四首、章孝標十首、杜牧一首、李遠六首、雍陶七首、張祐八首、趙嘏四首、馬戴十首、韋蟾十首、皮日休九首、曹唐八首、李雄十首、吳仁壁十首、韓琮九首、羅鄴九首、羅隱八首、賈島四首、李山甫十首、李群玉十首，共一百四十三首。我們通過《夾註名賢十抄詩》，不僅發現眾多的唐代逸詩，而且還能從側面瞭解到一些唐人詩文集的流傳和散逸情況以及宋朝和高麗的文化交流情況等。〔註4〕另外，奎章閣尚有一部《十抄詩》，舊刊本。殘本，共一冊（九十三葉）。書前後有脫落，無法看到序或跋文。書中收錄了中晚唐二十六位詩人與留華新羅人四位之作品，選錄各詩人的代表作十首，故名《十抄詩》。

（四）《六臣註文選》

《六臣註文選》，蕭統編，甲寅字活字本。共六十卷六十冊（第一冊爲目錄，卷五十一、五十二屬同一冊）。四周雙邊，版匡高二三・八公分，寬一五・

〔註3〕相關內容可參看程毅中，〈韓國所藏《包公演義》考述〉，《北京圖書館館刊》1998年第二期，頁93～96。

〔註4〕可參看牛林杰，〈韓國文獻中的《全唐詩》逸詩考〉，《文史哲（濟南）》1998年第五期，頁117～122；《古國古代、近代文學研究》，1999年第一期，頁96～101。

六公分。每半葉十行，行十七字，小註雙行。版心白口，上下內向三葉花紋魚尾，版心題「文選」，下方記卷目與頁數。書前有〈文選序〉、李善〈上文選表〉（顯慶三年，658）、呂延祚〈進集注文選表〉（開元六年，718）及敕言。書末載天聖四年（1026）沈嚴所寫的〈五臣本後序〉、宣德三年（1428）朝鮮卞季良寫的跋文。其中卷二十、卷三十六、卷五十一、五十二以及卷五十三是寫本。此本中的「五臣註」或「李善註」都比中國刻本較爲完整，〔註5〕而且在《文選》版本源流的探究上具有很高的文獻價值。〔註6〕

（五）《飲中八仙歌》

《飲中八仙歌》，和刻袖珍本，爲楔形文字形態的皮革本，重量大約五公克，在印刷上頗有價值。李聖愛在〈奎章閣袖珍本考〉一文中，從印刷術與書誌學的角度來說明在奎章閣所藏中國袖珍本中 119 部 719 冊的內容、特色版本項目等，這批袖珍本的寫作年代大約是清道光十七年（1837）至光緒三十年（1904）間，可供讀者參考。〔註7〕

（六）《文章一貫》

《文章一貫》，〔明〕高琦編，朝鮮明宗年間（1534～1567）乙亥字活字刊本。一冊，共四十二葉。四周雙邊，版匡高二三公分，寬一七·二公分。半葉十行，行十八字。版心大黑口，上下花紋魚尾。此書上卷分爲立意、氣象、篇法、章法、句法、字法；下卷分爲起端、敘事、詳論、引用、譬喻、含蓄、形容、繳緒等，輯錄在古文中以爲法則的。此本對於古文的研究頗有價值，而且此本除了奎章閣藏本以外，僅有日本成簣堂文庫藏本，流傳非常稀少。

（七）《北京八景圖詩》

《北京八景圖詩》，〔明〕鄒緝等著、〔明〕張光啓編，明宣宗宣德六年（1431）刊本。一冊（共四十一葉），版匡高二七·三公分，寬一六·九公

〔註5〕 相關內容可參看〔韓國〕金學主〈朝鮮時代所印文選本〉，《韓國學報》（1985年）第五期。

〔註6〕 解夢（Martin W. Hiesboeck），《《昭明文選》奎章閣本研究——《昭明文選》版本源流與斠讀》（臺北：臺灣師範大學國文研究所博士論文，2000 年 11月），頁 64～72。

〔註7〕 李聖愛，〈奎章閣袖珍本考〉，《奎章閣》三（首爾：首爾大學校圖書館，1979年），頁 91～109。

分。卷首有明永樂十二年〔1412〕胡廣所寫的序文，卷末有楊榮所寫的題後與宣德六年〔1431〕曾棨所寫的跋文。此書將鄒緝等人遊覽北京周邊勝景而所寫的詩加以刊印，此書收錄翰林侍講鄒緝、國子祭酒胡儼、翰林侍講楊榮、金善、曾棨、林環、梁潛、王洪、王英、王直、王紱、許翰等十二人的一百一十二首詩。成均館大學校「尊經閣」藏一部朝鮮世宗三十一年〔1449〕慶州府刊本。〔明〕焦竑《國史經籍志》、〔清〕黃虞稷《千頃堂書目》、〔清〕倪燦《明史藝文志》、〔清〕傅維鱗《明書・經籍志》等均未著錄此本。惟《欽定續文獻通考・經籍考》著錄：「鄒緝等《燕山八景圖詩》一卷」〔註8〕，其書名有所出入，是否同一本書，有待查考。另外，《中國古籍善本書目》著錄：「《北京八景詩》一卷，明朱謀𡊟輯。」現藏南京圖書館。雖然書名幾乎一致，而輯錄者為另一人，因此兩本書的關係，仍需要更深入的探究。

三、韓國學中央研究院藏書閣

韓國學中央研究院於 1978 年成立，當時稱為韓國精神文化研究院，2005年 2 月改今名。藏書閣是該院的圖書館。據《藏書閣圖書中國版總目錄》，藏書閣共收錄 1,200 種 25,839 冊中國本古籍，主要是元明清刊本，現舉三例如下：

（一）《毛詩註疏》

《毛詩註疏》二十卷，〔漢〕鄭玄箋，〔唐〕孔穎達疏，明崇禎三年〔1630〕汲古閣刊本。左右雙欄，版匡高一八公分，寬一一・八公分。每半葉九行，每行二十一字，小註雙行。版心題「毛詩疏汲古閣」，書中有「皇明崇禎三年歲在上章敦牂〔1630〕□□毛氏鏽鐫」刊記。

（二）《詩緝》

《詩緝》三十六卷，〔宋〕嚴粲撰，明趙府味經堂刻本。四周雙邊，版匡高一八・八公分，寬一三・五公分。每半葉九行，每行十八字，小註雙行，版心有魚尾，並題「味經堂詩緝」，書前有「淳祐戊申〔1248〕夏五月華谷嚴序」。在《詩緝》的諸多版本中，除了元刻殘本藏上海圖書館之外，最主要的版本就是明趙府味經堂刻本，由此不難看出藏書閣所藏《詩緝》的文獻價值。

〔註8〕清乾隆間官修，《欽定續文獻通考・經籍考》，楊家駱編《明史藝文志廣編》本（臺北：世界書局，1963 年），頁 765。

（三）《刪補文苑楂橘》

《刪補文苑楂橘》二卷，古活字本。（內容介紹詳前節）

四、成均館大學校東亞學術院尊經閣

尊經閣成立於朝鮮時代，其部分藏書於二戰後歸成均館大學校中央圖書館所有。韓戰以後，尊經閣全力購買古籍，如今其藏書已達到二十五萬餘冊，其中古籍資料大約有七萬冊。尊經閣所藏不乏珍本異籍，其中較有價值之文學文獻，有下列十三種：

（一）《五臣註文選》

朝鮮刊本《五臣註文選》，存五十冊，明正德四年（1509）朝鮮刊本。四周單邊。版匡高二三‧五公分，寬一六‧五公分。每半葉十行，行十七字。小註雙行，行三十四字。版心黑魚尾。缺卷十一至十七、二十五至二十七。卷首為呂延祚〈進集注文選表〉和蕭統〈文選序〉。書寫格式為「文選卷第一」，空四格書「賦甲」。次行「京都上」，空一格書「班孟堅西都賦一首」。第三行齊前行「班孟堅」書「東都賦一首」。第四行同前書「張平子西京賦一首」。與李善注本及六臣注本不同，五臣注本是先錄〈進表〉後錄蕭統〈序〉。又李善注本既以一卷分為二卷，所以每卷僅列一篇，因此沒有子目，五臣注本則不同，每卷均有子目，此當為《昭明文選》舊式。書中有黃暐的跋文，說：

> 我國舊無板本，學者罕得而見之，況讀而熟之乎？曩在成廟朝，嘗命鑄本印之，而今其書存于人者亦寡矣。正德己巳春，晉川姜相公出為方伯……求得善本，分付列郡，視力之大小輕重而程其功課，力就畢而功告成矣……正德己巳十二月下澣通訓大夫軍資監正製教兼校書館校理黃暐跋。

至於文體分類，此本「移」、「難」兩類目均標出，共有三十九類，與李善注本以及六臣注本的文體分類共有三十七類有所出入，而卻與現藏臺灣國家圖書館的南宋紹興三十一年（1131）陳八郎刻本《五臣注文選》一致。但是此本與陳八郎刻本，除了文體分類相同之外，其分歧甚多，絕非同一系統。傅剛指出：

> 陳八郎本成公綏《嘯賦》脫「走胡馬之長嘶，回寒風乎北朔」兩句，與平昌孟氏本的底本相同（這個底本應該是江琪所說的「古本」），而朝鮮本於此卻不脫。經過將幾個版本校勘，我們發現，事實上朝

鮮本與杭州本完全相同，這說明朝鮮本的底本即杭州本，甚或是杭州本的祖本，也即平昌孟氏刻本。

接著說：

> 在杭州本僅存兩卷的今天，朝鮮正德四年所刻這部五臣注《文選》
> 是完全可以作爲宋本使用的。目前，此本的點校工作正在進行，相
> 信本書的出版會對中國的《文選》研究起到推進作用。〔註9〕

（二）《六臣註文選》

《六臣註文選》，元古迂書院覆宋本。六十卷三十六冊。四周單邊，版匡高二〇·七公分，寬一三·二公分。每半葉十行，行二十一字，小註雙行。版心黑魚尾。書中有「茶陵東山陳氏古迂書院刊行」的刊記，又有「大德己亥（1299）冬茶陵古迂陳仁子書」的文箋。書中鈐有王士禎印，可見此本曾爲清初王士禎所藏。

（三）《西山先生真文忠公文章正宗》

《西山先生眞文忠公文章正宗》，〔宋〕眞德秀編選，〔明〕顧錫疇重訂，朝鮮庚子字版，朝鮮世宗十一年（1429）刊本。四周雙邊，版匡高二二·八公分，寬一四·九公分。每半葉十一行，行二十一字，小註雙行。版心有小黑口。

（四）《詩傳大文》

《詩傳大文》，〔宋〕朱熹集傳，朝鮮壬亂以前刻本。二卷，一冊，四周雙邊。版匡高一九·五公分，寬一一·三公分。半葉十二行，行二十六字，小註雙行。版心大黑口。

（五）《陳思王集》

《陳思王集》，〔魏〕曹植著，李廷相編次，朝鮮初鑄甲寅字版（約朝鮮中宗二十五至明宗二十二年，1530～1567）刊本。五卷，一冊。四周雙邊，版匡高二三公分，寬一六公分。半葉九行，行十五字。版心大黑口，內向三葉花紋魚尾。文中有識文云：「正德五年（1510）八月初五日海山居士長安田瀾汝觀識」。

〔註 9〕傅剛，〈關於現存幾種五臣注《文選》〉，《中國典籍與文化》編輯部：《中國典籍與文化論叢（第五輯）》（北京：中華書局，2000 年），頁 89～90。

（六）《樊川文集》

《樊川文集》，〔唐〕杜牧著，朝鮮刊本。五卷，五冊。四周雙邊，版匡高二〇‧七公分，寬一四公分。半葉八行，行十七字，小註雙行。此本是所謂夾註本，乃現存杜牧集子的最早刻本，歷來中國公私藏書志並無著錄。朝鮮時期卻刊印過幾次，另一本藏於高麗大學中央圖書館。

（七）《山谷外集詩註》

《山谷外集詩註》，〔宋〕黃庭堅著，史容註。朝鮮甲寅字體木活字版（明宗年間）刊本。二卷，一冊。四周單邊，版匡高二五‧五公分，寬一六公分。半葉九行，行十七字，小註雙行。文中有「嘉定元年（1208）十二月乙酉晉陵錢文子」序文。

（八）《增刪濂洛風雅》

《增刪濂洛風雅》，〔元〕金履祥編。七卷，二冊。四周單邊，版匡高一八‧二公分，寬一三‧八公分。半葉十行，行二十字，小註雙行。文中有「歲在戊午（1678）閏三月壬子潘陽朴世采（1631～1695）書，時崇禎紀元之後五十有一年也。」增刪序文，又有「歲在丙辰開刊，田以釆梓」的刊記。臺灣國家圖書館藏清康熙間（1662～1722）朝鮮活字本。共四冊。左右雙欄，半葉十行，行二十字，小註雙行；中國國家圖書館藏日本大正二年（1913）刊本，此本是以上述朴世采增刪本爲底本刊印的。據此可知，如今我們可看到的《增刪濂洛風雅》，就版本源流而言，大多屬於朝鮮刊本系統。

（九）《北京八景詩集》

《北京八景詩集》，〔明〕鄒緝等著，朝鮮世宗三十一年（1449）慶州府刊本。不分卷，一冊。四周雙邊，版匡高一八‧七公分，寬一三‧八公分。半葉十行，行二十字。版心大黑口，下向黑魚尾。此本爲鄒緝、胡儼等十三人將吟詠北京八景（居庸疊翠、玉泉垂虹、瓊島春雲、太液晴波、西山霽雪、薊門煙樹、蘆溝曉月、金臺夕照）的詩編輯而成的。〔明〕焦竑《國史經籍志》、〔清〕黃虞稷《千頃堂書目》、〔清〕倪燦《明史藝文志》、〔清〕傅維鱗《明書‧經籍志》等均未著錄此本。惟《欽定續文獻通考‧經籍考》著錄：「鄒緝等《燕山八景圖詩》一卷」〔註10〕，其書名有所出入，是否同一本書，

〔註10〕清乾隆間官修，《欽定續文獻通考‧經籍考》，楊家駱編《明史藝文志廣編》本（臺北：世界書局，1963 年），頁 765。

有待查考。

（十）《正續名世文宗》

《正續名世文宗》，〔明〕王世貞編選，〔明〕陳繼儒校註，明萬曆四十五年（1617）刊本。十六卷，八冊。左右雙邊，版匡高二二‧一公分，寬一三‧一公分。半葉九行，行二十字，小註雙行。書中有「萬曆丁巳（1617）仲冬長至後二日吳郡錢允治撰陳元素書」、「丁巳（1617）孟冬望日長州陳仁錫書于問龍館」兩篇序文。臺灣國家圖書館藏一部明萬曆丁巳（四十五年，1617）刊本。

（十一）《集千家註分類杜工部詩》

《集千家註分類杜工部詩》，〔唐〕杜甫著，〔宋〕徐居仁編，〔宋〕黃鶴補註。元刻本。六卷，三冊（其中所藏卷九、十、十五、十六、十九、二十）。四周單邊，版匡高一九‧二公分，寬一二‧八公分。半葉十二行，行二十字，小註雙行。

（十二）《杜工部草堂詩箋》

《杜工部草堂詩箋》，〔唐〕杜甫著，〔宋〕魯訔編次，〔宋〕蔡夢弼會箋。朝鮮世宗年間（1419～1449）南宋本覆刻版。目錄一卷、詩話二卷、年譜二卷，一冊。左右雙邊，版匡高一八公分，寬一二‧七公分。半葉十二行，行二十字，小註雙行。

（十三）《黃氏集千家註杜工部詩史補遺》

《黃氏集千家註杜工部詩史補遺》，〔唐〕杜甫著，〔宋〕黃希、〔宋〕黃鶴同註。朝鮮前期覆刻南宋本。五卷一冊。左右雙邊，版匡高一八公分，寬一三‧一公分。半葉十二行，行二十字，小註雙行。版心有小黑口。

五、高麗大學校圖書館

至 2003 年 3 月 1 日為止，高麗大學校圖書館所藏漢籍共有 98,978 冊，其中貴重書籍有 5,268 冊。就韓國而言，該圖書館所藏漢籍的數量與質量頗為可觀，就文學文獻而言，則以唐人文集著稱：

（一）《唐翰林李太白文集》

《唐翰林李太白文集》，〔唐〕李白撰，朝鮮世宗二十九年（1447）刊本。六卷，一冊。四周雙邊，版匡高一七‧五公分，寬一二‧二公分。半葉八行，

行十六字。版心黑魚尾。書中跋文說：「正統丁卯（1447）五月既望前持平李繼善敬跋」，又卷末題「嘉善大夫慶尙道都觀察黜陟使……金銚」。

（二）《寒山詩》

《寒山詩》，一冊，〔唐〕寒山著，〔唐〕閭丘胤彙集。覆刻元本。四周單邊，版匡高一六·八公分，寬一二·八公分。半葉十行，行十六字。版心題「三隱」。冊末有「元貞丙申（1296）……郭本中焚香敬書」記。書後有「杭州錢塘門裡車橋南大街郭宅紙鋪印行」底本刊記。此本尙有「豐干禪師錄」、「拾得錄」、「天台山國清禪寺三隱集記」、「錄《陸放翁與明老帖》」、「錄郭本中書」等附錄。案：如今傳世寒山子集大部分都是明刊本，只有一本宋刊本，現藏於中國國家圖書館。〔註11〕從「杭州錢塘門裡車橋南大街郭宅紙鋪印行」刊記來看，高麗大學校藏本的底本是南宋杭州錢塘門車橋大街著名書坊「郭宅紙鋪」所刻的。《夢梁錄》卷七記載：「國子監前有紀家橋，監後曰車橋。」郭宅紙鋪售紙又刊書，開店肆於國子監後，便利讀書士子，是有其商業上之考量。據相關文獻記載，郭宅紙鋪曾刻《寒山拾得詩》一卷，如黃丕烈《蕘圃藏書題識·寒山拾得詩一卷（影宋鈔本）》說：「寒山詩後有一條云杭州錢塘門裡車橋南街郭宅紙鋪印行。」〔註12〕

（三）《唐柳先生集》

《唐柳先生集》，〔唐〕柳宗元著，〔唐〕劉禹錫編次，朝鮮甲寅字覆刻本。殘本一冊（卷十七至二十）。四周單邊，版匡高二四·三公分，寬一六·六公分。半葉十行，行十八字，小註雙行。版心題「柳文」。

（四）《樊山文集夾註》

《樊山文集夾註》，正集四卷外集一卷，〔唐〕杜牧撰，朝鮮舊刊本。四周雙邊，版匡高二〇·二公分，寬一三·六公分。半葉八行，行十七字，小註雙行。《貴重圖書目錄》指出此本爲朝鮮壬辰倭亂（1592）以前全南刊本。就杜牧詩集而言，此本非常重要，其價值在於：(1)此本是中國國內現存杜牧集子的最早刻本。從文字來看，此本也有魯魚亥豕，並不是上好之本，但時

〔註11〕北京圖書館編，《北京圖書館古籍善本書目》（北京：書目文獻出版社，1987年）著錄：「《寒山子詩集》一卷，〔唐〕釋寒山子撰：《豐干拾得詩》一卷，唐釋豐干、拾得撰，宋刊本，一冊」，「集部·唐五代別集類」，頁2016。

〔註12〕黃丕烈，《蕘圃藏書題識》，《書目叢編》本（臺北：廣文書局，1967年），卷七，頁581。

代較早，必然使它有長於其他諸本的地方，在校勘上有特殊的功用；(2)此本雖然是現存杜牧詩集最早的注本，而整體而言，略遜於清代馮集梧注本，但有些字句的注釋，此本優於馮注；(3)此本引用了許多現已失傳的書，如《十道志》、《春秋後語》、《遁甲開山圖》、《五經通義》、《三輔決錄》、《魏略》、《晉陽秋》等。其中有些書清代雖有輯本，但已遠非原書之舊。此本歷來流傳甚稀，清人的輯佚都沒有用過，因此可成為古籍輯佚提供新資料。〔註13〕此本臺灣未藏，中國大陸則僅國家圖書館藏一部「朝鮮刊本」〔註14〕，遼寧省圖書館藏「正統五年六月日朝鮮全羅道錦山開刊」本。

六、延世大學校圖書館

延世大學校中央圖書館所藏漢籍達到 8,763 種 65,400 餘冊。其中不乏各種古活字本、珍本以及貴重寫本，許多善本及檔案等貴重資料，往往為其他重要圖書館所無。其中文學文獻庋藏頗富，現舉例如下：

(一)《唐柳先生集》

《唐柳先生集》，殘本，存卷之三十四至三十六，甲寅字金屬活字本（1440 年刊印）。四周雙邊，版匡高二七‧七公分，寬一七‧五公分。半葉十行，每行十八字，小註雙行，每行二十字。版心白口，黑魚尾。此書為延世大學貴重圖書第三三七號。

(二)《詳說古文真寶大全》

《詳說古文眞寶大全》，安平大君庚午（1450）字金屬活字本。四周單邊，版匡高二一‧九公分，寬一五‧四公分。半葉十五行，每行九字，小註十八字。版心白口，黑魚尾。

(三)《文翰類選大成》

《文翰類選大成》，鄭蘭宗乙酉（1486）字本。四周雙邊，版匡高二一‧九公分，寬一五公分。半葉二十一行，每行三十一字，小註二十一行，每行二十六字。版心白口，黑魚尾。

〔註13〕相關內容可參看韓錫鐸，〈朝鮮刻本樊川文集夾注影印說明〉，《中國公共圖書館古籍文獻珍本匯刊‧朝鮮刻本樊川文集夾注》（北京：中華全國圖書館文獻縮微復製中心，1997 年），頁 3～7。

〔註14〕《北京圖書館善本書目》著錄說：「《樊川文集夾注》四卷《外集夾注》一卷，唐杜牧撰，佚名注，朝鮮刻本，四冊，邢捐（邢之襄捐贈）」。

（四）《文苑英華》

《文苑英華》，丙子（1516）字本。四周雙邊，版匡高二四‧四公分，寬一七‧四公分。半葉二十一行，每行十二字。版心白口，黑魚尾。

（五）《疊山先生批點文章軌範》

《疊山先生批點文章軌範》，〔宋〕謝枋得編，舊刊本。七卷，二冊。四周單邊，版匡高二〇‧七公分，寬一四‧七公分，小註雙行。版心上下大黑口，上下黑魚尾。

（六）《聖元名賢播芳續集》

《聖元名賢播芳續集》，乙亥（1515）字本。一冊（卷之四至六）。四周雙邊，版匡高二二公分，寬一四‧三公分。半葉九行，每行十七字，小註雙行。版心上下大黑口，上下花紋魚尾。

（七）《詠史絕句》

《詠史絕句》，〔明〕程敏政編，明嘉靖甲午年（1543）朝鮮黃海道刊本。四十三葉。四周單邊，版匡高一九‧二公分，寬一二‧九公分。半葉八行，每行十八字。版心上下大黑口，上下黑魚尾。

（八）《五百家註音辯昌黎先生文外集》

《五百家註音辯昌黎先生文外集》，〔唐〕韓愈，覆刻癸未字本。殘本一冊（卷之一至四）。四周單邊，版匡高一九‧七公分，寬一二‧六公分。半葉十行，每行二十字。版心上下黑魚尾。

（九）《文章辨體》

《文章辨體》，〔明〕吳訥編，甲辰字本。殘本二冊。四周雙邊，版匡高二四‧一公分，寬一六‧四公分。半葉十三行，每行二十一字。版心上下大黑口，上下黑魚尾。

七、嶺南大學校圖書館

到 2003 年 9 月 1 日爲止，嶺南大學校圖書館共收藏 65,573 卷古籍，文學類就達 20,559 卷，其中文學文獻較重要者如下：

（一）《毛詩振雅》

〔明〕陸壽名撰，明天啓年間刊朱墨套印本。

（二）《楚辭》

〔周〕屈原撰，朝鮮活字本（覆宋刻本），一冊。

（三）《文選》

〔梁〕蕭統撰，元張伯顏初刊本，一冊（卷五十九至六十）；又一部，元刊本，一冊。

（四）《杜詩》

〔唐〕杜甫撰，明初仿宋刊本，二冊。

（五）《杜工部草堂詩箋》

〔唐〕杜甫撰，高麗末朝鮮初覆元刻本，殘本一冊。

（六）《柳文》

〔唐〕柳宗元撰，元末明初刊本，殘本一冊（卷四十三）。

（七）《山谷外集詩註》

〔宋〕黃庭堅撰，朝鮮初覆元刻刊本，殘本一冊。

（八）《西山先生真文忠公文集》

〔宋〕眞德秀撰，明仿宋本，殘本四冊。

（九）《象山先生文集》

〔宋〕陸九淵撰，明嘉靖年間刊本，殘本二冊。

（十）《初潭集》

〔明〕李贄撰，明萬曆年間刊本，十二冊。

（十一）《唐文粹》

〔宋〕姚鉉撰，明刊本，二冊。

（十二）《瀛奎律髓》

〔元〕方回撰，朝鮮初期活字本（覆元刻本），一冊。

（本文原載《北京大學中國古文獻研究中心集刊》第七輯，「中國古文獻學與文學國際學術研討會論文集」，北京大學出版社，2008 年 1 月）